초고속 성장 제국
'삼성전자' 이건희 스토리 **이건희**

이건희 초고속 성장 제국 '삼성전자' 이건희 스토리

2014년 12월 10일 초판 1쇄 인쇄
2014년 12월 15일 초판 1쇄 발행

발행처 | 경영자료사
지은이 | 박상하
발행인 | 마복남
등 록 · 1967. 9. 14(제311-2012-000058호)
주 소 · 서울시 은평구 증산로 403-2
전 화 · (02) 735-3512, 338-6165 | 팩스 (02) 352-5707

E-mail bba666@naver.com
ISBN 978-89-88922-70-5 03320

세상엔 수백만 가지의 방법이 있다. 한데 원리는 단지 몇 가지일 뿐이다. 원리를 이해하는 사람은 자신만의 방법을 성공적으로 선택할 수가 있다. 원리를 무시하고 방법을 먼저 시도하는 사람은 반드시 문제에 봉착하게 된다.

— 랄프 왈도 에머슨

프롤로그

일본을 침몰시킨 장수는 '명량 대첩'의 이순신과
'SONY 대첩'의 이건희 뿐이다

우리는 일본을 좀 얕잡아보곤 한다. 우습게 여기는 현상이 있다. 상대가 제아무리 날을 세워도 그저 만만하게 보기 일쑤다. 굳이 왜놈, 쪽발이와 같은 비속어를 들먹이지 않더라도 일본쯤이야, 하고 마는 경향이 없지 않다.

일본 역시 우리에 대해 상당한 우월감을 가지고 있는 줄 알고 있다. 하지만 일본만 만나면 우리는 한번 해볼 만하다는 생각부터 앞선다. 이상하게도 우린 일본을 지금껏 그렇게 보아왔던 게 사실이다.

축구만 하더라도 그렇다. 한일전이 붙었다하면 양국 국민을 단박 뜨겁게 달군다. 축구 시합 이전에 양국의 자존심이 걸린 특별한 의미를 갖기 때문이다.

한데 태극 마크를 가슴에 단 한국 선수들보다 일장기를 가슴에 단 일본 선수들이 더 떤다. 그라운드를 누비는 일본 선수들이 왠지 더 작아 보인다. 한국은 벌써 승리를 장담한다.

그건 서울의 안방이 아닌 현해탄 건너 도쿄라고 해도 다르지 않다. 일본이 세계 축구를 지배하는 유명 감독을 초빙해왔다 해도 도무지 씨알이 먹히지 않는다. 일본만 만나게 되면 왠지 모르게 우리의 간덩이가 그만 커지고는 한다.

다른 분야에서도 역시 마찬가지다. 하다못해 우리가 미처 갖지 못한 일본의 첨단 기술 앞에서도 좀처럼 머리를 숙이는 법이란 없다. 잠시 딴 눈 팔다 한 발 늦은 거라며 에둘러댈 뿐 금방 따라잡을 수 있다고 장담한다. 유독 일본만 만나면 자신만만해 한다. 하여간 일본과 맞붙었다 하면 도무지 진다는 생각이 결코 들지 않는 걸 도처에서 목격하게 된다.

참으로 알 수 없는 일이다. 언제부터였는지 또 무슨 이유에서였는지 설명하기조차 쉽지 않다. 도대체 이런 현상이 어디서부터 기인한 것인지 불명확하기만 하다.

물론 우리와 일본은 아주 오랫동안 서로 빤히 쳐다보고 있는 이웃 나라다. 그 어느 나라보다 가까이 위치하고 있어 서로를 모른다고 잡아떼긴 어렵다. 천년도 더 거슬러 올라가 백제왕조 이래 두 나라는 수많이 서로 얽히고 또한 부딪쳐 왔음이 사실이다.

그러면서 다른 나라에선 찾아볼 수 없는 경험이라는 역사의 넓이가 굳어져 있다. 또 그쯤 되면 마땅히 이순신과 같은 장수도 떠오르기 마련이다. 우리들에겐 경험이 만든 남다른 역사적 근육이 존재한다는 얘기다.

그렇다면 일본은 과연 우리가 얕잡아보아도 될 만한 그런 나라인가? 아니다. 결코 그렇지가 않다.

일본은 칼의 나라다. 칼을 손으로 간다. 숫돌이 아닌 엄지와 검지 두 손가락만으로 칼을 갈고 또 간다. 머리카락을 대고 훅, 하고 불기만 해도 우수수 베어지고 마는 예리한 칼날은 그렇게 만들어진다.

물론 손가락만으로 쇠붙이가 쉬 갈아질 리 없다. 손가락이 짓물러 터지고 허물을 벗어 굳은살이 배인 뒤라야 비로소 그 단단한 쇠붙이를 문질러 갈 수 있다. 자르고 썰고 쪼고 간다는 절차 탁마切磋琢磨가 아니라, 처마 위에서 작은 물방울이 떨어져내려 바위에 구멍을 내는 점적천석點滴穿石이다. 그렇게 3대에 걸쳐 오로지 손으로 갈아 한 자루의 칼을 만들어낸다.

지구촌에서 이 같은 민족은 눈을 씻고 찾아보아도 또 없다. 누구도 넘볼 수 없는 섬광이 번뜩이는 날카로움이요, 일본만이 가질 수 있는 칼날이다.

일본은 그렇게 만들어낸 칼날로 우리를 반세기 가량이나 식민 지배했다. 우리만이 아니라 동남아를 유린하고, 급기야 태평양전쟁으로 미합중국과도 진검승부를 벌였다.

일본은 지금도 예의 강한 힘을 자랑하고 있다. 지구촌을 호령하는 막강한 나라다. 아시아에선 유일한 G7(Group of Seven) 국가이다. 최근 중국의 인해전술에 밀려 세계 2위 자리를 내어주고 3위로 내려앉긴 하였어도, 여전히 독일·영국·프랑스·러시아보다도 앞서 있는 세계 정상의 경제대국이다.

다시 말하지만 일본은 오래 전부터 절대 강자였다. 임진왜란(1592)이 일어나기 한 해 전에, 일본의 속살을 정탐하기 위해 파견한 조선 통신사들은 이미 목격했다. '집집마다 곡식이 가득차고, 상점마다 물건이 넘친다'고 기록하고 있다.

따라서 우리가 그런 일본을 침몰시킨 역사는 그리 많지가 않다. 광활한 역사의 넓이 속에서 까치발을 하고 둘러보았자 기껏 일본의 군주 도요토미 히데요시를 침몰시킨 임진왜란의 이순신을 떠올릴 정도다.

그래서인지 이순신은 그동안 영화며 텔레비전 드라마로 반복되어 만들어져 왔다. 지금껏 그렇게 만난 이순신이 벌써 몇 번째인지 모른다.

한데 최근 또다시 만들어진 이순신 영화 「명량」은 우리 모두를 사로잡는데 부족함이 없었다. 허리우드의 블록버스터를 모조리 제치고 관중동원 신기록을 갈아치웠다. 불과 13척의 전함으로 구루시마 미치후사來島通總가 이끄는 130여 척의 일본 전함을 침몰시킨 이순신은 언제 보아도 가슴 뭉클한 감동일 수밖에는 없다.

그러나 일본을 침몰시킨 장수는 그런 이순신 말고 또 있다. 세 천년 들어 초고속 성장 제국 삼성전자를 이끌며 SONY제국을 침몰시킨 이건희가 바로 그다.

'세계 전자시장의 양대 산맥으로 군림해온 SONY와 삼성전자 가 10년 만에 운명이 뒤바뀌는 처지에 놓였다. SONY는 신용 등급이 투자 부적격으로 강등되며 주가가 30여 년 전 수준으로 크게 후퇴한 반면, 삼성전자는 사상 최고 실적과 주가를 이어가 고 있다. 일본을 대표하는 기업이자 마지막 자존심을 지켜왔던 SONY가, 일찍이 세계 정상의 자리에 올랐던 영광을 뒤로 한 채 내리막길을 걷다 결국 신용 등급이 강등되는 수모를 겪기에 이 르렀다. SONY가 사실상 부실기업으로 굴욕을 겪게 된 것은 역 대 최악을 기록한 실적 때문이다. 지난해(2012) SONY는 무려 6 조8,000억 원의 적자를 기록 하며 4년 연속 적자 행진을 이어 나갔다. 주가 역시 30여 년 만에 가장 낮은 수준으로 떨어졌다. SONY가 세계를 호령했던 지난 2000년도의 주가를 비교해보 면 전성기 대비 5%에도 미치지 못하는 수준이다.

한때 세계 전자시장을 제패했던 SONY가 한순간에 몰락하면 서 후발 메이커였던 삼성전자는 불과 10년 만에 운명이 뒤바뀌 는 순간을 맞이했다. 삼성전자의 매출액은 10년 전만 해도 SONY의 절반 수준에도 미치지 못했으나, 지금은 사정이 완전히 달라졌다.

삼성전자의 지난해(2012) 3분기 실적은 매출 52조 원, 영업이익 8조1,000억 원으로 사상 최대 수준에 달했다. 전문가들조차 예상치 못한 놀라운 실적 덕에 주가 역시 사상 최고치를 경신하고 있다. 10여 년 전 주가가 30만 원대에 불과했던 삼성전자가 최근 140만 원대를 넘어서며 초고속 성장세를 연출하고 있다. 현재 삼성전자 시가 총액은 무려 209조 원으로, 일본의 SONY +마쓰시타(파나소닉)+샤프 등 일본의 3대 가전 메이커를 모두 합친 시총이 불과 27조 원인 점을 감안하면 비교조차 할 수 없다.

특히 삼성전자는 SONY의 텃밭이었던 세계 TV시장을 점령한 데 이어, 스마트폰 · 가전에서 역시 1위를 달리고 있으며, 시스템 반도체 또한 인텔이나 퀄컴 · 마이크론 테크놀로지와 함께 반도체 업체로서 세계 정상의 경쟁력을 갖추고 있어 앞으로의 전망도 매우 밝다. 전통의 강자 일본의 전자업체의 잇따른 몰락으로 삼성전자의 독주 체제가 세계 시장에서 더욱 가속화될 전망이다….'

지난해 겨울 세밑에 접한 내용이다. 반세기 동안 일본 기술력의 상징으로, 그래서 일본의 국가대표로 군림해온 SONY를 삼성전자가 상당한 격차를 벌이며 추월했다는 보도다.

도대체 그 사이 일본의 국가대표 SONY와 초고속 성장 제국 삼성전자 사이에 무슨 일이 벌어졌던 것일까? 삼성전자가 일본을 앞서기 시작했다는 풍문은 이미 몇 해 전부터 드문드문 들어 알고는 있었지만, 설마 이 정도일 줄은 미처 몰랐다.

하기는 SONY가 어떤 제국이던가? 전설적인 두 창업자 이부카 마사루는 천재 기술자였고, 모리타 아키오는 누구도 따를 수 없는 천재 경영인이었다. SONY를 성장시켜온 두 원동력이었다.

이 두 천재에 의해 SONY는 일본 최초로 트랜지스터 라디오 개발(1955년), 세계 최초 트랜지스터 TV개발(1959년), 일본 최초 CCD-비디오카메라 개발(1980년), 세계 최초 컴팩트디스크 개발(1982년) 등 일일이 헤아릴 수 없을 만큼 수많은 최첨단 신제품으로 세계시장을 지배해왔다. 전 세계 소비자가 가지고 있는 이미지는 '높은 기술력과 최첨단 제품'의 대명사 그 자체였다. SONY라는 네 활자는 누구도 넘볼 수 없는 난공불락의 절대 최강이었던 것이다.

그러나 SONY는 SONY의 것이 아니었다. 임직원의 것도, 최고경영자의 것도, 주주의 것도 아니었다. 창업 이래 SONY를 키워온 것은 일본의 문화와 역사였다. 칼의 나라로 일컬어지는 일본 민족이었다.

따라서 SONY는 SONY가 아닌 칼의 나라 일본 그 자체였다. 그 점을 결코 잊어서는 안 된다.

그러한 SONY가 결국 초고속 성장 제국 삼성전자 앞에 그만 무릎을 꿇었다. SONY를 포함한 일본의 3대 가전 메이커가 연합 전선을 편다 해도 도저히 따라올 수 없을 만큼 벌써 멀찍이 따돌렸다는 리포트다. 참으로 놀라운 지각 변동이 아닐 수 없다

물론 세상에 변하지 않는 것이란 있을 수 없다. 순간이 바뀌고, 계절 또한 속절없이 바뀌어 가듯이, 기업 또한 언제 어느 때인가는 반드시 변화하기 마련이다. 변화하지 않는 것이란 오직 변화한다는 그 사실 뿐이다.

한데 이 같은 변화를 바라보는 시각과 문법은 동양과 서양이 서로 좀 다르다. 한쪽에선 우주라는 큰 그림 속에서 찾으려 했고, 다른 쪽에선 현실이라는 작은 그림 속에서 찾으려 들었다.

다시 말해 동양에선 변화를 하나의 흐름, 사이클로 보았다. 예컨대 음이 기운을 다하면 양의 기운으로 변화하고, 양의 기운이 다하면 다시 음의 기운으로 변화한다는 원리다. 한마디로 차면 기운다는 얘기인데, 이른바 궁窮→변變→통通→구久라는 주역의 원리가 그것이다.

반면에 서양에서는 개별적인 에너지라고 보았다. 상호간의 작용과 반작용으로 여겼다. 곧 적자생존의 원리다. 에너지가 다했다면 결국 소멸할 수밖에 없으며, 또 다른 에너지가 그 자리를 대신할 수밖에 없다는 얘기다.

그러나 이 같은 시각과 문법만으로 반세기 동안이나 세계시장을 지배해온 SONY의 갑작스런 침몰과 함께 초고속 성장 제국 삼성전자의 부상을 설명하기란 곤란하다. 어떤 흐름이 되었든, 또 무슨 힘이 되었든지 간에, 과연 그러한 해석만으로 실상을 이

해하기란 불가능한 일이다.

요컨대 기업의 흥망성쇠라든가 기업의 일생만을 단순히 들여다보고자 하는 것이 아니라, 인간이 기업경영에 의도적으로 관여하고 의식적으로 영향을 미치는 특수한 관계의 연속이라고 보았을 때 또 다른 문제가 야기될 수 있다는 점에서 그렇다. 뒤에 좀 더 곡진히 들여다볼 기회가 따로 마련되겠지만, 칼의 나라 일본의 SONY를 삼성전자의 이건희가 침몰시켰다고 한사코 말하는 것도 딴은 그런 이유에서다. 앞서 밝힌 것처럼 우리 역사의 넓이 속에서 일본을 침몰시킨 장수는 임진왜란의 이순신과 다시금 5백여 년 뒤에 등장하는 초고속 성장 제국 삼성전자의 이건희라는 얘기다.

한데 이 두 장수 가운데 임진왜란의 이순신은 우리에게 벌써 충분히 익숙한 인물이다. 앞에서도 얘기한대로 영화나 텔레비전 드라마로 반복되어 만들어진 까닭에 정보가 차고 넘친다. 우리들에게 이미 큰 바위 얼굴로 자리 잡은 지 오래다.

그에 반해 이건희는 아무래도 좀 낯설기만 하다. 쉽게 와 닿지 않아 거리감마저 느껴진다.

왜 그럴까?

먼저 그는 명성에 비해 언론에 자주 등장하는 편도 아니다. 말수도 적고 간결해서 마치 은둔자의 모습 그대로이다. 간혹 입을 열어 겨우 한마디 한다는 말도 시원찮기는커녕 어눌하기가 짝이 없다. 어쩌다 그 커다란 눈망울을 싱글거리며 빙긋이 웃는 모습이랄지, 몇 해 전 평창 동계올림픽(2018)이 결정되는 순간 눈물짓는 모습을 텔레비전에서 보고 있노라면 영상 속에서 만나는 비장한 얼굴의 이순신과는 사뭇 다른 이미지다. 차라리 천진해보이기조차 한 것이다. 겨우 그 정도가 이건희에 대한 인상의 전부인 경우가 많다.

이처럼 이건희는 우리와 동시대를 살아가고 있음에도 그를 이해할 수 있는 익숙한 정보는 도무지 많지 않다. 따라서 그는 가장 많이 관찰되고 있으면서도 또한 가장 설명되지 않은 현상 가운데 하나로 남아 있다. 우리가 초고속 성장 제국 삼성전자의 이건희에 대해 좀 더 깊숙이 관찰하고 생각해보고자 하는 이유도 실은 여기에 있다.

그렇다면 일본의 군주 도요토미 히데요시를 침몰시킨 임진왜란의 이순신에 이어, 다시금 5백여 년 뒤에 칼의 나라 일본의 SONY를 과연 어떻게 침몰시킬 수 있었는지. 초고속 성장 제국 삼성전자의 이건희를 찾아 그의 속살로 깊숙이 들어가 보기로 하자.

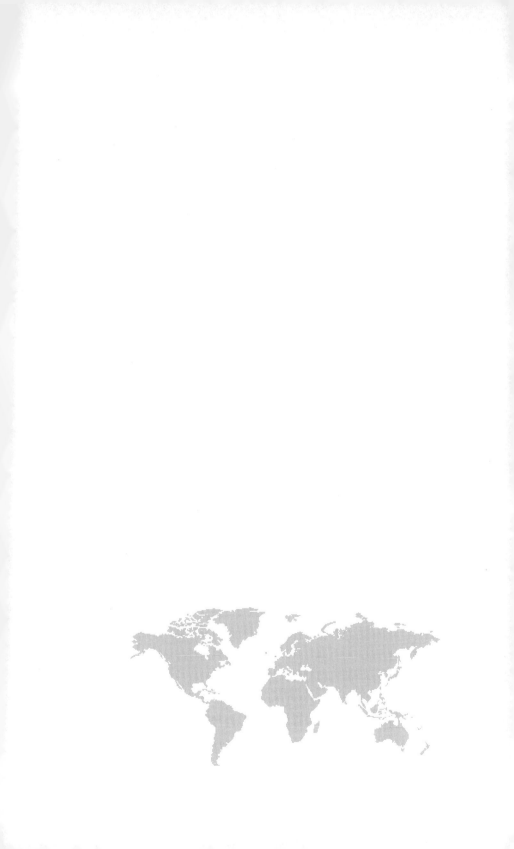

차 · 례

담대한
리더십의
조건

1. 이건희는 누구인가?

나는 갓난아이 때부터 줄곧 '고독'했다

이건희는 1942년 1월 9일, 대구에서 태어났다. 아버지 이병철과 어머니 박두을 사이에 태어난 8남매 가운데 일곱째인 3남(아들 가운데 막내)으로 출생했다. 위로는 맹희, 창희 두 형과 함께 인희, 숙희, 순희, 덕희 등 누나 넷과 나중에 태어날 여동생 명희가 있었다.

이건희가 태어날 당시 아버지 이병철은 마산에서의 첫 번째 사업인 '협동정미소' 실패 이후 두 번째 사업을 벌여 한창 의욕적으로 활동할 무렵이었다. 대구 서문시장 근처에서 250평 남짓한 점포를 사들여 삼성상회를 경영하고 있었다. 대구 일대에서 생산되는 청과물과 포항에서 나는 건어물 등을 만주와 중국 등지로 수출하는 무역 중개업이었다.

아버지의 사업은 순조로웠다. 무역 거래량이 늘어나면서 어느 정도 자금의 여유가 생기자, 아버지는 무엇인가 새로운 투자 대상을 찾게 되었다. 첫 사업 실패 이후 쓰라린 전철을 다시 밟지 않기 위해서라도 판매만을 고집할 것이 아니라 제조를 겸하는 것이 좋겠다는 생각을 갖고 있던 중이었다.

그러던 차에 때마침 일본인이 경영하던 조선양조라는 양조장이 매물로 나왔다. 연간 양조량이 7천석이나 되는, 대구에서 당시 첫째 둘째를 다툰다는 대규모의 청주 양조장이었다.

그런 만큼 조선양조의 매입 가격만 하여도 당시 돈으로 무려 10만원을 호가하였으나, 이병철은 두 말 않고 사들였다. 삼성상회를 개업한지 1년여 만에 기업 하나를 더 늘린 것이었다.

때문에 그의 집은 늘 부산하기만 했다. 아버지는 매일같이 바쁘게 움직였으며, 어머니는 이건희 말고도 위로 여섯이나 되는 어린 아이들의 뒤치다꺼리에 갓 태어난 이건희만을 돌보아 줄 겨를이 없었다.

결국 이건희는 젖을 떼자마자 대구의 집에서 경남 의령군 정곡면 중교리의 할머니 댁으로 보내졌다. 의령의 할머니 댁으로 보내진 이건희는 갓난아이 때부터 할머니를 어머니라고 부르며 유모의 손에서 자랐다.

이건희는 그런 할머니의 보살핌을 받으며 의령에서 3년을 지냈다. 그리고 4살 무렵 대구의 집으로 다시 돌아온다.

하지만 그에게 대구의 집은 모든 것이 낯설기만 했다. 할머니를 어머니로 알고 자랐기 때문에 정작 어머니와 대면하였을 적에도 다르지 않았다. 12살, 10살 나이 차이가 나는 손위 형(이맹희, 이창희)들과 누나(이인희, 이숙희, 이순희, 이덕희)들 역시 혼란스럽기는 마찬가지였다. 한창 낯가림이 심할 4살 무렵의 이건희에게 가족들은 꽤 오랫동안 어려운 상대였을 것으로 짐작이 된다.

때문에 이건희는 가족들과 다시 함께 살게 되었어도 의령의 할머니에게서 자랄 때와 마찬가지 생활을 해야 했다. 유교적 가풍이 엄격했던 집안의 어머니는 두 형을 뒷바라지하기에도 여념이 없어 이제 4살짜리 어린 이건희에게는 별다른 신경을 쓰지 못했다. 누나들 역시 학업 때문에 어린 동생을 돌볼 겨를이 거의 없었다.

아버지 이병철 또한 사업을 하느라 분주했다. 삼성상회와 함께 새로이 인수한 조선양조를 경영하면서 눈코 뜰 새 없이 바쁘기만 했다.

의령 시절엔 할머니의 사랑을 독차지했지만, 대구의 집으로 돌아온 뒤에는 그마저 기대할 수 없게 된 것이다. 이건희가 자신의 어린 시절을 두고 '나는 줄곧 홀로였던 것 같다'고 회상하는 까닭도 바로 이 때문이다.

이건희는 오래지 않아 대구에서 유치원을 다니기 시작했다. 까만 고무신만을 신고 다녔던 그에게 어쩌다 흰 고무신이라도 생기면 한동안은 아끼느라 차마 신고 다니지 못했다고 한다. 이때는 이미 충분히 부유한 집안이었으나, 아껴 쓰는 집안의 가풍이 어린 이건희에게 그대로 반영된 것이었다.

그의 집안은 증조모 때에 이르러 비로소 부를 축적할 수 있었다고 전한다. 증조모는 한 끼를 덜 막고 베 한 필을 더 짜는 근검절약으로 재산을 조금씩 늘려나갔다. 먹지 아니하고 쓰지 않는 것만이 재산을 늘릴 수 있었던 시절의 얘기다.

증조모의 그러한 노력으로 마침내 400석지기 전답을 갖는 적잖은 부를 이루었다. 여기에다 조부가 100석지기의 전답을 더 늘렸다. 이를 큰아버지인 이병각이 300석을, 아버지 이병철이 200석을 각기 물려받았다.

하지만 대구에서의 어린 시절은 그리 길지 않았다. 대구에서 삼성상회와 조선양조를 경영하면서 자신감을 얻은 아버지 이병철이, 사업을 좀 더 크게 벌여보기 위해 가솔을 이끌고 서울로 상경하게 된 것이다. 이때가 1947년으로 이건희의 나이 여섯 살 때였다.

그의 가족은 서울 종로구 혜화동에 큼지막한 집을 마련해서 자리를 잡았다. 그리고 이듬해엔 지금의 종로 2가에 2층 건물을 임대해, 홍콩과 싱가포르 등지에 해산물을 수출하고 면사綿絲를 수입하는 무역회사 삼성물산공사를 설립했다.

삼성물산공사는 처음부터 주식회사 체제로 시작했다. 아버지 이병철이 75%를 출자하고, 조홍제(효성그룹 창업주), 김생기(영진약품 창업주), 이오석, 문철호, 김일옥 등이 나머지 25%의 지분을 출자하는 형식이었다.

삼성물산공사는 금세 자리를 잡아나갔다. 대구에서의 경험과 사전 시장조사, 그리고 무역 동향 따위를 치밀하게 검토하고 나서 시작한 터라 순조로운 성장세를 보여주었다.

때문에 무역 대상 지역도 홍콩과 싱가포르에서 이내 동남아 전역을 비롯하여 미국으로까지 확대되었다. 면사와 철강 등 원자재를 포함하여 취급 품목도 어느새 백여 가지를 훌쩍 넘어섰다.

이 같은 여세를 몰아 1949년 설립 첫 해에 벌써 국내 무역업계 7위를 기록하면서 업계의 주목을 받았다. 설립 1년 만에 당시 내놓으라는 굴지의 무역회사였던 천우사(전택보), 동아상사(김인형), 대한물산(설경동), 화신실업(박흥식), 삼흥실업(서선하, 오천석, 최태섭, 박창일), 건설실업(김익균) 등과 함께 어깨를 나란히 할 수 있었다. 또 이듬해 초반(3월)에는 삼성물산이 총 1억2,000만원(지금 돈 약 600억원)의 이익을 내며 마침내 국내 무역업계 1위 자리에 올라섰다.

이건희는 아버지 이병철이 삼성물산을 설립한 그 해 혜화초등학교에 입학했다. 또래 아이들 사이에선 지방 사투리가 짙게 묻어나는 말수 적은 아이였다. 왁자지껄한 교실 안에서도 그는 줄곧 '홀로'였던 것이다.

한데 이듬해 6월 25일, 뜻하지 않은 한국전쟁이 그만 터지고 만다. 전혀 예상치 못한 돌발 상황이었다.

아버지 이병철과 그의 가족은 미처 피난을 떠나지 못했다. 한창 뻗어나가고 있는 사업이 그만 발목을 잡았다. 하루 이틀 좀 더 상황을 주시키로 한 것이다.

한국전쟁이 발발하고 하루 만인 다음날 26일 의정부 방어선이 뚫렸다. 서울은 온통 혼란에 빠져들었다.

한데도 정부 발표는 아군이 적군을 격퇴 중이라고만 했다. 시민은 안심하라고 했으나, 시시각각 아군이 불리한 양상으로 전개되어 갔다.

이튿날 27일에는 서울 북쪽의 창동 방어선이 무너졌다. 정부는 수원을 임시 수도로 한다고 발표했다. 포성이 귓전에서 울리기 시작했고, 남하하는 피난민이 한꺼번에 시가지를 와글와글 메웠다.

위기감을 느낀 아버지 이병철은 회사 간부들과 대응책을 논의해봤지만 별다른 묘안이 있을 까닭이 만무했다. 시가전이 벌어질지도 모르는 상황이었기 때문에, 안전을 위해 각자 회사를 중심으로 어려운 일이 있을 때 서로 연락하자고 한 뒤 일단 헤어지기로 했다.

다음날 28일에는 피난민으로 넘쳐나는 한강대교가 폭파되면서, 서울은 북한군의 수중에 떨어졌다. 불과 4일 만에 북한군이 서울을 점령하고 만 것이다.

아버지 이병철과 그의 가족들은 정부의 발표만 믿고 있다가 서둘러 서울을 벗어나지 못했다. 적군 치하에서 거의 두문불출한 채 집안에 숨어 살았다. 무엇보다 집이 큼지막해서 자칫 자본가로 내몰려 목숨이 위태로울 수도 있었다.

서울 시내가 그렇듯 공산군에 유린된 지 2주일쯤 지난 7월 10일쯤이었다. 아버지 이병철은 집에서 가까운 혜화동 로터리에서 낯익은 승용차가 달리는 것을 보았다.

자세히 보니 미국산 신형 쉐보레였다. 전쟁이 발발하기 바로 이틀 전인 6월 23일 주한 미국공사로부터 사들여 등록을 갓 마친 자신의 차였다. 뒷자리에 버젓이 타고 있는 이는 당시 북한의 남노당 위원장인 박헌영이 분명했다.

불안한 나날을 보내고 있던 아버지 이병철과 그의 가족들은 연합군의 인천 상륙 작전으로 비로소 서울이 수복되자 서둘러 마산으로 내려갔다. 그러다 다시금 대구로 옮겨갔다가 부산으로 이주했다. 아버지 이병철이 부산 동광동으로 자리를 옮겨, 고철 수집업과 함께 설탕과 비료 따위를 수입하는 무역업을 다시 시작했기 때문이다.

고독한 외톨이 신기한 장난감을 만나다

이건희는 부산에 살면서도 초등학교 전학을 두 번이나 더 해야만 했다. 초등학교 6년을 다니는 동안에 학교를 모두 다섯 군데나 옮겨 다녀야 했던 것이다.

따라서 또래 친구들을 사귀어 볼 겨를이 없었다고 봐야 한다.

겨우 눈이 맞아 더듬더듬 말을 텄을 때쯤이면 전학을 가야 했던 그에게 또래 친구들이 남아 있을 리 없었다.

때문에 이건희는 어린 시절 학교에서 외톨이일 때가 더 많았다. 집으로 돌아와서도 외톨이로 그저 집안에서만 맴돌기 일쑤였다.

부모님도 그걸 모를 리 만무했다. 집안에서만 맴도는 어린 아들이 안타까웠다.

생각다 못해 장난감을 사다주었다. 어린 아들은 신기해했다. 얼굴에 비로소 미소가 번졌다.

그러자 장난감을 아낌없이 사 날랐다. 천장에 매달린 끈을 물고 빙빙 돌아가는 비행기며, 철길 위를 달리는 모형 기차 등이 수북이 싸여나갔다. 당시로선 구경조차 하기 힘든 값비싸고 신기한 장난감들이었다.

어린 시절 이건희는 그같이 장난감을 만나게 된다. 신기한 장난감들 속에 파묻혀 살았다.

비단 그만이 아니라 맹희, 창희, 두 형들 또한 마찬가지였다. 삼형제는 신기한 장난감의 세계에 깊숙이 빠져들었다.

하지만 집안에서 장난감을 가지고 노는 것만으로는 아무래도 따분했던 것일까. 세 아이들은 값비싸고 신기한 장난감을 가지고 노는데 그치지 않았다. 오래지 않아 그것들을 뜯어보는 재미에 빠져들었다. 그리곤 다시 조립해보는데까지 나아갔다. 복잡한 기계 속으로 들어가 나름대로 무언가를 찾아보고 생각하는 탐구놀이로까지 발전케 된 것이다.

특히 삼형제 가운데 가장 나이 어린 이건희의 그 같은 탐구놀이는 좀처럼 그칠 줄을 몰랐다. 이윽고 심드렁해져 또 다른 취미로 관심을 돌리고 말았던 두 형들과는 달리 이건희의 그런 취미는 이후에도 줄곧 계속되었다.

그리하여 오래지 않아 그 방면에 누구도 따라올 수 없을 정도의 어떤 남모를 경지를 이뤘다. 처음에 장난감을 뜯어보고 다시 조립하는 수준으로 시작된 탐구놀이는 이내 진화를 거듭하고 보다 대담해져갔다.

나중에는 손대기조차 힘든 카메라며 VTR에 이르기까지 손쉽게 뜯어보고 다시금 조립하는가 하면, 좀 더 뒷날의 얘기이긴 하지만 결국 자동차까지도 그 대상에 포함되었다. 몇날 며칠 동안 자동차를 몽땅 해체했다가 다시금 조립할 수 있게 되기에 이른 것이다.

사실 여기까지만 놓고 보더라도 이건희의 어린 시절은 결코 흔치 않은 것이었다. 태어나자마자 할머니의 손에 길러지다 4살 무렵에야 비로소 어머니를 비롯하여 형제들의 품으로 돌아온 것에서부터, 일곱 번에 걸친 잦은 이사로 말미암아 초등학교만 다섯 군데나 옮겨 다녀야 했다는 건 남다른 성장기를 보낸 셈이 된다.

결국 그는 또래 친구가 없는 외톨이가 될 수밖에 없었다. 때문에 장난감 속에 파묻혀 지내야 했으며, 그것도 따분해지자 결국에는 그 장난감마저 죄다 뜯어보고 조립하는 재미 속으로 빠져들게 되었다.

따라서 대화는 극히 제한적일 수밖에 없었다. 복잡하고 난해하게 얽혀있는 기계 속으로 깊이 빠져들면 들수록 대화의 세계는 그만큼 더 멀어져만 갔다.

여기에다 아버지 이병철이 끼친 영향 또한 적지 않았을 것으로 보인다. 아버지 이병철 역시 누군가와 마주앉아 도란도란 대화를 나누기보다는, 혼자서 무언가를 곧잘 골똘히 생각하는 그런 모습이었다.

'…(아버지는)좀처럼 화를 내는 법도 없었고, 큰소리와 욕설은 물론 아랫사람들로부터 보고를 받을 때도 겉으로 좋다 싫다는 표현을 하지 않았다. 평생 동안 아버지가 큰소리를 내면서 웃는 모습을 본 사람이 과연 몇이나 될까.'

큰형 이맹희가 본 아버지 이병철의 모습 또한 조금도 다르지 않았다. 그가 남긴 책「묻어둔 이야기」에 따르면 언제나 조용하고 내성적인 면이 두드러져 보였다는 것이다.

이건희는 그런 아버지 이병철의 영향까지 고스란히 더해져 늘 말이 없고 내성적인 아이로 자라났다. 기를 쓰며 남들 앞에 나서기보다는 오히려 조용히 돌아앉아 혼자서 무언가에 골똘히 탐구하는 시간이 날로 더 많아져만 갔다. 더욱이 그 같은 특이한 성장 과정은 비단 거기에서 그치지 않고 이후에도 계속되어진다는 점이다.

영화 1,300여 편을 본 어린 소년

한국전쟁이 끝나갈 무렵인 1953년 부산사대 부속 초등학교 5학년 때였다. 어느 날 아버지 이병철이 이건희에게 일본으로 유학을 떠나라고 이른다.

당시 피난지 부산은 전쟁의 상흔을 빠르게 회복해가고 있었다. 하지만 교육 환경은 열악하기 짝이 없었다. 밀려든 피난민들로 말미암아 임시로 만든 천막교실이 즐비한 풍경이었다.

반면에 이웃나라 일본의 사정은 달랐다. 2차 세계대전에서 패배하며 잿더미로 변하고만 경제는 한국전쟁이라는 특수 속에 옛 영화를 되찾아가고 있었다.

아버지 이병철은 어린 이건희에게 '선진국에 가서 보고 배워라. 네 형들이 공부하고 있는 일본 도쿄로 가라'고 일렀다. 훗날 자식들이 장성하여 자신이 일궈놓은 기업을 이어가려면 아무래도 좀 더 넓은 세상을 보고 배워야 한다는 평소 생각에서였다. 우리보다 한 발 앞선 일본을 배워야 한다는 생각이 강했다. 이미 맹희, 창희, 두 아들을 일본으로 유학을 보낸 것도 그런 이유에서였다.

아버지 이병철은 한국전쟁이 나기 전인 1950년 2월에 아직 2차 세계대전에서 패배한 상흔이 채 가시지 않은 일본 도쿄를 방문한 적이 있었다. 전택보(천우사) 설경동(대한물산) 박흥식(박흥식) 등 경제계 유력 인사 15명과 함께였다.

방문 목적은 일본 경제계 시찰이었다. 일본 점령 미군 총사령부 초청으로 방한 것이었으나, 사실은 한국과의 교역을 통해 경제부흥을 도모하려는 일본 경제계의 제안으로 이루어진 것이었다.

당시만 해도 해외여행이라는 것 자체가 거의 불가능하던 시절이었다. 더구나 대통령 이승만의 반일감정은 철저하다 못해 가시가 돋쳐있었다. 일본과의 교역이나 친선을 서두르는 것은 곧 민족정기에 위배되는 것이라고 믿고 있을 정도였다. 또한 그것이 아직은 대다수 국민들의 정서이기도 할 때였다. 물론 아버지 이병철 또한 그러한 생각과 다르지 않았다.

그렇다고 일본 열도를 태평양 저쪽으로 밀어버릴 수도 없는 노릇이었다. 무역과 같은 경제 관계는 그런 민족감정으로 치우쳐선 안 될 문제라고 생각했다. 또한 멀지 않은 장래에 일본과의 교역이 다시금 활발해질 것으로 확신했던 아버지 이병철은, 이번 기회에 일본 경제계의 실상이며 속살을 가능한 한 깊숙이 살펴보리라 작정하고 떠난 길이었다.

그러나 일본 경제계는 생각보다 더 어려워보였다. 하네다공항에서 도쿄 중심부에 이르기까지 연도에는 판잣집들만이 즐비할 뿐, 큰 건물이라곤 제대로 남아 있는 것이 없을 정도였다.

2차 세계대전 당시 일본제국의 중무기를 생산하던 가와사키중공업은 미군의 폭격을 맞아 공장 건물의 골격만이 앙상할 뿐이었다. 내부 시설이라곤 거의 찾아볼 수 없어 폐허나 다를 바가 없었다. 시찰단은 3개월여 동안 그 같은 일본의 각 지역을 부지런히 돌아다녔다. 정말 이제 다시 재기하기란 영원히 불가능할 것처럼 비쳐졌다.

그러던 어느 날 저녁이었다. 아버지 이병철은 가로등조차 꺼진 도쿄의 아카사카 골목길을 걷고 있다가, 긴 머리도 자를 겸해서 이발소 안으로 불쑥 들어섰다.

허술한 이발소 입구에는 모리타라는 문패가 붙어 있을 따름이었다. 가위질을 하던 중년의 이발소 주인에게 아버지 이병철은 별다른 생각 없이 말을 건넸다.

"이발 일은 언제부터 하셨나요?"

"제가 3대째입니다. 가업이 된지 이럭저럭 60년쯤 되나 봅니다. 자식 놈에게도 이어주었으면 합니다만. 어떨지는 아직 모르겠습니다…."

특별한 뜻이 있는 대화는 아니었어도 예사말로 들리지 않았다. 패전으로 완전히 좌절해야 할 일본인들이었건만, 그렇듯 담담하게 대를 이은 외길을 살아가고 있었다. 칼은 숫돌이 아닌 엄지와 검지 두 손가락만으로, 그것도 대를 이어 칼을 갈아서 날을 세운다는 일본인들의 투철한 직업의식에 아버지 이병철은 다시 한 번 적잖이 놀랐던 것 같다.

그로부터 불과 3년 뒤, 일본은 빠르게 옛 영화를 되찾아갔다. 이제 다시 재기하기란 영원히 불가능할 것처럼 비쳐졌던 일본이 놀라운 성장세를 보여주고 있었다. 한국전쟁이라는 뜻밖의 수혜를 고스란히 누린 탓도 있었다지만, 아버지 이병철은 다른 면모를 보았다. 일본 특유의 장인정신에서 그 근거를 찾았다. 아버지 이병철이 어린 이건희에게 일본으로 유학을 떠나라고 한 이유이기도 했다.

일본에는 이미 큰형 맹희가 도쿄대 농과대학에, 그리고 작은형 창희 역시 와세다대 상과대학에 재학 중이었다. 이건희는 통학 거리 때문에 열 살 위인 작은형 창희와 함께 살면서 도쿄의 초등학교로 다시금 전학을 가게 된다.

이제 겨우 12살 밖에 되지 않은 어린 이건희는 또다시 그렇게 부모와 떨어져 살아야 했다. 더구나 이번에는 모든 것이 생소할 수밖에 없는 타국에서의 낯선 생활이었다.

당시 일본 사회는 사상 최대의 호경기라 일컫는 신무神武시대였다. 한국전쟁의 특수를 일본 혼자서 고스란히 누리며 낙엽을 자루에 쓸어 담듯 당시 돈으로 62억 달러라는 천문학적인 외화를 벌어들여 그 어느 시기보다 풍요로웠다.

더욱이 그런 호경기에 발맞춰 우리 나라에서는 아직 보지도 듣지도 못한 텔레비전 영상시대로 접어들었다. 일본의 마쓰시타

(파나소닉)와 네덜란드의 필립스가 합작으로 만든 흑백텔레비전이 할부 판매를 통해 불티나게 팔려나가던 시절이었다.

그처럼 크게 달라진 환경도 환경이었지만, 무엇보다 언어 소통이 되지 않아 한동안 고생할 수밖에 없었다. 여기저기 학교를 옮겨 다니느라 뒤쳐진 공부도 이건희에겐 여간 곤혹스러운 게 아니었다.

뿐만 아니라 매일같이 맞닥뜨려야 하는 한국인에 대한 뿌리 깊은 민족 차별은 어리기만 어린 그를 더욱 고립시켰다. 학교에 갈 적마다 또래 아이들이 조센징이라고 놀려대는 이지메는 어린 그를 더욱 힘들게 만들었다.

아버지 이병철의 뜻에 따라 어린 나이에 일본으로 유학을 떠났지만 외톨이는 여전히 모면할 수 없었다. 아니 오히려 한층 더 고착화되어 갔다는 표현이 더 옳았다.

한데도 그에겐 딱히 함께 놀아줄 친구조차 있지 않았다. 집으로 돌아가 봐야 반겨줄 부모님이나 형제들이 기다리고 있는 것도 아니었다. 사실상 혼자 지내다시피한 일본에서의 생활은 한국에서보다도 더 외로운 나날들일 수밖엔 없었다.

이건희는 그때를 돌아보며 '…가장 민감한 나이에 민족 차별, 분노, 외로움, 부모님에 대한 그리움, 이 모든 걸 절실히 느꼈다'고 회고한 일이 있다. 어리기만 한 그로선 엉엉 울어도 시원찮을, 차마 견디기 어려운 시간들이었을 것으로 짐작이 된다.

결국 그 같은 분노와 외로움은 그로 하여금 개를 좋아하게 만들었던 것 같다. 이듬해 중학생이 되면서부터 집에서 개를 기르기 시작했다. 사람을 속이지 않는 충직함이 맘에 쏙 들었다.

분노와 외로움에서 비롯된 그의 피안은 집에서 개를 기르는 것 말고 한 가지가 더 있었다. 어두운 실내에 앉아 어느 누구로부터 차별이나 놀림을 받지 않으면서도 재미있는 시간을 보낼 수 있는 영화 관람이 곧 그것이었다.

처음에는 외로움의 도피처였는지 모른다. 아직 가보지 못한 이국적 풍경들이 신기해 그만 눈길이 사로잡혔을 수도 있다. 낯선 땅과 도시, 대초원과 사막, 내가 아닌 또 다른 누군가의 삶이 낱낱이 펼쳐져 보이는 영화 속으로 자신도 모르는 사이 빠져들어 갔던 것이다.

당시 일본에는 집 근처에도 영화관이 즐비했다. 1950년대 일본의 영화산업은 미국의 허리우드에 이어 세계 2위를 기록하고 있을 정도였다. 그야말로 시네마천국이었다.

이건희는 학교가 끝나면 영화관으로 달려갔다. 오후 내내 영화관에서 살았다 해도 과언이 아니다. 동시 상영관이 많아서 한번 본 영화를 또다시 보게 된 영화도 적지 않았다.

일본에서 초등학교 2년과 중학교 1년을 유학하는 사이, 그는 무려 1,300여 편 이상의 영화를 보았다고 알려져 있다. 1,300여 편 이상이라면 당시 일본 영화계가 10년 동안 만든 작품의 수와 맞먹는 것으로, 그가 유학하는 3년여 동안 거의 매일 같이 빼놓지 않고 영화를 보았다는 얘기가 된다.

이건희는 그렇듯 시간이 나는 대로 영화를 보았다. 영화가 끝나면 다른 극장으로 자리를 옮겨 또 다른 영화를 보기 일쑤였다. 그리곤 저녁에 집으로 돌아와선 그 날 본 영화를 홀로 곰곰 생각하곤 했다. 영화는 오직 자신만의 것이었으며, 누구에게도 방해받지 않는 신세계였다.

그 무렵 아버지 이병철은 제일제당을 설립하면서 관련된 업무 때문에 일본을 자주 오갔다. 또 그때마다 여러 날 동안 머물며 어린 아들과 함께 지내기도 했다.

하지만 아버지 이병철은 매일같이 영화 속에 빠져 사는 어린 아들을 결코 나무라지 않았다. 오히려 어린 아들의 영화 보는 방법에 대해 감탄한 것으로 알려지고 있다. 어린 나이임에도 불구하고 영화가 단순히 볼거리만으로 그치고 마는 것이 아니라, 수많은 사람들의 이야기로 만들어지고 있다는 점을 이미 깨달은 때문이었다고 한다.

영화는 이처럼 이건희의 인생에 커다란 영향을 미쳤다 해도 과언이 아니다. 어린 시절 타국에서 외로움의 도피처로 홀로 보기 시작한 영화는, 그에게 타인의 삶을 비로소 이해할 수 있는 거울이 되었다. 또 그 같은 거울은 훗날 아버지 이병철로부터 삼성을 이어받았을 때 경영에도 영화에서 얻은 지혜가 상당 부분 투영되었음을 알 수 있게 한다.

좀 더 뒷날의 애기이긴 하지만, 이건희가 삼성의 회장을 승계한 이후 이른바 '바꾸자'는 경영을 선언했을 때이다. 작심을 한

듯 새해 벽두부터 '변해야 살아남는다'는 자신의 생각을 신년사에서 밝힌데 이어 전자 계열사, 중공업 계열사, 화학 및 기타 제조 계열사, 금융 서비스 계열사 등 연이어지는 사장단 회의에서 '바꾸자'를 쏟아내고 있을 즈음이었다.

그 무렵 이건희는 장애인들의 사회 참여를 장려한다는 차원에서 장애인 직원 공장 '무궁화전자' 설립 계획을 세우게 했다. 장애인들을 위해 매년 거액의 기부금을 내는 것만으로는 그들의 삶을 바꿀 수 없다고 생각한 것이다. 스스로 자립할 수 있도록 기업이 적극적으로 나서 그들에게 마땅한 일자리를 만들어주는 것이 보다 근본적인 해결책이라고 판단했다.

아울러 이건희는 장애인들이 아무런 불편함도 없이 근무할 수 있도록 완벽한 편의 시설을 갖추라고 덧붙였다. 단순히 보여주기 위한 사업이 아니라 앞으로도 지속 가능한 하나의 롤 모델로서의 무궁화전자를 요구했다.

사업의 규모도 엄청났다. 당시 삼성전자의 한 해 순이익은 고작 1,000억 원 안팎이었다. 그 순이익의 20%가 넘는 자금을 투자하여 장애인들 위한 무궁화전자를 설립키로 한 것이다.

회장의 지시가 떨어지자 삼성전자의 경영진은 발 빠르게 움직였다. 고려대 경영학과 K교수에게 컨설팅을 의뢰했다.

그렇게 3개월여 동안의 준비 기간을 거쳐 마침내 회장에게 공장 설계와 관련하여 브리핑이 이뤄졌다. 브리핑이 끝나자 이건희는 장애인 편의 시설이 아무래도 부족한 것 같다며 보완을 지시했다. 휠체어를 탄 장애인을 위해 모든 출입문을 슬라이드 형태로 만들고, 식당 내부의 배식 선반 높이를 낮추라는 등 세부적인 사항까지 언급했다. 마치 자신이 오랫동안 장애인들과 함께 생활해온 사람처럼 그들을 꿰뚫어 보는 내용이 이어졌다.

"회장님, 장애인들에 대해 매우 자세히 알고 계시는데. 어떤 연유로 그렇게 잘 알게 되신 겁니까?"

당시 브리핑 자리에 참석했던 한 임원이 그에게 넌지시 여쭈었다. 이건희의 대답은 명료했다.

"자네는 영화도 안 보나? 장애인들과 관련된 영화를 몇 편만 보면 장애인들의 생활을 훤히 알게 돼."

사실 이건희는 평범한 삶을 경험할 기회란 거의 없었다. 부유한 집안에서 태어나 자란 탓에 평범한 사람들의 삶을 깊숙이 접해 보지는 못했다.

한데도 그는 다양한 계층의 삶을 누구보다 이해하고 있었다. 어린 시절 홀로 보기 시작한 1,300여 편의 영화가 그 통로 역할을 해준 것이다.

이건희는 평생 영화와 다큐멘터리의 광이 된다. 한때 그를 소개하는 프로필 기사에서 으레 빠지지 않는 대목이 영화 및 다큐멘터리 비디오를 1만 개 넘게 소장하고 있다는 것이었으며, 미국 영화계의 아이콘인 스티븐 스필버그와 영화 합작 사업에 뛰어든 것 또한 이와 무관치 않아 보인다.

그러면서 1997년에 펴낸 그의 산문집 「생각 좀 하며 세상을 보자」에서 그는 자신만의 독특한 영화 감상법, 그리고 스스로 영화 속에서 체득한 듯한 입체적 사고에 대해 이렇게 적고 있다.

'…영화를 감상할 때는 대개 주인공에게 치중해서 보게 된다. 주인공의 처지에 흠뻑 빠지다 되면 자기가 그 사람인 양 착각하기도 하고, 그의 애환에 따라 울고 웃는다. 그런데 스스로를 조연이라고 생각하면서 영화를 보면 아주 색다른 느낌을 받는다. 나아가 주연, 조연 뿐 아니라 등장인물 각자의 처지에서 보면 영화에 나오는 모든 사람의 인생까지 느끼게 된다. 거기에 감독, 카메라맨의 자리에서까지 두루 생각하면서 보면 또 다른 감동을 맛볼 수 있다.

그저 생각 없이 화면만 보면 움직이는 그림에 불과하지만 이처럼 여러 각도에서 보면 한 편의 소설, 작은 세계를 보게 되는 것이다. 이런 식으로 영화를 보려면 처음에는 무척 힘들고 바쁘다.

그러나 그것이 습관으로 굳어지면 입체적으로 보고 입체적으로 생각하는 '사고의 틀'이 만들어진다. 음악을 들을 때나 미술 작품을 감상할 때, 또는 일할 때에도 새로운 차원에 눈을 뜨게 된다.'

하지만 자신에게 충직한 개를 기르고, 매일같이 영화를 보는 것만으로는 허기를 메우기 어려웠으리라. 나이 어린 그의 분노와 외로움을 정녕 다 메울 수는 없었을 것이다.

일본에서 초등학교 5, 6학년과 중학교 1학년까지 마친 그는 아버지를 졸라 끝내 귀국하고는 만다. 귀국해선 서울사대 부중에 편입했다.

그렇게 부모의 품으로 다시 돌아올 수 있었으나, 그렇다고 외톨이에서 벗어날 수 있었던 것은 아닌 것 같다. 일본에서 조센징이라고 이지메를 당했던 것처럼, 고국으로 돌아와 새로이 편입해 들어간 서울사대 부중에선 조금은 서툰 한국어 발음과 함께 무의식적으로 익숙해져 있는 일본식 태도로 인해서였다. 이번에는 일본놈이라는 놀림을 피할 수 없게 된 것이다.

또다시 그는 외톨이로 고독할 수밖에 없었다. 서울사대 부중을 거쳐 부고를 다닐 때까지도, 그의 십대는 누구보다 풍요로웠으나 또한 누구보다 고독한 것이기도 했다. 어린 시절 그의 고독은 선택이 아닌 결코 피할 수 없는 운명과도 같았던 것이다.

같은 반 친구 홍사덕이 본 고교 시절의 이건희

갓난 아이 때부터 부모 형제와 떨어져 고독한 외톨이로 자란 이건희였다. 때문에 초등학생 무렵엔 갖가지 장난감 탐구놀이에 빠져들었다. 12살 어린 나이에 일본으로 유학을 떠난 중학생일 땐 언어 소통과 민족 차별로 이지메를 경험하면서 개 기르기와 영화 1,300여 편에 빠져들었다. 고국으로 돌아와 서울사대 부중을 마치고 부고로 진학한 그의 고교 시절은 어땠을까? 이건희의 같은 반 절친한 친구로 곁에서 그를 가까이 지켜본 홍사덕(전 정무장관)의 증언이다.

'…들건대 요즘 이건희 회장은 좀처럼 웃지 않고 칭찬하지 않으며 절대로 흐트러진 모습을 보이지 않는다고 한다. 하지만 회장님이 되어 멋진 나비의 모습을 갖추기 이전, 그러니까 애벌레 시절의 그는 정반대였다. 그래서 나는 그의 내면 깊숙이에 은닉되어 있을 또 다른 진면목을 들려줄까 한다.

고등학생 이건희 군은 근엄하기는커녕 엉뚱하고 싱거운 친구였다. 서울사대 부고에 입학한지 며칠 안 된 어느 날의 일이었다.

…〈중략〉…

그 후 그는 불과 며칠 사이에 나를 압도했다. 시골 서점에 있는 책을 모조리 섭렵했던 내가, 그래서 꽤나 거들먹거렸던 내가 그처럼 순식간에 압도당한 것은 그의 독특한 '세상을 보는 안목' 때문이었다.

'미국의 차관을 많이 들여와야 미국의 이해관계 때문에 우리 안보가 튼튼해진다, 공장을 지어서 일자리를 많이 만들어내는 게 어떤 웅변보다도 애국하는 길이다, 이익을 내지 못하는 기업은 사실상 나라를 좀먹는 존재다' 등등 내가 상상도 하지 못했던 분야에 대해 그는 특유의 싱거운 표정으로 샘솟듯 이런저런 얘기를 들려줬던 것이다. 어떤 때는 내가 한참씩 궁리해야 비로소 말뜻을 알아들을 때가 허다했다.

나를 압도한 요소에는 그 밖의 것들도 있었다. 그는 이미 일본말을 우리말처럼 구사했고, 현인과 남인수를 단군 이래 최고의 가수로 숭앙하던 나에게 해리 벨라폰데의 카네기홀 리사이틀 실황 LP판을 들려줌으로써 그 분야에도 새로운 지평이 있음을 깨닫게 해주었다.

하지만 가장 큰 경이는 사람을 보는 안목이었다. 여기서 소개하기는 어렵지만, '나는 사람에 대한 공부를 제일 열심히 한다'던 엉뚱한 말이, 실인즉 무서운 의미가 담겨있음을 알게 되었던 것이다….'

'언제인지 아버지 이병철이 삼성에서 일을 하던 간부 한 사람을 내친 일이 있었다. 한데 고등학생이던 이건희가 아버지 이병철에게 그 간부를 다시 부르라고 건의했다. 이런 모습을 곁에서 지켜본 홍사덕이 이건희에게 핀잔을 주었다.

"고등학생인 네가 뭘 안다고 그러냐?"

"모르긴 뭘 몰라. 나는 사람에 대한 공부를 제일 열심히 한다."

그렇게 이건희는 고집을 꺾지 않고 몇 번씩이나 아버지 이병철에게 건의했다. 처음엔 아버지 이병철도 까까머리 막내아들의 말을 대수롭지 않게 여겼다. 그러다 나중에야 막내아들의 말에 일리가 있다고 여겼는지 그 간부를 복직시켰다. 그런데 이 간부가 나중에 삼성에 크게 기여했다는 내용이다.'

'서울사대 부고 시절 학교에서 이런 일도 있었다. 교내에서 싸움을 가장 잘 한다는 덩치 큰 학교의 짱과 그만 시비가 붙었다.

한데 덩치 큰 짱이 아니라 이건희가 먼저 싸움을 걸었다. 재미있을 것 같다고 반 친구들이 우르르 몰려들었다. 학교의 짱은 누구도 넘볼 수 없는 전설이었다. 이젠 이건희가 학교의 짱에게 죽었다고 반 친구들은 믿었다.

"야, 너희들 싸울 거야?"

그쯤 되자 함께 있던 홍사덕이 둘 사이에 끼어들었다. 그 싸움의 증인으로 나선 셈이다. 말하자면 둘의 싸움에 일종의 심판 역할 같은 것이었다.

"…정말?"

홍사덕이 재차 둘의 얼굴을 돌아보았다. 둘은 싸우겠다는 의사를 분명히 밝혔다. 덩치 큰 짱은 자신만만해 했고, 이건희도 한번 붙어보자며 주먹을 쥐었다.

싸움은 이내 시작되었다. 덩치 큰 짱은 학교에서 싸움을 가장 잘 한다는 명성에 어울리게 싸움 기술이 능란하고 몸놀림 또한 민첩했다. 반면에 이건희는 자신의 말수만큼 굼떠 느려 보인데다 왠지 엉성해 보이기조차 했다.

때문에 싸움의 초반은 덩치 큰 짱의 독차지였다. 이건희는 일방적으로 얻어터졌다.

한데도 이건희는 물러나지 않았다. 싸움에서 일방적으로 공격을 퍼붓더라도 상대가 흔들리지 않으면 공격을 퍼붓는 쪽이 되레 제풀에 기가 꺾이고야 마는 것처럼, 꼭이 이건희의 경우가 그러했다. 수없이 얻어터지면서도 결코 물러나는 법이 없자, 점차 당황스러워 하는 쪽은 일방적으로 두들겨 패고 있던 덩치 큰 짱이었다.

'어떻게 된 거지? 이쯤 되면 대개 꽁무니를 빼곤 하던데…?'

덩치 큰 짱은 연신 주먹을 내치고 발길질을 해봤지만 점점 맥이 풀려갔다. 힘도 빠져 파괴력도 처음 같지 않았다. 공격을 일방적으로 퍼붓고도 이건희의 기를 꺾진 못했다.

마침내 반격이 시작되었다. 일방적으로 얻어터지고만 있던 이건희가 상대를 조금씩 압박해 들어갔다.

비록 몸놀림이 좀 굼뜨긴 하였어도 이건희는 좀처럼 밀리지 않았다. 다음 순간 이건희의 한 손이 덩치 큰 짱의 허리춤을 와락 붙잡았다.

이건희는 그 순간을 놓치지 않았다. 덩치 큰 짱의 허리춤을 붙들자마자 상대를 세차게 밀어붙였다.

그와 함께 두 팔에 힘을 불끈 주어 덩치 큰 짱을 바닥에 넘어뜨렸다. 그런 뒤 숨 돌릴 겨를도 없이 곧바로 팔을 붙잡으며 팔꺾기에 들어갔다. 상대는 꺾어진 자신의 팔을 빼내려고 안간힘을 다했지만 빠져나올 수 없었다.

"…아악! 팔…팔!"

견디다 못해 덩치 큰 짱은 비명을 내질렀다. 뼈가 부러질 것만 같은 통증에 얼굴을 일그러뜨리며 울부짖었다.

그쯤 되자 이제 심판 역할을 맡고 있던 홍사덕이 나설 차례였다. 사실상 싸움이 그것으로 끝났기 때문이다. 말수 적고 조용하기만 하던 이건희가 학교에서 싸움을 가장 잘 한다는 덩치 큰 짱을 꺾었다고 선언하는 순간이다.

"야아-!"

누구도 예상치 못한 결과였다. 싸움을 구경하고 섰던 반 친구들이 일제히 탄성을 내질렀다. 자신들의 예상이 보기 좋게 빗나가고 만데 대한 놀라움이었다. 결코 지지 않겠다는 그의 의지가 이제 막 배우기 시작한 서툰 레슬링기술로 학교의 짱인 상대의 민첩한 싸움 기술을 끝내 무너뜨리고 말았던 것이다.'

이건희가 12살 어린 나이에 일본으로 유학을 갔을 때이다. 당시 일본 열도를 뜨겁게 달구고 있는 것이 있었다. 이건희 또한 한번 보자마자 단박 사로잡히고 말았다. 흑백텔레비전 화면 속에 등장하는 난생 처음 보는 프로레슬링이었다.

좀 더 정확히 말하면 재일동포 프로레슬러 역도산이었다. 키 175cm에 몸무게 115kg의 그다지 크지 않은 체격이었지만, 거대한 몸집의 미국 프로 레슬러들을 가라테 촙으로 연신 쓰러뜨렸다. 2차 세계대전 이후 일본인들이 집단으로 응어리진 치욕스런 패배감이며 무기력한 허탈감을 통렬하게 해소시켜주어 인기를 한 몸에 받았다.

역도산은 비정한 사각의 링 안에서 오직 승리만을 위해 싸우는 전사였다. 매번 덩치 큰 상대에게 걸려들어 아슬아슬한 위기를 맞곤 하였으나, 그 마지막 순간에 안간힘을 다해 기적 같은 승리를 일궈내곤 했다. 김신락이라는 한국명의 이름을 숨기고 리키도산力道山이란 일본 이름을 쓸 수밖엔 없었으나, 그는 이미 일본에서 전 국민적 영웅이었다. 역도산은 선수 시절 이런 말을 남겼다.

'나는 외롭다. 강한 자만이 느끼는 외로움이다. 어차피 인생은 승부가 아니냐. 착한 척하지 마라. 내겐 그럴 시간이 없다.'

어린 이건희는 그런 역도산에게 무작정 빠져들었다. 강자만이 느끼는 외로움, 그 속에서 알 수 없는 상대와 매번 맞닥뜨려 이겨내야 하는 승부라는 인생을 어렴풋이나마 이해할 수 있을 것 같았다. 그의 가슴 속에 어느새 파고들어와 계시처럼 받아들여야만 할 것 같았다.

이건희가 귀국하여 서울사대 부중을 거쳐 부고에 다닐 때 레슬링을 배우기 시작한 것도 그 때문이었다. 당연히 아버지 이병철과 어머니는 이를 말렸다. 몸과 몸이 서로 격렬하게 맞부딪혀 싸워야 하는 레슬링은 힘들고 위험했다. 이런저런 부상도 잦은 편이어서 부잣집 도련님이 하기에는 부적절한 운동이었다.

하지만 이건희는 레슬링 선수 생활을 단념하지 않았다. 알 수 없는 상대와 매번 맞닥뜨려 이겨내야 하는 설명하기 어려운 승부라는 인생을, 그것을 향한 투지와 끈기, 정신의 남다른 세계에 그만 매료되고 말았기 때문이다. 마치 먼 훗날 자신이 걸어야 할 험난한 세계를 헤쳐 나가기 위해 스스로 강인한 의지를 길러가는 모습처럼 비쳐졌다.

그리하여 이건희는 사울사대 부고 2학년 때까지 학교 레슬링 선수로 활약했다. 전국대회(1959)에 웰터급으로 출전해 입상하기도 했다.

그러나 부상 앞엔 그도 어쩔 수가 없었다. 경기 도중 눈자위가 찢어지는 부상을 입게 되었는데, 자칫 실명할 수도 있어 더는 선수 생활을 이어가지는 못했다.

아버지의 길을 따라 와세다대에서 공부하다

아버지 이병철과 이건희 부자는 학교 공부에 그다지 성적이 뛰어나진 않았던 것 같다. 아니 인연이 없었다고 보는 편이 더 옳을 것 같다.

먼저 아버지 이병철은 어려서 출중하다는 말을 별로 들어보진 못했다. 다만 유별나게 남에게 지는 것을 싫어했다고 전해진다.

11살이 되자 아버지 이병철은 고향을 떠나 진주에 있는 지수보통학교에 입학했다. 일본어로 수업하는 일본식 보통학교였다.

그러나 첫 여름방학 때 마침 고향에 내려와 있던 친척인 형을 따라 서울로 상경, 수송보통학교 3학년에 편입했다. 조선총독부가 보통학교의 시범 학 교로 세웠다는, 붉은 벽돌로 지은 3층 높이의 교사가 퍽이나 인상적인 학교였다.

하지만 학교 성적은 그리 신통치 못했다. 한데도 그는 보통학교 과정을 하루라도 빨리 끝내고 싶어 4학년을 마친 뒤 방학을 주자, '이젠 보통학교에서 배울 것이 없으니 보통학교 과정을 단기간에 마무리 짓는 속성과가 있는 중학교로 옮기고 싶다'고 아버지를 졸라 서울 중동중학교에 입학하게 되었다.

그렇게 학교를 옮긴 중동중학교에서도 학교 공부에는 여전히 흥미를 느끼지 못했다. 비교적 조숙한 편이었던 아버지 이병철은 다시 중동중학교 4학년 때 보다 넓은 세상을 찾아 일본 도쿄로 유학을 떠났다. 그리고 이듬해 일본 와세다대학 전문부 정치경제학과에 입학하여 뒤늦게나마 학교 공부에 열중했다.

와세다대학은 1882년 일본의 우익 논객이었던 오쿠마 시게노부가 설립한 명문 사학이다. 오쿠마는 외무대신과 내각의 총리를 지낸 거물 정객이었으며, 명치유신 때에는 '일본 근대의 아버지'라 불리는 이토 히로부미에 맞설 정도의 실력자였다.

거물 정객이 세운 와세다대학은 우리 나라의 명문 사학인 연세대·고려대와 같이 일본의 게이오대학과 더불어 양대 명문 사학으로 꼽힌다. 특히나 게이오대학이 전통적으로 의대와 경영대가 강한 반면에, 문학부와 정치학부가 강한 와세다대학은 정계와 재계를 좌우하는 기라성 같은 인물들을 배출하면서 일본의 근대화에 앞장섰다.

그 같은 명문 사학에 들어갔으나 2학기 말이 되면서 그만 지독한 독감에 걸려 학업을 중단하지 않으면 안 되었다. 병세가 깊어지면서 와세다대학을 마치지 못하고 중퇴를 한 채 쓸쓸히 고향으로 돌아와야만 했던 것이다.

이런 아쉬움 때문이었을까. 아버지 이병철은 막내아들 이건희가 서울사대 부고를 마치자 자신의 모교였던 일본 와세다대학으로 유학을 가라고 일렀다.

그러나 그 같은 이유는 표면적인 것에 불과했다. 아버지 이병철의 속내는 정작 딴 데 있었다.

2차 세계대전 이후 세계는 참으로 빠르게 변화되어 갔다. 지금까지 볼 수 없었던 격변이 지구촌의 곳곳에서 벌어지고 있었다.

미국과 소련은 핵무기 개발에 이어 숨 가쁜 우주선 발사 경쟁을 벌였다. 독일에선 베를린 장벽이 동과 서로 막히면서 갈라섰고, 아시아와 아프리카 도처에선 유럽의 식민지들이 탈 식민지화에 나서면서 신생 독립 국가들이 속속 등장했다. 소련의 가장 절친한 우방이었던 중국이 독자 노선을 선택하고 나서는가 하면, 일본은 패전국의 상처를 재빨리 딛고 일어나 경제대국을 향한 힘찬 행보에 들어갔으며, 미국에선 민주당의 존 F. 케네디가

공화당의 닉슨 후보를 누르고 최연소 대통령에 당선되어 전 세계를 흥분시켰다. 냉전 속에서도 지구촌은 하루가 멀다 하고 시시각각 급변하고 있었던 것이다. 아버지 이병철은 그같이 격변하는 세계의 변화를 온몸으로 체득하는 것이 필요하다고 생각했다.

거기에다 한 가지 속내가 더 포함되어 있었다. 굳이 와세다대학 경제학부를 진학하라는 건 훗날 기업 경영을 위해서였다.

일본 최초로 설립된 와세다대학 경제학부는 오랜 역사와 전통을 자랑했다. 때문에 일본 최고의 엘리트들이 즐비했다. 보고 배우는 것이야 한국에서도 얼마든지 가능하다지만, 일본 엘리트들과의 인맥은 가까이서 생활하는 것만큼 더 좋은 방법은 없었다.

이때 이건희는 연세대에 합격, 이미 등록금까지 낸 상태였다. 하지만 아버지 이병철의 그런 뜻에 따랐다.

이건희는 일본 와세다대학 경제학부 시절 대학 골프부에서 활동했다. 서울사대 부고 시절부터 운동했던 습관의 연장선상이기도 하였으나, 예의 일본 최고의 엘리트들과 좀 더 긴밀한 인맥을 쌓고 그들에게 다가가 이해하기 위해서였다.

'일본에서 대학 다닐 때 골프 치면서 퍼블릭 코스에서 그런 사람들과 어울렸다. 프로레슬링으로 유명한 역도산과도 자주 만났었다. …여러 계통의 1급들을 보면서 그 사람들이 톱의 자리로 올라가기 위해서 어떻게 노력하였는가를 연구했다. …철저하고,

인간미가 넘쳐흐르고, 그리고 벌줄 때는 사정없이 주고, 상 줄때도 깜짝 놀랄 정도로 주고….'

그렇다고 일본 유학 생활이 마냥 풍족했던 것만은 아니다. 그의 일본 유학 시절의 단면을 보여줄 수 있는 에피소드가 있다. 그가 서울사대 부고에 다닐 때 사회 과목을 가르치고, 합숙 때면 레슬링부 활동을 함께 지도했던 교사 한우택의 증언이 그것이다.

'문교부에서 장학관으로 재직하고 있을 때 때마침 도쿄올림픽(1964)이 열려 일본에 간 적이 있다. 그때 제자였던 건희 군이 연락하여 자신의 거처에 머물도록 간곡하게 청해왔다. 당시 도쿄에 아버지 이병철 회장의 별장이 있다는 소문이 있기도 했지만 정작 가봤더니, 차고 위에 방 두 개짜리 집에서 살고 있었다. 도쿄에 머무는 동안 모신다고 하기에 대접이 융숭할 걸로 기대했다. 그런데 식사 때 보니까 큰 대접에 담아온 라면과 짠지 정도가 고작이었다….

그 뿐 아니었다. 용돈의 사용 내역을 일일이 메모한 뒤에 아버지에게 보고하는 모습을 목격했다고 한다. 이건희에게 아버지 이병철은 여전히 깐깐하고 무서운 존재였던 것이다.'

이건희는 와세다대학 경제학부에서 공부하던 시절에도 한편으론 자신의 오랜 신세계도 변함없이 이어나갔다. 틈이 날 적마다 어린 시절부터 이어오던 장난감의 탐구놀이와 홀로 영화 보기였다. 물론 장난감의 탐구 놀이는 어느새 시계며 카메라 정도를 간단히 분해하여 감쪽같이 조립하는 수준으로까지 진화하고 있었다.

그럴 때 이건희의 눈에 띄었던 건 일본에서도 이제 막 선보이기 시작한 SONY의 트랜지스터 소형 라디오였다. 미국산을 복제한 수준이었지만, SONY가 내놓은 손바닥만 한 소형 트랜지스터라디오는 일본에서 선풍적인 인기를 끌었다.

SONY는 천재 기술자 이부카 마사루와 천재 경영인 모리타 아키오가 공동으로 창업하여, 원래는 전기밥솥과 전기장판이나 만들던 기업이었다. 그러다 이부카 마사루가 미국 출장(1952) 중에 아주 우연히 AT&T가 트랜지스터 특허권을 팔려고 한다는 정보를 전해 듣게 되었다.

트랜지스터가 무엇인지조차 몰랐던 이부카 마사루는, 그러나 천재 기술자답게 그 정보를 흘려듣지 않았다. AT&T는 세계 최대의 전화 회사였을 뿐더러, 당시 최고의 기술을 보유한 기업이기도 했기 때문이다.

일본으로 돌아온 이부카 마사루는 동업자 모리타 아키오에게 AT&T가 트랜지스터 특허 기술을 팔려고 한다는 정보를 전했다. 모리타 아키오 역시 트랜지스터 기술에 대한 잠재력이 크다고 판단했다.

둘은 결국 AT&T로부터 트랜지스터 특허 기술을 당시로선 천문학적 거액인 2만5,000 달러에 사들였다. 태평양전쟁에서 첨단 기술을 가진 미국에게 패배한 일본이 살아남는 길은 오직 첨단 기술 뿐이라는 판단 아래 선뜻 투자를 결정한 것이다.

하지만 SONY는 트랜지스터 특허 기술을 사들여 확보했으나, 어떻게 실용화해야 할지 몰라 고민이었다. 이부카 마사루는 미국을 열심히 드나들었다. 트랜지스터 실용화의 모티브를 찾아보기 위해서였다.

그러다 미국에서 트랜지스터 기술을 이용하여 휴대용 라디오를 만든다는 정보를 얻게 되었다. 당시만 해도 라디오라면 으레 커다란 진공관이 들어가 야만 했다. 따라서 부피도 크고 전력도 많이 필요로 해서 휴대용 라디오는 불가능할 것처럼 여겨졌다. 한데 트랜지스터 기술을 이용하여 크기가 줄어들면서 휴대용 라디오 개발이 가능해진 것이다.

일본으로 돌아온 이부카 마사루는 모리타 아키오와 끝내 트랜지스터라디오 개발에 성공했다. SONY가 처음 선을 보인 트랜지스터라디오는 미국의 제품을 복제한 수준으로, 가격은 미국산보다 비싼 40달러였다.

그러나 뒤늦게 뛰어든 SONY의 트랜지스터라디오는 미국의 제품을 빠르게 따라잡았다. 신제품을 내놓을 때마다 기능과 음질은 더 좋아지고, 크기도 줄여나갔다. 가격 또한 처음의 가격에서 오래지 않아 절반 수준으로 뚝 떨어뜨렸다.

급기야 SONY는 트랜지스터라디오 가격을 10달러(1962)까지 낮추는데 성공했다. 더 작게 더 저렴하게 만들 수 있는, 일본 특유의 '소형화' 기술을 가진 문화의 힘을 톡톡히 보았다. 미국의 제조업체들 역시 SONY의 가격을 따라잡으려고 필사적으로 발버둥 쳐보았지만 15달러가 손익분기점의 한계였다.

결국 미국에서 트랜지스터 기술을 들여온 지 불과 10년 만에 전자시장의 첫 번째 영토였던 트랜지스터라디오 시장을 SONY가 정복하기에 이르렀다. 이후 반세기여 동안 세계를 지배할 일본 전자산업의 돌격을 알리는 첫 신호탄이기도 했다.

그런 SONY의 트랜지스터라디오에 이건희가 관심을 보인 건 어쩌면 당연했다. 더욱이 트랜지스터라디오를 분해해보곤 깊은 충격에 빠졌다. 많은 생각이 교차했을 것이다.

우선 그동안 여러 차례 분해하고 조립해 보았던 갖가지 시계며 카메라는 수많은 부품들이 한데 어울려져 서로 유기적으로 작동하는, 일종의 기계 원리에 충실했다. 기계의 원리를 크게 벗어난 것이 없었다.

트랜지스터라디오는 달랐다. 시계의 정밀한 부품이나 카메라의 특수한 렌즈와 같은 고도의 기계조차 눈에 띄지 않았다. 그다지 복잡하지 않은 회로 위에 몇 가지 안 되는 전자 부품이 부착되어 있는 게 전부였다.

한데도 가격은 엄청난 고가였다. 전자 제품의 막대한 부가가치를 실감하는 순간이었다.

이건희는 일본 와세다대 경제학부에서 공부하는 동안 또 하나 인상 깊은 경험을 하게 된다. 세계 최초로 SONY가 개발에 성공하여 화제를 뿌린 트랜지스터텔레비전이었다.

이번에도 이건희는 예의 트랜지스터텔레비전을 분해해보면서 많은 생각을 떠올리게 된다. 손바닥만 한 트랜지스터라디오를 처음으로 분해해 보았을 때의 충격 그대로였던 것이다. 전자 산업의 태동과 충격을 나름대로 육화한 젊은 날의 소중한 경험이었다.

미국 유학 시절의 또 다른 신세계 '수퍼카'

이건희는 일본 와세다대 경제학부를 졸업(1965)하자, 고국으로 돌아오지 않고 다시 미국 유학길에 오른다. 미국 조지워싱톤대학 경영전문대학원에서 MBA 과정을 공부했다.

이 무렵 아버지 이병철은 또 다른 야심작을 꿈꾸고 있었다. 경제를 넘어서는 정치, 그러한 정치보다도 더 강한 힘을 가진 언론을 갖고 싶어 했다.

물론 삼성그룹은 이미 한국 재계의 정상이었다. 1953년 이후 제일제당과 제일모직을 잇따라 설립하면서 마침내 정상에 선 뒤

지금껏 굳건히 지켜오고 있었다.

그러나 자유당의 붕괴로 이어진 4.19 학생의거와 민주당의 붕괴로 이어진 5.16 군사쿠데타 등 불안한 정치적 격변을 겪으면서 삼성은 번번이 곤경에 처하곤 했다. 역사적 격변기마다 삼성은 격랑에 휩싸이지 않으면 안 되었던 것이다.

더구나 5.16 군사쿠데타 직후 자신이 부정 축재자 1호로 낙인 찍히는 수모를 겪으면서 그러한 생각은 보다 확고해져갔다. 신문과 방송을 만들고 싶어 한 것이다.

마침내 1964년 아버지 이병철은 라디오서울을 개국했다. 곧이어 동양방송TBC-TV도 개국했다.

그 다음은 신문이었다. 이듬해에는 곧바로 중앙일보를 창간했다.

이쯤 되면 종합 매스컴으로서 아무 손색이 없었다. 아버지 이병철은 중앙일보를 창간할 당시의 심경을 자신이 쓴 「호암자전」에서 이렇게 밝히고 있다. 언론에 도전하는 자신의 출사표였던 셈이다.

'나는 4.19와 5.16을 거치며 단 한번 정치가가 되려 생각한 적이 있다. 기업 활동에서 얻은 수익으로 세금을 납부해 정부 운영과 국가 방위를 뒷받침하는 경제인의 막중한 사명과 사회적 공헌은 전적으로 무시되고 부정축재자라는 죄인의 오명까지 쓰게 되었다. 경제인의 힘의 미약함과 한계를 통감한 것도 정치가가 되려고 한 동기였다. 그러나 1년여를 숙려한 끝에 정치가로 가는 길은 단념했다. 올바른 정치를 권장하고 나쁜 정치를 못하도록 하며, 정치보다 더 강한 힘으로 사회의 조화와 안정에 기여할 수 있는 방법은 없을지를 생각한 끝에 종합 매스컴 창설을 결심했다….'

통합 언론사를 꿈꾸었던 아버지 이병철은 중앙일보 창간과 함께 서울 서소문동, 지금의 중앙일보 자리에 '중앙매스컴센터' 라는 10층 높이의 현대식 빌딩을 지어 올렸다.

그러면서 라디오서울, 동양방송TBC-TV, 중앙일보가 중앙매스컴센터로 모두 한데 모이게 되었다. 이건희가 MBA 과정에서 부전공으로 신문방송학을 공부했던 연유도 딴은 이 때문이었다. 다시 아버지 이병철의 얘기다.

'우선 신문사로서는 초유의 호화사옥을 건립하고, 최신예의 시설과 기재를 갖추었다. 지상 10층, 연건평 4,300평의 건물은 당시 서울에서는 처음 보는 굴지의 빌딩이었다. 전관에 냉난방 시설을 한 것도 신문사로서는 국내에 처음이었고, 고속 윤전기나 모노타이프 등도 최신예의 것이었다. 대우 면에서는 기자를 중심으로 동업 타사보다 급여를 두세 배 더 주는 수준으로 했다. …요컨대 기업경영의 신조인 '최고의 상품을 생산하기 위한 최고의 시설과 대우 및 인재' 이 네 가지 최고를 갖춘 신문사로 중

앙일보를 키우고 싶었다.'

그런 아버지 이병철이 이건희의 와세다대 경제학부 졸업 무렵 일본 도쿄로 날아왔다. 혼자가 아니었다. 중앙매스컴을 총괄하는 홍진기 회장을 대동한 채였다.

이유는 두 가지였다. 미국으로 다시 유학을 떠나 언론 공부를 하라는 것과 대동한 홍진기 회장을 소개하기 위해서였다. 일찍이 경성제대 법학부를 졸업하고 판검사를 두루 거친 뒤, 이승만 정권에서 법무부 장관과 내무부 장관을 지낸 홍진기 회장과 이건희는 좀 더 뒷날 다시 장인과 사위의 관계로 맺어지게 된다.

어쨌든 아버지 이병철의 뜻에 따라 다시 미국으로 유학을 떠난 이건희는, 일본에서보다 더 행복했던 것 같다. 일본에서의 트랜지스터라디오나 트랜지스터텔레비전과는 비교도 되지 않는 수퍼카를 만나면서부터였다.

이때 미국은 벌써 자동차의 천국이었다. 아니 수퍼카 전쟁으로 한창 뜨거웠다. 유럽에서 페라리, 람보르기니 등의 자동차 기업이 고성능의 수퍼카를 만들어 미국에 상륙하자 미국의 자동차 기업들은 충격을 받았다.

유럽에서 상륙한 페라리는 디자인도 산뜻했다. 성능 면에서도 당시 세계에서 가장 빠른 차였다. 그런 페라리보다 무조건 빠른 자동차를 목표로 삼은 람보르기니와 함께 앞서거니 뒤서거니 하며 수퍼카를 출시하면서 인기를 한 몸에 받았다.

한 발 뒤쳐지긴 하였지만 미국의 자동차 기업들도 곧바로 자존심 회복에 나섰다. 포드자동차를 필두로 폰티악, 뷰익, 닷지 등이 연이어 수퍼카를 선보였다.

수퍼카의 전성기였다. 엄청난 기름을 소비했지만, 강력한 힘을 자랑하는 미국식 아메리칸 머슬이 속속 등장해 눈길을 끌었다.

자동차를 좋아하는 이건희 역시 당연히 호기심이 갔다. 부잣집에서 태어나 열 살 때부터 골프채와 운전대를 잡았을 만큼 자동차는 친숙했다. 어린 시절 장난감의 탐구놀이에서부터 시작하여 갖가지 시계며 카메라, 라디오, 텔레비전 등 정밀 기계에 남다른 관심을 보여 온 첨단 기술 지향적 인간이었던 이건희에게 자동차는 또 다른 신세계, 이제껏 경험하지 못한 유희이자 탐구의 대상이었다.

때문에 자동차의 스피드를 만끽하는 것만으로는 직성이 풀리지 않았다. 예의 자동차를 속속들이 해체 분해해보고 싶은 열망에서 벗어날 수 없었다.

물론 처음에는 엄두가 나지 않았다. 자동차를 해체 분해해보기 위해서는 먼저 자동차 공부부터 시작해야 했다. 뿐만 아니라 집 근처 정비센터에 들러 기술자에게 매달려 묻고 또 물어나가야 했다. 그런 과정을 수많이 반복한 다음에야 무려 2만 가지가 넘는 갖가지 부품들을 해체 분해했다가 다시 조립할 수가 있었다.

자동차는 첨단 기술의 산물이다. 시계나 카메라, 라디오나 텔레비전과는 비교도 되지 않는 또 다른 신세계였다. 엉뚱한 발상과 예상치 않은 우연, 번뜩이는 혜안이 총 집결되어 있는 첨단 기술의 예술품이라고 일컫는데 부족 함이 없었다.

'유학 시절 내가 처음으로 탄 차는 이집트 대사가 탄 차였다. 새 차를 사놓고 50마일도 안 뛰었는데, 아랍전쟁이 터지면서 본국으로 발령이 난 것이다. 새 차가 6,600달러 할 때 그걸 4,200달러에 샀다. 그걸 서너 달 타고 4,800달러에 팔았다. 600달러 남겼다. 또 미국인이 타지 않는 걸 구입해 깨끗하게 분해하고 왁스를 먹여서 타다가 팔았다. 이렇게 하면서 1년 반 미국에 머무는 동안에 여섯 번 차를 바꾸었는데, 나중에 올 때 보니까 600~700달러 정도가 남았더라.'

이건희는 그 같은 첨단 기술의 예술품이랄 수 있는 자동차를 해체 분해해보면서 갖은 상념에 잠겨들었다. 미끈한 차체에 감싸져 있어 겉보기에는 그저 단순해 보이는 것 같은 자동차 안에는 수많은 부품들이 복잡하게 배치되어 있음을 보고 감탄했다. 그 수많은 부품 한 가지 한 가지가 서로 유기적으로 작동해서 비로소 그 강력한 스피드로 도로 위를 질주할 수 있었던 것이다.

당시 한국에도 자동차산업이 이제 막 눈을 뜨기 시작하고 있었다. 그 첫 걸음을 겨우 내딛고 있는 수준이었다.

1950년대 중엽에 이르면 서울 거리에 5,000여 대의 자동차가 굴러다니게 된다. 물론 한국전쟁 때 미군에 의해 들여온 자동차들이 대다수를 차지했다. 하지만 전쟁 이후 급격하게 팽창한 도시화와 인구의 이동이 가속화되면서 무엇보다 운송 수단에 대한 수요가 시급해지기 시작한다.

그러면서 전쟁이 휩쓸고 지나간 잿더미 속에서 전후 복구가 한창 이뤄지고 있을 때인 1955년 9월에는 처음으로 국산 자동차가 생산되기에 이른다. 처음으로 출발한다는 뜻으로 이름 붙여진 '시발' 자동차가 그것이었다.

그렇다고 무슨 공장이 따로 있었던 것은 아니다. 그저 맨 땅위에 천막을 둘러친 채 사람들이 한데 모여 망치로 드럼통을 두들겨 펴고 부품을 껴 맞춰 제작하는, 자동차 한 대를 만드는데 무려 4개월이 걸렸다고 한다. 요즘 식으로 말하자면 지구촌에서도 몇 대 안 되는 이른바 수제 차였던 셈이다.

하기는 전쟁을 치른 폐허 위에 무엇 하나 변변한 것이 있을 리만무했다. 해방 이후 미국에서 들어온 거라면 무엇이든 가져다가 일상에 필요한 물건으로 대체해 쓰던 시절이었다. 물건을 담았던 골판지나 나무 박스는 판잣집의 벽체나 지붕으로 쓰였고, 통조림 깡통은 밥그릇에서 냄비, 등잔, 단추와 필통 등과 같은 다양한 물건으로 재생되었다.

한데 한국전쟁이 발발하자 전쟁 수행에 필요한 무기와 탄약, 식량 등의 물자를 수송하는 자동차와 함께 석유를 싣고 온 드럼통이 넘치도록 들어왔다. 그런 2.5톤 GMC 트럭 한 대의 차대로 우리는 감쪽같이 버스를 만들어낼 수 있었다. 3/4톤 무기 수송 차량의 차대는 합승차를, 군용 드럼통은 승용차의 차체를 만드는데 사용되었다. 첫 국산차 시발 또한 이른바 '깡통문화'로 대변되는, 전후 남겨진 그런 물자들을 활용하여 탄생한 것이었다.

물론 군용 차량의 엔진과 차축만 가지면 망치로 드럼통을 두들겨 펴서 부품을 껴 맞춰 버스와 같은 차량으로 만들어내는 기술(?)은, 이미 일제 강점기인 1940년대 후반부터 쌓아온 우리만의 숨은 노하우였다. 그렇게 한두 대씩 맨손으로 차량을 만드는 작업을 '생산'이라 하지 않고 '꾸민다'고 일컬었다.

자동차를 한두 대씩 꾸며보는 작업은 '40년대의 정비업체들이라면 누구 나 경험해본 일이었다. 지금의 글로벌 현대자동차로 성장한 정주영의 현대자동차공업사 역시 자동차 정비업을 하면서 트럭을 몇 대씩이나 꾸미곤 했던 것이다.

때문에 자동차 수리보다는 꾸미는 일에 재미를 붙여 전문적으로 하는 업체들이 생겨나면서, 기존 부품을 재생하여 다른 차종으로 변형한 차량들이 부쩍 늘기 시작했다. 이런 업체 중에는 당시 국제차량공업사, 신진공업사, 하동환자동차가 유명했다.

전쟁을 치른 직후여서 아직은 기계공업도 변변하지 못한 상태에서 이같이 재생 자동차 제작이 활발하게 이루어질 수 있었던 것은 순전히 미군이 가져온 차량들 때문이었다. 당시 미군 차량들을 수리할 때 버려진 폐품들이 다수 쏟아져 나온 데다, 또한 미군 창고에서 흘러나오는 부품도 결코 적지 않았다. 재생 자동차 제작은 이러한 부품들을 하나도 버리지 아니하고 활용하면서 가능케 된 것이다.

그 가운데서도 국제차량공업사의 최무성, 최혜성, 최순성 3형제가 단연 눈길을 끌었다. 이들 3형제는 이미 한 해 전 산업박람회(1954)에서 재생 지프로 장려상을 받았을 만큼 당시로서는 최고의 재생 자동차 기술을 보유하고 있었다.

그렇다하더라도 당시의 형편으로 자동차를 만들어낸다는 것은 정녕 꿈만 같았다. 당장 필요한 부품만 해도 1만여 개나 헤아린다는, 그야말로 달걀로 바위를 치는 것과 같은 무모한 도전일 따름이었다.

한데도 국제차량공업의 3형제는 용감했다. 미군 부대에서 흘러나온 부품을 알뜰히 활용하고, 없는 부품은 비슷하게 모방하여 직접 만들어내면서 해결점을 찾아나가기로 한 것이다.

당시 미군정은 운행이 가능한 차량일지라도 심한 고장이나 하자가 발생했을 땐 그냥 고철로 불하했다. 고철로 불하한다는 건 다시는 재생하지 못하도록 차대는 절단하고, 엔진 등의 부품도 재생이 불가능하도록 해체해버린 뒤 에야 내놓은 것이었다.

따라서 차량 제작에서 가장 기본이 되는 차대부터 다시 손을 봐야 했다. 미군정에서 불하받은 것을 가져다가 용접해서 붙이고 망치로 두들겨 새로이 맞추어야 했다.

하지만 엔진은 단순치 않았다. 부분적으로 깡그리 파손되어 있어 재생이 어려운데다, 수량 확보도 여의치 않아 가장 어려운 난제였다.

때문에 재생이 가능한 부품은 최대한 살려 쓰되, 일부 부품의 자체 제작을 시도해 조립해나가지 않으면 안 되었다. 다시 말해 엔진의 국산화(?)에 돌입하지 않으면 안 되었는데, 그런 문제를 해결해나가기 위해 당시 업계에서 '함경도 아바이'라 불리는 기술자를 모셔왔다.

함경도 아바이라 불리는 사람은 정규 교육도, 그렇다고 엔진 전문가도 아니었다. 일찍이 원산에서 선박의 수리와 정비를 하면서 오랫동안 기계 부품 을 해체하고 수리해온 경험이 전부였다. 오로지 자신의 경험과 어떤 감만을 가지고서 엔진의 국산화에 뛰어든 것이다.

때문에 쉽지만 않았다. 엔진 부품의 형틀을 만들고, 쇳물을 부어 주조하고, 또 가공하는 과정을 수많이 되풀이하면서 적잖은 시행착오를 거쳐야 했다.

그런 시련 끝에 만들어져 나온 엔진은 미군 지프의 망가진 엔진을 들어내고 그 자리에 얹어 실시한 시험 주행에서 다행히 시동이 걸리고 잘 달려주었다. 미군 지프의 4기통 엔진을 모델로 한 국산 엔진의 국산차가 처음으로 내갈리는 감격스러운 순간이었다.

국제차량공업의 3형제는 그렇게 만든 시발 자동차를 광복 10주년 기념 산업박람회(1955)에 출품했고, 당당히 대통령상을 받아냈다. 망치산업시대라고 불렸던 열악한 공업 수준에서 순전히 수작업으로 태어난, 하지만 우리 나라에서 만든 최초의 자동차로 한국자동차공업의 탄생을 알리는 첫 출발점이었다는 점에서 자못 의미가 컸다.

그러나 시발 자동차의 의미는 비단 거기에 그치지 않았다. 그 어떤 기계공업도 전연 구축되어 있지 않은 척박하기 이를 데 없는 토양 위에서, 우리가 동원할 수 있는 모든 재료와 형태의 가공법을 찾아내어 만들어진 순수 '한국산 디자인'이었다는 점도 빼놓을 수 없다.

예를 들면 이렇다. 재료 면에서 철판을 따로 공급해 줄만한 제철소가 없던 시절에 당시 미군부대에서 흘러나온 군용 드럼통은 가장 쉽고 저렴하게 구 할 수 있는 철판이었다. 또한 철판이 두꺼워서 자동차 사고에도 안전했으며, 고치기도 쉬운 최적의 재료였다는 점이다.

더욱이 시발 자동차의 3형제는 드럼통을 잘라 망치로 두들겨 펴는 수공 작업에서 보다 효율적인 제조 공정을 계발해내지 않으면 안 되었다. 산업박람회 수상 이후 본격적인 양산 체제에 들어가면서, 모든 직원들이 달라붙어도 시발 자동차 한 대를 만들어내는데 꼬박 이틀씩이 소요되자 당장 문제가 불거졌다. 도저히 주문에 따라가지 못할 만큼 제작 분량이 많아지면서 드럼통을 일일이 망치로 두들겨 펴는 것조차 어려워졌던 것이다.

그래서 생각해낸 것이 철판의 가공 공정을 줄이기 위한 기발한 아이디어였다. 드럼통을 절반으로 잘라내어 대충 편 다음에 한밤중이 되면 공장 앞 을지로 길거리에다 내다놓았다.

그러면 밤새 육중한 GMC 트럭들이 그 위를 지나다니면서 마치 손으로 반듯이 편 듯 납작하게 만들어 주었다. 그렇게 반듯하게 펴진 철판을 손으로 정교하게 다듬어서 보다 세련되게 다듬어 나갈 수 있었다.

시발 자동차는 그 위에 다시금 미적 감각을 한껏 발휘했다. 사실 한국전쟁 때 쏟아져 들어오기 시작한 미군 지프는 군용이었다. 자동차에 필요한 최소한의 기계 부품만으로 구성되어 있을뿐더러, 전쟁 임무를 수행할 수 있는 기능만을 반영한 디자인이었기 때문에 아무래도 승용차로는 어울리지 않았다.

한데 시발 자동차는 그러한 지프를 모방했지만 결코 답습하지만은 않았다. 다소 어려웠음에도 불구하고 아무래도 승용차로서의 기능과 미감을 고려해 서 다시금 디자인 되었다.

하드 탑의 지붕을 얹어 객실을 만들고, 도로 주행이 적합하도록 세부 형태를 계획하고 장식적인 미감도 반영했다. 시발의 라디에이터 그릴은 지프의 평평한 모양에서 V형으로 돌출되도록 했는데, 이 모양이 당시로서는 세련되게 보여 반응이 좋았다.

이처럼 지프의 차대와 부품을 고스란히 이용하여 첫 시발 자동차가 만들어졌다. 한데도 나름대로 소비자의 요구와 함께 미감을 반영하려는 노력이 덧붙여지면서 자연스럽게 시발의 디자인은 지프와 크게 달라질 수 있었다.

이렇게 만들어진 시발 자동차는 차를 만들 수 있는 그 어떠한 토양도 마련되어 있지 않은 환경 속에서 오직 주어진 조건을 최대한 활용한 의지의 결과였다. 이 같은 작업은 시발 자동차 3형제의 경험적 지식과 시대의 감수성을 바탕으로 한 미적 감각의 실현이었으며, 당대의 삶과도 밀착된 디자인이었다. 시발 자동차는 그렇게 한국 최초의 자동차 디자인이 될 수 있었던 것이다.

그러면서 시발 자동차의 인기는 가히 폭발적이었다. 자가용과 택시 수요에 대응하면서 을지로 공장에서 생산되어 나오자마자 불티나게 팔려나갔다.

특히 상류층의 부인들 사이에서 '시발계契'가 생겨날 만큼 인기를 독차지했다. 당시 시발 자동차의 한 대 값이 30만 원이었다는데, 너도나도 구입하겠다고 예치한 계약금만 1억 원에 달할 정도였다.

이러한 수요에 힘입어 시발 자동차는 지속적으로 기술력을 계발하여 생산을 늘려나갔다. 한 달에 겨우 1대 제작하기도 어려웠던 시발 자동차를 설비와 제작 과정, 인력을 체계화하면서 이듬해부터는 한 달 평균 15대까지 생산해냈다. 이후에도 폭증하는 주문량에 맞추어 설비와 인력을 대폭 늘려 월 100대 생산까지 늘려나가며 승승장구했다.

그러던 중 1957년 들어 시발 자동차는 그만 날벼락을 맞고 만다. 전후 자동차가 많아지면서 휘발유 수요가 증가하자 정부가 나서 자동차 구입에 제한을 가한 것이다. 자동차 한 대를 폐차하면 노란 스티커 한 장을 발부하고, 자동차회사는 노란 스티커를 보유한 사람에게만 스티커 숫자만큼 자동차를 판매할 수 있게 하는 장치였다.

게다가 5·16 군사쿠데타 이후 강력한 새 경쟁자가 등장했다. 일본 닛산자동차의 부품을 수입, 조립한 대우자동차(지금의 쉐보레)의 전신인 '새나라' 자동차가 군사정권에 의해 소형차 부문의 사업자로 전격 선정되면서, 판매량이 거의 멈추다시피 하고 말았다.

시발 자동차가 가격 경쟁에서 살아남기 위해 30만원의 찻값을 대폭 낮춰 12만원, 나중에는 5만원까지 떨어뜨려보았지만 역부족이었다. 결국 1963년 시발 자동차의 생산이 중단되면서 그 명맥이 끊기고 말았다.

그럴 무렵 이건희는 미국에서 MBA와 함께 부전공으로 신문방송학을 1년 반 정도 공부하는 사이 모두 6번이나 자동차를 바꿔 탔다. 자동차를 5번이나 해체 분해한 뒤 다시금 조립하면서 첨단 기술의 신세계에 깊숙이 빠져들었던 것이다.

'한국비료사건'이 일깨워준 뼈아픈 교훈

이건희가 조지워싱톤대학 경영전문대학원에서 MBA와 함께 신문방송학을 공부한지 1년 반 정도가 지났을 즈음이다. 여름방학을 이용해서 오래 전부터 벼르던 멕시코 여행을 떠났다.

한데 멕시코에서 다시 미국으로 입국하지 못했다. 비자가 만료되고 만 줄 미처 몰랐던 것이다.

결국 일본 도쿄로 날아갔다. 그가 국내로 곧바로 들어오지 않고 일본 도쿄로 간 데는 이유가 있었다. 때마침 국내에서 뜻하지 않은 '한국비료사건'이 터지고 만 것이다. 자신과는 아무 관련도 없는 사건이었지만 소나기는 일단 피하고 봐야 했다.

다음은 좀 더 뒷날의 얘기이긴 하지만, 당시 한국비료사건에 대한 아버지 이병철의 설명이다.

'…한국비료 울산공장을 완성하는 데는 십년 가까운 세월이 걸렸다. …증가 일로에 있는 국내 (비료)수요를 충족시키기 위해서는 세계 굴지의 최신식 대규모 공장을 건설해야 하며, 그 규모는 30만 톤 정도는 되어야 한다. 이 규모라면 장차 수출을 할 경우에도 국제 경쟁력을 가질 수 있다. …무엇보다도 어려운 문제는 자금, 즉 외자外資였다. 줄잡아 제1차로 5,000만 달러는 소요될 터인데, 이것을 어떻게 마련할 것인가. 지금이야 그만한 규모의 공장이 별반 신기할 것도 못되지만, (공장 착공)당시로서는 그야말로 세계적인 규모였다. 이 거대한 공장을 삼성 혼자만의 힘으로 세우는 일은 불가능했다. …이윽고 삼성이 세계 최대 규모의 비료공장을 건설한다는 것이 국내에 알려지자 반응이 분분했다. 우선 그 웅대한 스케일에 놀라 그렇게 큰 공장을 과연 우리의 손으로 지을 수 있을까 하는 의심 같기도 했다. …다음 해인 1966년에 접어들자 일본에서 기계류가 반입되기 시작했다. 한국비료 울산공장에 필요한 기계는 총 30여 만 종에 중량은 18만 톤이나 되었다. …암모니아 탑은 중량이 200톤이나 되어 1만 5,000톤의 화물선을 전세 내어 일본에서 울산항까지 운송했다. 그러나 하선이 불가능해 새로이 부두를 건설해야만 했다. …한국비료 울산공장 건설은 착공 1년 만에 윤곽이 잡혀갔다. 이대로 가면 18개월 만에 완성될 지도 모른다는 희망을 가질 때였다. 바로 그럴 무렵이었다. 완공을 앞둔 한국비료 울산공장에서 손을 떼야 하는 뜻밖의 사건에 부딪쳤던 것이다.'

그러나 이 사건을 이해하려면 아무래도 '삼성에는 정치가 없다'는 배경설명부터 먼저 얘기하지 않으면 안 된다. 사실 여느 그룹과 달리 삼성은 왠지 정치와는 통 멀어 보인다. 그건 선대 회장 이병철 때부터 이건희에 이르기까지 일관되게 지켜온 풍경이다.

궁금하지 않은가? 말을 타면 달리고 싶다. 경제적으로 여유가 생기면 명예나 권력을 탐하고 싶은 것이 인간의 본성이다.

한데 이상하게도 삼성에는 정치가 보이지 않는다. 하다못해 정치권력에 시달려서, 혹은 정치권력에서 자신을 지켜내기 위해서 등등, 이런저런 사유를 붙여 다른 그룹이 상당수 정치에 연을 대거나 날개를 다는 것과는 달리 삼성에선 그런 낌새조차 찾아보기 어렵다.

오랜 라이벌 관계라는 현대만 해도 그렇다. 선대 회장 정주영이 국민당을 창당(1992)하고, 그 자신이 대통령 선거에 나서 한바탕 나라 안을 떠들썩하게 만든 적이 있지 않은가. 그의 여섯 째 아들 정몽준은 경이적인 7선의 금배지에 대선 때마다 보수 정권의 유력한 대통령 후보군으로 거론될 정도가 아니던가.

삼성의 직계 가족 가운데 형제나 아들 딸, 사위 중에서 금배지 하나 정도 는 있을 법도 하련만 없다. 삼성이 마음만 먹는다면 천하가 다 알아주는 돈, 조직, 탄탄한 지역 연고까지 있어 언제든 정치에 발을 들여놓을 수도 있을 텐데 말이다.

물론 처음부터 삼성에 정치가 없었던 건 아니다. 아버지 이병철이 한 차례 정치에 발을 들여놓은 적이 있기 하다. 이승만의 자유당과 맺은 인연이 그것 이었다.

이때 고향 경남 의령이나 사업 기반이 있는 대구에서 출마만 했다면 당선은 떼어 놓은 당상이었다. 더욱이 그의 당선은 연이어졌을 것이라는 게 정치판의 평가였다.

그러나 아버지 이병철은 공천을 받지 않았다. 이유는 간단했다. 비록 이승만의 자유당과 인연을 맺긴 하였으나, 정계에 투신할 뜻이라곤 전혀 없었다. 다만 이승만과 그의 선친 사이의 인연 때문이었다.

그의 선친은 한때 이승만과 독립운동을 함께 한 사이였다. 그런 인연으로 8.15해방 직후 국내에 정치적인 기반이 허약했던 이승만이 자유당을 창당할 때 아버지 이병철에게 권유했고, 과거 선친과의 인연 때문에 차마 외면하지 못한 채 이름 석 자만 내걸었을 뿐인 이 한 번의 정치 참여로 말미암아 훗날 그는 엄청난 곤욕을 치렀다. 자신은 물론이려니와 삼성그룹의 운명마저 바꾸어 놓게 된 것이다.

이건희가 일본에서 돌아와 서울사대 부중에 다닐 때인 1957년 2월이었다. 정부는 국내 은행의 민영화 작업에 나서면서, 아버지 이병철에게 정부가 보유하고 있는 은행 주식을 인수해달라고 제의했다.

당시 국내 은행들은 대부분 재무 구조가 취약했으며, 경영 또한 부실하기 짝이 없었다. 한데도 한국전쟁 이후 바닥이 난 부흥자금을 마련하기 위해 정부가 반 강압적으로 떠맡기는 식이었고, 불하 가격 또한 당시 은행 자산에 비하면 높았다고 한다.

바꿔 말하면 은행을 인수해보았자 이렇다 할 이득이 없었다. 때문에 당시 세간에선 아버지 이병철에게 국내 은행 인수를 직접 종용한 이가 다름 아닌 대통령 이승만이었다는 후문이 있다.

어쨌든 아버지 이병철은 그 해 한일은행을 인수한데 이어, 이듬해엔 상업은행을, 그 이듬해에는 조흥은행을 잇달아 인수했다. 모르긴 해도 재무 구조를 튼실하게 하고 내실 경영을 기하면 시중 은행들을 살릴 수도 있을 것 같다는 나름대로의 복안 때문이었을 것이다.

한데 그 이듬해인 1960년 4.19학생의거로 이승만의 자유당 정권이 무너졌다. 야당인 민주당이 정권을 잡은 것이다.

그러면서 민주당은 국민의 기대 정서에 부응하기 위해 가시적인 조치를 내어야만 했다. 그 조치 가운데 하나가 이른바 부정 축재자 척결이었다.

하지만 이러한 조치는 저항도 컸다. 법률 전문가들 사이에서도 자본주의 사회에서 탈세범은 있어도 부정 축재자라는 용어 자체가 모순이라는 주장이었다.

그처럼 부정 축재자에 대한 시비가 계속되고 있는 사이, 이듬해인 1961년 5.16군사쿠데타가 일어났다. 육군 소장 박정희가 탱크를 몰고 한강 다리를 넘어와 민주당 정권을 무너뜨린 것이다.

그리고 그 군사정권 역시 민주당과 마찬가지로 재계를 희생양으로 지목했다. 특히 아버지 이병철을 부정 축재자 1호로 낙인찍으면서, 전 정부와 결탁하여 시중 은행을 인수했다는 이유를 들었다.

그는 억울했다. 특혜로 인수했다면 이익이 발생했을 텐데 내막은 전혀 그렇지 않았기 때문이다.

그래도 군사정권에 의해 부정 축재자 1호로 낙인찍힌 이상 어쩔 도리가 없었다. 그야말로 삼성그룹은 바람 앞에 선 등잔불과도 같은 위기에 처한 것이다.

그 뿐만이 아니었다. 박정희 정권 초기에 발생한 이른바 '한국비료 사건' 또한 정치권력에 신물 나게 한 사건이었다.

그러니까 1964년 세밑이었다. 대통령에 당선된 박정희는 다음 선거에 대비해서 무언가 업적을 하나 준비하고 싶어 아버지 이병철을 불렀다.

아버지 이병철은 그동안 비료공장 건설에 줄곧 관심을 보여 왔었다. 그런 그에게 대통령 박정희는 적극적인 지원을 아끼지 않겠다고 제안하면서, 무슨 일이 있어도 선거 전까지 비료공장 건설을 완료할 것을 주문했다.

그렇게 울산에 공장부지와 함께 비료공장 건설 허가가 났다. 일본의 재벌 미쓰이물산으로부터 4,200만 달러의 차관을 받아 공사가 시작되었다.

한데 미쓰이물산이 100만 달러의 리베이트를 삼성에게 제공하기로 하면서 그만 문제가 불거졌다. 이 거액을 국내로 들여올 방법을 모색하던 아버지 이병철은 박정희에게 그런 사실을 알렸다.

박정희가 아이디어를 냈다. 돈을 들여오는 게 힘들면 물건을 사들여 와서 국내에서 처분하라고 했다. 밀수를 해서 돈을 한 번 더 부풀리자는 것이었다.

그렇데 돈을 만든 다음 3분의 1은 박정희의 정치자금으로 쓰고, 3분의 1은 부족한 건설 대금으로 쓰며, 나머지 3분1은 한국비료의 운영자금으로 쓰기로 했다.

이병철의 장남 이맹희는 리베이트를 4배(400백만 달러)로 만들

수 있다고 추산하며, 동생 이창희를 포함한 삼성의 몇몇 사람들과 실무를 담당해서 물건을 국내로 들여왔다. 당시 국내에선 없어서 못 판다는 양변기, 냉장고, 공작 기계와 건설용 기계, 그리고 문제의 OTSA 등이었다.

한데 당시 박정희로부터 소외된 집권 여당의 김 아무개를 비롯한 일부 세력들이 냄새를 맡았다. 그러한 사실을 알아차리면서 그만 일이 어긋나기 시작한 것이다.

삼성은 여기서 서툴렀다. 그런 정치인을 정당히 구워삶을 줄 몰랐다.

결국 집권 여당의 일부 세력이 OTSA 밀수 사건을 언론에 흘리고, 언론은 얼씨구나 하고 이후 몇 달 동안 삼성을 융단 폭격하듯 연일 맹공을 퍼부었다.

건설 공사 중이던 삼성그룹 계열의 한국비료가 건설자재를 가장, 사카린의 원료인 OTSA 60톤을 일본으로부터 몰래 들여와, 그 중 38톤을 부산의 금북화학에 내다 팔았다는 것이 요지였다. 졸지에 삼성은 밀수왕초가 되고 만 것이다.

이런 충격적인 내용은 신문 보도가 나가자마자 나라 안을 온통 벌집 쑤셔놓은 것처럼 발칵 뒤집어 놓았다. 때마침 판본방직의 밀수 사건과 동시에 불거져 나온 사건이어서 정치권에선 대목을 만난 셈이었고, 언론 또한 서슴없이 필봉을 휘둘렀다.

'…(한국비료)생산이 있기도 전에 무역이 있었고, 무역이 있기도 전에 밀수를 했다. 이것이 한국 재벌 생성의 과거사인 줄로만 알았던 국민들은 지금도 공장을 짓는다고 밀수를 하고, 수출을 한다고 밀수를 하는 재벌의 현실에 이제 대경실색의 상태를 지나, 용솟음치는 분노를 억누르는데 온갖 이성을 앞세우고 있다….'

사실 언론이 삼성을 이처럼 한사코 물고 늘어진 데는 그럴만한 이유가 있었다. 앞서 얘기한 것처럼 바로 한 해 전에 이병철이 동양방송TBC-TV에 이어 중앙일보를 창간(1965)하면서 거기에 대한 견제 심리까지 한 몫을 했던 것이다.

파문이 일자 정부가 해명을 하고 나섰다. 국세청장이 나서 한국비료 공장 건설과 연관된 사카린밀수 사건의 경위를 명명백백하게 밝혀야만 했다.

'…한국비료의 이일섭 상무와 이창희(이병철의 2남)씨가 공모, 지난 5월 5일 OTSA 2,400부대를 일본 화물선 편으로 울산에 들여왔다. 건설 자재인 백시멘트를 가장, 밀수를 한 것이다. 5월 15일, 이 가운데 141부대를 팔았고, 이어 1,400부대를 부산의 인공 감미료 제조업체인 금복화학에 팔려다 부산세관 감시과 직원들에 의해 적발되었다. 이에 따라 세관은 전량을 몰수하는 한편, 벌과금 및 추징금 2,330만 원을 물린 것이다….'

같은 시기, 사건의 당사자인 한국비료 측도 '회사 간부 한 사람의 개인적인 소행이며, 최근의 억측 보도들은 사실 무근'이라는 해명서를 내놓았다. 삼성 또한 이 사건은 밀수가 아닌 원자재 유출이며, 이미 벌과금의 납부 등으로 사건은 매듭지어졌다는 입장이었다.

그러나 여론은 이미 걷잡을 수 없을 만큼 악화된 상태였다. 종래에는 박정희가 직접 나서야 하는 중대 사태로까지 번진 것이다.

이쯤 되자 아버지 이병철은 같은 해 9월 22일 기자회견을 갖고 다음과 같은 성명을 내놓았다.

'…이에 연일연야 고민한 끝에 이제 내가 그 대표로 되어 있는 한국비료공업주식회사를 국가에 바치기로 결심했다. 한국비료는 그 사업의 성격으로 보나 그 방대한 규모에 비추어 어떤 개인이나 법인의 역량만으로는 절대로 건설될 수가 없다. 이에 국가가 직접 경영의 주체가 되어 그 건설과 운영을 담당하는 길밖에 없다는 결론에 이르게 된 것이다. 이는 오로지 한국비료가 국민의 소원과 정부의 계획대로 건설되기를 바라는 내 본래의 소신에서이다. 그리고 이 기회에 제가 그 대표로 되어 있는… 모든 사업 경영에서 손을 떼겠다. 이는 내가 관여함으로 해서 기업의 사회적 책임과 문화 사업의 공익성이 유린될 것을 염려하시는 여러분의 뜻에 따르고자 함에서이다….'

한국비료를 국가에 헌납하겠다는 성명서였다. 그러나 국가 헌납 성명에도 불구하고 여론은 쉬 가라앉지 않는 가운데 수사는 확대되어 갔다.

그 결과 한국비료의 이창희, 이일섭 상무와 성상영 부사장 등이 구속 또는 불구속되기에 이르렀다. 다만 아버지 이병철은 이 사건과 직접 관련이 없다고 검찰은 최종 결론을 내렸다.

하지만 이번에는 정치권에서 쉽사리 승복하지 않았다. 검찰 수사 발표에 야당은 즉각 반발했다. 야당이 대통령 박정희에게 직접 경고 성명을 발표하고 나섰다.

이런 와중에 영화 '장군의 아들'로 유명한 김두한 의원이 국무총리 김종필에게 똥물을 끼얹고야 마는 오물 투척 사건이 벌어졌다. 이어 국무위원 총사퇴 결의안 제출 등 정치적 사건이 꼬리를 무는 가운데, 장준하 의원은 규탄궐기대회에서 박정희를 심하게 몰아붙여 국가원수 명예훼손 혐의로 구속되기조차 했다.

여기까지가 한국비료에 대한 당시 언론에 비친 사건의 전말이다. 물론 여기에 대해 사건의 당사자인 이병철의 입장이 없을 리만무하다.

'…그러나 다만 한 가지 분명히 해두고자 하는 것은, OTSA 문제가 일사부재리의 원칙도 무시된 체 강제 수사를 받게 되었던 배경에는, 몇몇 정치인의 공작이 숨어 있었다는 사실이다. 현재로서는 이름을 굳이 밝히지 않으나 장차 그 진상이 밝혀질 날이 있을 것이다. 그 뿐 아니라 현 권력 구조의 중추에 있는 인물이 OTSA 문제가 일어나기 전에 한국비료 주식의 30%를 증여하라고 요구해 왔었던 사실도 있다…. 10년간에 걸쳐서 세 번씩이나 도전하여 겨우 완성시킨 비료공장이다. 손을 떼는데 아무런 감상이 없었다고 하면 거짓말이 될 것이다. 그러나 한 가지틀림없는 건 보람과 기쁨이 있었다. 국가가 시급하게 필요로 하는 세계 최대의 비료공장을 내 손으로 완성시켰다는 바로 그 사실이다. 또한 역경 속에서도 용하게 자기 자신을 잃지 않고, 흔들리는 마음을 거두어 시종 정심정념을 잃지 않았다는 사실에자기위안을 삼았다.'

다시 말해 왠지 억울하다는 분위기가 다분히 묻어나 보인다. 아버지 이병철의 평소 성격으로 보아 입장 표명이 아무래도 좀길어 보인다는 느낌조차 지을 수 없다.

그래서 마지막으로 당시의 사건을 엿볼 수 있는 「묻어둔 이야기」를 한번 더 살펴보기로 했다. 언제 어떻게 절판되고 말았는지 지금은 찾아보기 매우 어려운, 1993년 이병철의 장남 이맹희가 썼다는 회상록이다.

물론 대통령 박정희가 밀수 아이디어를 냈다느니 하는 일방적인 소리도 없지만은 않은 게 사실이다. 그렇다하더라도 전체적으로 보았을 때 이 눈치 저 눈치 보지 아니하고 가장 솔직하게 얘기하고 있어 다소 겹치는 부분이 있다하더라도 「묻어둔 이야기」를 펼쳐보기로 했다. 다음은 이맹희가 주장하고 있는 OTSA 밀수 사건에 관한 내막을 요약 정리해 본 것이다.

'한국비료는 미화 4,600만 달러 정도의 차관으로 1965년 가을부터 건설에 들어갔다. 생산 능력은 연산 요소 비료 33만 톤으로 당시 세계에서 가장 규모가 큰 비료공장이었다. 이 건설 사업의 외국 측 파트너는 일본의 미쯔이물산이었는데, 미쯔이물산 측은 비료공장이라는 플랜트를 수출하면서 삼성 측에 100만 달러의 리베이트를 제공하기로 했다.

100만 달러면 지금 돈 10억원 정도로 얼마 되지 않는다고 할는지도 모르겠다. 하지만 당시 경제 사정으로 볼 땐 엄청나게 큰 돈이 아닐 수 없었다. 우선 당시의 환율이 무려 250대 1이나 되는데다, 암거래 시세로 환산했을 땐 그보다도 훨씬 더 크게 불어나 지금 돈으로 보자면 5백억 원(1993년 기준)쯤 되는 막대한 금액이었다.

한데 이 리베이트 자금을 국내에 반입해 들여오는 것이 문제였다. 당시 외환관리법으로 볼 때에 그만한 거액을 합법적으로 반입해 들여오기가 불가능했기 때문이다.

결국 이병철은 대통령 박정희와 그 문제를 상의했다. 그래서 박정희의 아이디어로 물자를 반입하도록 합의를 보았는데, 박정희는 다음과 같은 조건을 제시한다. 반입한 물자를 처분한 다음, 3분의 1은 정치 자금으로, 3분의 1은 한국비료의 부족한 건설

자금으로, 그리고 나머지 3분의 1은 한국비료의 운영 자금으로 충당하자는 것이었다. 이병철은 박정희의 그러한 제안에 동의하지 않을 수 없었다.

한데 예의 물자 반입도 실제 상황에 들어가자 결코 쉬운 일이 아니었다. 정식으로 L/C를 개설하여 대금을 결제할 성질의 것이 아니었기 때문이다. 그렇다고 그냥 반입하게 되면 통관 절차상 반입 사유가 분명하지 않을 뿐 아니라, 또 그러한 반입은 증여에 해당하여 엄청난 세금을 부담해야 할 판이었다.

결국 선택의 여지가 없었다. 당국의 묵인 하에 밀수로 들여올 수밖에는 없었던 것이다.

그렇게 예의 물자를 들여왔다. 한데 삼성 측은 그러한 과정에서 그 100만 달러를 좀 더 부풀리기 위해 당시 쉽사리 수입할 수 없어 국내에서 고가로 팔리는 물품들을 골라 반입해 들여오기로 한다. 그러한 반입 물품 중에는 이른바 사카린의 원료인 OTSA도 포함되어 있었다.

물론 처음에는 일이 순조롭게 진행되는 듯했다. 대통령 박정희와 합의까지 보았으니 그럴 수밖에는.

······〈중략〉······

아무렇든 사태는 걷잡을 수 없을 만큼 커져갔고, 또 그렇게 되자 믿었던 대통령 박정희마저 나 몰라라 하며 슬그머니 뒤로 빠지고 만다. 일종의 배신이었다.

하는 수 없이 삼성은 이 사건의 모든 책임을 고스란히 뒤집어

쓸 수밖에 없었다. 결국에는 기자회견을 통하여 한국비료를 국가에 헌납하겠노라 두 손을 들어야만 했다는 것이다….'

이른바 한국비료 사건은 그렇게 끝이 났다. 그리고 30년 가까운 세월이 흐른 뒤인 1994년 정부의 국영기업 민영화 방침에 따라 매각에 나섰고, 이때 삼성그룹이 이 회사를 인수하여 회사명을 '삼성정밀화학'으로 바꾸면서 결국 다시 품에 안게 되었다.

그러나 아버지 이병철은 자신의 '파란 많은 생애 가운데서도 가장 쓰디쓴 체험이었던 한국비료 사건을 겪으면서 이맹희에게 들려준 말이 있다.

"맹희야, 정치한다는 사람들 믿지 마래이."

기업가는 정치에 직접 인연을 맺어서는 안 된다는 '철벽의 금기'가 아버지 이병철의 경영이념으로 자리 잡은 순간이었다. 또 그때의 철벽의 금기 는 이후 아버지 이병철과 그룹 경영에도 줄곧 영향을 끼치게 된다. 오늘날 삼성의 체질을 형성하는데 결정적인 초석이 되었다고 말할 수 있다.

다시 말해 그러한 철벽의 금기는 결국 아버지 이병철에게 삼성에게 기술을 강조하게 만들었다. 다시는 정치에 참여치 않는다고 스스로 철벽의 금기 둘러친 이상 이제 살아남는 길은 오직 치열한 경쟁일 수밖에는 없었다. 요컨대 '기술만이 살길'이라는데 선택의 여지가 없었던 것이다.

따라서 아버지 이병철과 삼성은 어느 누구보다 일찍부터 기술에 눈을 뜰 수밖엔 없었다. 특히나 남들이 따라올 수 없는 첨단 기술만이 살아남을 수 있는 길이라는 것을 그때 이미 본능처럼 구축하기 시작했다.

스물다섯 살의 청년 이건희는 그때 아버지 이병철의 곁에 있었다. MBA 여름방학 때 멕시코로 여행을 떠났다가 비자가 만료되면서 미국으로 다시 들어가지 못하고 태평양을 건너 일본 도쿄로 날아왔던 그는, 때마침 도쿄에 머물던 아버지 이병철의 곁에서 그러한 과정을 낱낱이 지켜보았던 것이다.

2. 아버지 이병철의 선택

이건희, 제국의 영토에 첫발을 내딛다

아버지 이병철의 하루 스케줄은 자신의 깐깐한 성격만큼이나 빈틈이 없고 치밀했다. 매일 아침 6시에 일어나 정확히 9시 5분 전이면 서울 도심지 태평로에 자리한 삼성본관 집무실로 출근했다.

그를 태운 벤츠 승용차가 장충동 자택에서 출발하면 집사가 회장 비서실에 전화로 이를 통보했다. 그러면 회장 비서실은 곧장 본관 현관에 연락을 취해 주차 공간을 확보하고 엘리베이터를 대기시킨 뒤 그를 맞이했다.

아버지 이병철은 집무실에 도착한 다음 원두커피를 마시면서, 당일 스케줄을 확인했다. 그에게 보고되는 서류 가운데는 반드시 일기예보도 포함되어 있었다. 전국에 산재해 있는 삼성 사업장의 상태를 확인하고, 또한 골프 약속에 차질이 없도록 하기 위함이었다.

그는 매일같이 신문을 빼놓지 않고 읽는 것으로 유명했다. 세상을 바라보는 창으로 여겼다. 자신의 오전 일과 중에 가장 중요한 것이 신문 읽는 것이어서, 신문 담당의 회장 비서실 직원이 따로 있을 정도였다.

담당자는 국내 주요 일간지에서부터 일본의 아사히, 마이니치, 요미우리, 산케이신문 등을 미리 체크했다. 삼성 관련 기사가 있으면 빨간 줄을 긋고, 꼭 읽어야 할 경제면에도 취사선택하여 표시를 해둔다.

그런 뒤 흰 메모지에 무슨 신문 몇 면의 어떤 기사를 보라고 일목요원하게 정리해서 책상 위에 올려놓는다. 짧은 시간 안에 다양한 정보를 놓치지않고 두루 살필 수 있는 방법이었다.

이건희가 아버지 이병철의 곁으로 돌아온 것은 미국 유학을 마친 1968년이었다. 아버지 이병철 회장의 비서실 견습 사원으로 첫 발령을 받으면서였다.

한데 이건희가 맡은 첫 번째 업무가 눈길을 끈다. 앞에서 설명한 신문 담당이었다.

아버지 이병철의 오전 일과 중에 가장 중요하다는 신문 담당의 견습 사원으로 삼성의 영토에 첫발을 내딛었다. 아버지 이병철은 자신의 경험, 예컨대 정보의 중요성과 가치를 일깨워주고 싶었던 것이다.

이건희는 예의 국내 주요 일간지에서부터 일본의 아사히, 마이니치, 요미우리, 산케이신문 등을 미리 체크했다. 삼성 관련 기사가 있으면 빨간 줄을 긋고, 반드시 읽어야 할 경제면에도 취사선택하여 표시를 한 뒤, 흰 메모지 에 일목요원하게 정리해서 책상 위에 올려놓았다.

그 밖에도 이건희는 아버지 이병철을 그림자처럼 수행할 수 있었다. 현장을 순회하는 아버지 이병철의 어깨 너머로 자연스럽게 실무를 두루 익힐 수 있는 기회가 주어졌다.

때문에 그는 근무 중일 때엔 아버지 이병철을 아버지라고 생각지 않았다. 아버지가 아닌 삼성의 회장으로 모셨다.

그 해엔 결혼도 하게 된다. 신부는 중앙매스컴을 총괄하는 회장 홍진기의 맏딸 홍라희였다.

서울대 미대 응용미술학과에 재학 중이었던 그녀는 해방둥이로 전라도 전주에서 태어났다. 고향은 서울이라지만 아버지 홍진기가 법원 판사로 전주에 있을 때 태어나 '전라도에서 얻은 기쁨' 이라는 뜻으로 라희羅喜라는 이름을 갖게 되었다.

이건희의 키는 168cm, 홍라희는 165cm였다. 어머니 박두을이 신부의 키가 너무 크다고 불만을 표하자, 이건희는 "2세를 위해선 큰 여자가 괜찮지 않습니까?"라고 안심시켰다고 한다.

이건희 시대를 위한 길 닦기

그렇듯 2년여가 흐른 1968년 세밑, 이건희는 마침내 견습 사원의 딱지를 떼어내고 '중앙일보·동양방송'의 이사로 공식적인 발령을 받는다. 그의 나이 28세였다.

당시 중앙매스컴 회장은 장인 홍진기였다. 이건희는 장인 홍진기 회장 밑에서 아침 8시에 출근해 저녁 10시까지 일했다. 중앙일보나 동양방송이 창간 개국한지 고작 2?3년씩 밖에 되지 않은 신생 매체였기 때문에 오로지 하루 빨리 정상 궤도에 올려놓아야 했다. 자신이 부전공으로 공부한 매스컴 분야에서 10여 년 동안 경영수업을 쌓은 셈이었다.

이 경영수업 또한 삼성다웠다. 그리고 오늘날 이건희만의 특성을 형성하는데 적잖은 영향을 끼쳤음은 물론이다. 과연 그는 어떻게 '제국의 후계자'로 길러졌기에 그렇단 말인가.

이 질문에 대해선 다른 무엇보다 이건희 본인의 고백이 더 설득력이 있을 성싶다. 그가 쓴 에세이집 「생각 좀 하며 세상을 보자」의 첫 번째 꼭지인 '두 분의 스승'이 바로 그것이다.

'나는 지금까지 살아오면서 세상 어디서도 만나기 어려운 훌륭한 스승을, 그것도 두 분이나 모실 수 있었던 행운아다. 삼성의 창업자인 호암湖巖 이병철 선대회장과 법조인 출신으로 정치·행정·경제에 두루 밝으셨던 장인 유민維民 홍진기 전 중앙일보 회장이 바로 그 분들이다. 두 분 모두 영면하셨지만 내게 어려운 일이 생길 때면 그 분들의 모습이 늘 떠오른다.

선친은 경영 일선에 항상 나를 동반하셨고, 많은 일을 내게 직접 해보라고 주문하셨다. 하지만 어떤 일에 대해서도 자세하게 설명해주지는 않으셨다. 이럴 땐 이렇게 하고, 저런 경우에는 저렇게 처리하라고 구체적으로 가르치는 식이 아니었던 것이다.

선친의 이러한 경영 전수 방법이 처음에는 답답하기도 하고 이해되지 않을 때도 있었다. 그러나 선친은 내 속마음은 아랑곳하지 않고 현장에서 부딪히며 스스로 익히도록 하는 방식을 묵묵히 지켜나가셨다.

20년 가까이 이런 시간이 쌓이면서 어느덧 나는 현장을 통해 경영을 생각하는 나를 발견하게 되었다. 주어지는 여건에 따라 수시로 변화하는 것이 경영 현장이므로 이에 대한 문제점을 해결하는 방법도 그만큼 다양하다는 것, 그리고 그 모든 상황에는 각기 그에 적절한 대처 방식이 있다는 사실도 터득하게 되었다.

현장의 문제에 직접 맞서서 해결하는 과정에는 시행착오도 없지 않았지만, 그것들은 내 경영 감각을 가다듬는 정이요 시금석이 되어 주었다. 요컨대 나는 선친으로부터 '경영은 이론이 아닌 실제이며 감이다'라는 체험의 교훈을 배울 수 있었던 것이다.

한편 장인은 기업 경영과 관련된 다방면의 해박한 식견을 바탕으로 모든 문제를 문답식으로 자상하게 풀어서 설명해 주셨다. 오늘날 기업 경영상의 모든 문제에는 작든 크든 정치·경제·법률·행정 등이 복잡하게 얽혀있게 마련인데, 경영자로서 이런 문제들을 해결하려면 역시 관련된 각 분야의 깊이 있는 지식이 없으면 안 되는 것이다.

장인은 바로 기업 경영과 관련된 이들 지식이 어떻게 서로 작용하며, 기업 경영을 올바르고 효율적으로 이끄는데 이 지식들을 어떻게 활용할 것인가를 깨닫게 해주셨다. 나는 장인을 통해 기업 경영에 필요한 다양한 전문 지식과 그 활용 방법을 배움으로써 경영에 대한 거시적인 안목을 갖게 된 것이다.

결국 나는 두 분의 가르침을 통해 경영에 관한 '문文과 무武'를 동시에 배우게 된 셈이다. 선친의 엄격한 현장 중심 훈련을 통해서는 경영 일선에서 발견되는 각종 문제점을 느끼고 반사적으로 대처하는 '감의 지혜'를, 장인의 이론 중심의 가르침을 통해서는 합리적이고 융통성 있는 '문제 해결의 지혜'를 얻은 것이다.

돌이켜보면 이 두 분으로부터 전수한 지혜 덕분에 내가 지금까지 삼성을 이끌어 올 수 있지 않았나 생각한다.'

요컨대 물고기를 잡아주는 것이 아니라 잡는 방식을 가르쳐주었다는 얘기다. 더욱이 물고기를 잡는 방식 또한 조금은 남달랐다.

물고기를 덜렁 잡고야 마는 것으로 그친 것이 아니라, 다시금 수많은 시간 속에서 혼자 반추를 해가며 스스로 최적을 깨달아가는 방식을 고수했다. 여기까지는 선친이나 장인 모두 같았다.

그러나 각론에 들어가 보면 서로가 판이하게 달랐다. 선친과 장인은 방법론에서 큰 차이를 보여주었다.

예컨대 선친으로부터 경영은 이론이 아닌 실제인 '감의 지혜'를, 장인에게선 '문제 해결의 지혜'를 기를 수 있었다. 다시 말해 선친으로부터는 기업 경영을 현미경처럼 치밀하게 들여다볼 수 있는 미시적인 안목을, 장인에게선 기업 경영을 멀리서 관조할 수 있는 거시적인 안목을 전수받게 된 것이다.

그러나 이때까지만 하여도 이건희는 아버지 이병철의 후계자가 아니었다. 아버지 이병철의 후계자는 엄연히 장남인 이맹희였다. 이건희보다 12살이나 위인 맏형 이맹희는 항상 아버지 이병철의 곁에 머물며 삼성의 중요 결정에 진즉부터 함께 호흡하고 있었다.

삼성전자, 황무지 위에서 탄생하다

1960년대 중반이 되면 외국 기업들이 우리 나라에 속속 진출하기 시작한다. 풍부한 노동력과 저렴한 임금, 정부의 외자 유치 정책이 맞아 떨어진 때문이다. 특히 외국의 전자업계 진출이 두드러졌다.

하지만 대부분 한국을 조립 기지 정도로만 여겼다. 국내의 독자적인 전자산업은 아직 걸음마 수준에도 미치지 못한 단계였다.

이런 환경 속에서 아버지 이병철은 한국비료 사건으로 위기를 맞은 삼성이 재도약할 수 있는 방안을 전자산업에서 찾았다. 장남인 이맹희와 함께 자동차산업과 전자산업을 놓고 고심하다 전자산업을 택한 것이다. 이맹희는 자신의 회고록「묻어둔 이야기」에서 이렇게 말하고 있다.

'…나는 당시 전자산업과 자동차산업이 미래에 큰 인기를 끌 것이라고 생각하고 있었는데, 아버지는 전자를 먼저 시작하자는 의견을 내놓았다. 내가 강력하게 자동차와 전자를 동시에 시작하자고 주장했지만, 아버지는 끝까지 전자를 먼저 하자고 주장했다.'

그렇게 1969년 역사적인 '삼성전자'가 태동을 하게 되었을 적만 하여도 장남 이맹희와 3남 이건희의 입장 차는 너무나 컸다. 장남 이맹희가 아버지 이병철의 곁에서 마치 분신과도 같이 삼성전자의 탄생에 자기 역할을 다하고 있었는데 반해, 이건희는 중앙일보·동양방송의 이사 신분으로 그저 멀찍이서 지켜볼 수밖에는 딴은 도리가 없었다.

물론 삼성전자는 한참이나 뒤늦은 후발 주자였다. 이미 LG전자가 1958년부터, 그 이듬해부터는 동양정밀 · 대한전선 · 동남 샤프 등이 전자산업을 시작하여 선도해 오고 있었다. 따라서 삼성전자의 출범은 그 시작부터가 험난할 수밖에 없었다.

한데도 아버지 이병철이 결단을 내린 데에는 '정치에 직접 참여하지 않는다'는 철벽의 금기와 결코 무관치 않아 보인다. 후발 주자로서 여러 모로 불리한 여건인 줄 잘 알면서도 어쩔 수 없이 시작할 수밖에 없었던 건, '오직 기술만이 살길이다'는 자신의 신념에 따른 것이었다.

어쨌든 아버지 이병철이 삼성전자를 해보겠다고 마음을 굳힌 것은 이미 1960년대 초인 것으로 알려지고 있다. 그리하여 삼성물산 도쿄지점에 근무하고 있는 일본인 간부사원 시마다島田에게 텔레비전과 라디오 등 가전제품 생산 공장을 설립하는데 필요한 여러 가지 조사와 기술 제휴선을 알아보도록 지시했다.

아버지 이병철의 지시를 받은 시마다는 레코드 전문 메이커로 이름이 알려진 일본빅터와 상담을 하게 된다. 전자산업을 하겠다면서 레코드 메이커와 상담을 시작하게 된 것은 그 무렵 이병철이 레코드 회사도 설립하겠다는 의지를 갖고 있었기 때문이다.

더구나 일본빅터는 비록 레코드를 제조하는 메이커이긴 하여도 당시에는 매출액이 국내 정상인 삼성그룹 전체보다 큰데다, 사원수에 있어서도 삼성그룹 전체가 5천여 명 정도인데 반해 일본빅터는 8천여 명이 넘는 등 월등하게 큰 기업이었다.

어쨌든 일본빅터와의 상담 결과 '텔레비전과 라디오 공장 건설 기획서'가 작성되었다. 1965년 5월 중순경이었다.

그러나 안타깝게도 이 기획서는 빛을 보지 못한다. 전자산업을 시작하기 위한 전 단계 작업이 미처 구체화되기도 전에 아버지 이병철은 다른 일에 몰두해야 했다.

앞서 얘기한 한국비료 울산공장을 짓느라 온통 정신이 팔려있었다. 더구나 예의 한국비료 사건까지 터지고 말면서 일시 중단하지 않으면 안 되었다.

그러다 아버지 이병철이 다시금 전자산업을 본격적으로 벌이겠다고 나선게 4년이 지난 1968년에 이르러서였다. 그 해 초부터 '전자사업' 부서가 구성되어 회장 비서실 한쪽 구석에 자리를 잡고 일을 하기 시작하기 했는데, 4월경에 전자산업은 가장 유망한 업종이라는 결론이 나왔다.

그렇지 않아도 그동안 전자산업에 깊은 관심을 두어왔던 아버지 이병철은 그런 결론에 마침내 결심을 굳히고, 6월에는 일본 아사히신문과의 대담에서 '전자공업은 앞으로의 성장 분야이므로 이에 도전해볼 생각'이라는 자신의 뜻을 분명히 밝히고 나섰다.

문제는 기술 부재였다. 그 때나 지금이나 텔레비전, 라디오, 냉장고 등의 전자산업은 무엇보다 기술이 가장 중요한 기술 집약 산업이었다.

한데 그러한 기술이 국내에는 턱없이 부족하기만 했다. 그 시절만 하여도 전자과학 분야의 전문가라야 미국에서 활동하고 있던 김완희 박사를 겨우 손꼽을 수 있을 정도였다.

그래서 삼성전자 뿐 아니라 다른 여러 기관에서도 김 박사를 초청, 자문을 구하고 세미나를 개최하는 등 여러 가지 도움을 구하게 되었다.

그렇대도 김 박사는 어디까지나 학자일 따름이었다. 전자과학을 상품화하는 그러한 전문가는 아니었다.

사정이 이쯤 되자 기술 제휴선을 미국과 일본 등지에서 다시금 찾아보아 야만 했다. 끈질긴 모색 끝에 합작하게 된 대상 기업이 일본의 NES(일본전기)와 산요(삼양전기)였다.

하지만 여기서도 문제가 없지만은 않았다. 아버지 이병철은 애당초 삼성전자를 시작하면서 일본의 NEC와 산요가 함께 투자하도록 계획을 세웠던 모양인데, 이 계획은 NEC 측의 강력한 반발로 그만 무산되고 말았다.

당시 NEC는 일본에서 산업용 전자 제품을 만들면서 고도의 기술 집약적 제품을 만든다 하여 자부심이 대단했다. 그런 자신들이 산요와 같이 트랜지스터라디오나 텔레비전 따위를 만드는 메이커와 함께 동참할 수 없다고 해서 그렇게 된 것이었다.

아버지 이병철 역시 그 같은 NEC의 자부심에 대해 익히 알고 있었다. 특히 NEC의 사장은 자신과 격이 맞지 않는 사람과는 아예 만나주지도 않는다는 일본인 특유의 외골수 기질이 누구보다 강하다는 것도 이미 익히 알고 있었던 듯하다.

때문에 아버지 이병철까지 참석한 전자산업 관련 회의가 빈번히 열렸다. 물론 이맹희는 빠짐없이 참석자 명단에 자신의 이름을 올렸으나 이건희의 이름은 찾아보기 어려웠다.

한번은 회의 도중에 당시 삼성그룹 부사장이자 삼성전자 창설에 깊이 관여했던 이맹희가 분통을 터뜨렸다. 자신이 일본으로 건너가서 NEC 사장을 직접 만나 담판을 해서라도 어려운 문제를 해결하겠다는 발언을 했다.

그러자 아버지 이병철이 고개를 가로 저으며 한마디 했다.

"가지 마라. 니 가도 만나주도 않는다."

결국 삼성은 궁여지책으로 회사를 3개로 나누어 만들면서 어려운 문제를 해결할 수 있었다. 삼성전자와 삼성산요, 삼성NEC가 그것이다.

이 가운데 삼성산요는 1969년 세밑에 설립하여 한참 독자적으로 운영되다, 삼성전자에 흡수된다. 대신 삼성산요파츠가 설립되는데, 이후 이 기업은 삼성전기로 사명을 바꾸어 오늘에 이르고 있다.

한편 삼성NEC에서는 흑백텔레비전을 생산한다. 그러다 삼성전관으로 사명을 바꾸어 역시 오늘에 이르고 있다.

이렇듯 삼성전자의 출범에는 우여곡절이 많았다. NEC, 산요와 같은 일본의 앞선 기업들과 합작을 하는 데에도 곳곳에 암초가 널려있었다.

그 가운데 하나 예를 들어보면, NEC 측이 삼성과 합작에 관한 상담을 벌이는 도중에 돌연 정치문제를 들고 나온 것이다. 한국은 정정이 불안하니 문제점이 많다는 지적이었다.

당시 1·21사태를 두고 한 말이었다. 1·21사태란 1968년 1월 21일 북한 특수 공작원 31명이 박정희의 목을 따러왔다면서 휴전선을 돌파하여 청와대 바로 뒤 부암동의 고개까지 잠입하여 세상을 놀라게 했던 사건이다.

그러면서 NEC측은 대만이 안정되고 있다고 단언했다. 그러니 대만 기업과 합작하는 것이 오히려 낫지 않겠느냐는 모욕적인 발언마저 서슴없이 내뱉기까지 했다.

물론 숨은 저의가 없을 리 없었다. 삼성과 꼭이 합작하지 않으려는 것보다는 결국 합작으로 가되 유리한 고지를 선점하겠다고 하는, 숨은 뜻이 담겨있는 계산된 발언이었다.

그러자 가만히 듣고만 있던 아버지 이병철이 반박하는 논리를 폈다. 요지는 이렇다.

"당신들의 지적은 명백하게 옳다. 지난 1월에 북한 특수 공작원들이 내려와 잠깐 소란을 피웠다. 불과 30여 명 정도가 잠시 소란을 피웠다. 그러나 당신네 나라를 한번 보라. 도쿄 시내에는 몇 만 명이나 되는 공산분자들이 매일같이 데모를 하고 있지 않은가. 또한 대만만 해도 그렇다. 350만 명이 넘는 중공군이 호시탐탐 노리고 있고, 대만 영토인 금문도 섬에는 심심하면포격을 가하고 있다. 자, 과연 어느 나라가 그래도 안정된 나라라고 볼 수 있는가?"

하지만 어려움은 기술을 얻어 와야 하는 일본에만 있는 것이 아니었다. 국내에서의 반발 또한 거세기만 했다.

삼성전자가 출범하려던 당시만 해도 우리 나라 연간 총 수출액은 고작 4,200만 달러 정도였다. 지금의 연간 총 수출액과 비교하면 자그마치 1천 배의 1에도 미치지 못하는 아주 보잘 것 없는 수준이었다.

그나마도 한국의 값싼 임금을 활용한 미국계 회사들의 전자부품(주로 반도체) 조립 수출이 무려 70%를 차지했다. 국내 전자산업의 기반이 얼마나 취약한지 알 수 있는 일이었다.

이런 판국에 삼성이 뒤늦게 전자산업에 진출한다고 하자 위협을 느낀 기존 업체들이 가만히 있지 않았다. 그들은 결국 같은 해 여름 한국전자공업 협동조합의 명의로 다음과 같은 대정부 건의서를 제출하는 한편, 언론기관을 통해서도 강경한 반대 주장을 전개하고 나섰다.

'삼성그룹이 추진하고 있는 합작 투자 사업은 일본 부품을 도입해 단순 조립하는 것에 지나지 않는다. 우리가 지금까지 애써 국산 기술을 여기까지 끌어올려 놓았는데 지금에 와서 일본 기술과 일본 자본을 도입한다면 국내 기술은 설 땅을 잃게 되므로 삼성의 합작 투자를 절대 허용해서는 안 된다.'

정부는 이에 앞서 전자 부품 생산을 수출 전략 산업으로 육성하기 위해 합작 또는 투자와 기술 도입을 권장한다는 '전자공업 진흥 3개년 기본 계획'을 확정 발표한 바 있었다. 그럼에도 불구하고 삼성전자의 참여를 반대하는 기존 업계의 강력한 반발에 부딪치자 합작 회사 설립 허가를 슬그머니 미루기만 했다.

그러다 기존 업계의 주장을 받아들여 한 가지 조건을 붙이고 나섰다. 생산하는 제품의 전량을 국내에 시판하지 않고 수출한다는 매우 불리한 족쇄를 채운 뒤에야 삼성전자가 전자산업에 참여할 수 있도록 가까스로 허가해 주었다.

이같이 힘겨운 산통 끝에 비로소 전자업계의 후발 주자로서 어렵사리 출범을 하긴 하였으나, 그 첫 걸음은 보잘 것이 없었다. 생산시설이라고 해봤자 수원 근교에 퀀셋 가건물 4동과 식당, 그리고 500평 남짓한 단층짜리 공장 건물이 전부였다.

공장을 나서면 주변은 온통 황무지였다. 농로를 겨우 면한 듯한 비포장 흙길이 외부세계로 이어주는 유일한 통로였을 따름이다.

더구나 앞으로의 전도 역시 결코 낙관할 수 없었다. 생산 제품이 전량 수출이어야만 한다는 발목에 채워진 무거운 족쇄를 과연 어떻게 풀어나갈지, 일본 합작 기술로 이제 갓 걸음마를 시작한 삼성전자가 과연 어떻게 독자 기술을 개발하여 세계의 높은 기술 장벽을 뛰어넘을 수 있을지는, 어느 누구도 장담할 수 없었다. 지금으로부터 꼭이 43년 전의 일이다.

어쨌든 우여곡절 끝에 그룹의 새로운 동력으로 끝내 삼성전자를 출범시키긴 하였으나, 이 과정에서 이건희의 역할은 그다지 눈에 띠지 않는다. 여전히 중앙일보·동양방송의 이사로 경영수업을 쌓고 있었으나, 이때까지만 하여도 맏형 이맹희와 작은형 이창희의 우선순위에 밀려 삼성전자의 출범을 멀찍이서 바라만 보고 있는 그런 입장이었다.

아니 어쩌면 이때까지만 하더라도 아버지 이병철 자신마저 이건희보다는 장남 이맹희를 더 마음에 두고 있었음이 분명하다. 그렇기 때문에 삼성전자와 같이 그룹의 미래를 열어나갈 중요한 결단을 내릴 때 장남 이맹희를 곁에 두었는지 모를 일이다.

제국의 총수와 세 아들

창업하기가 더 어려울까, 아니면 수성하기가 더 어려운 것일까?

당 나라 태종이 재위 10년째 되던 해 주위에 있는 신하들에게 물었다.

"제왕의 사업에 있어서 처음 창업하는 것과 그 일을 지키는 것 가운데 어느 것이 더 어려운가?"

상서성(尙書省)의 차관 방현령이 대답했다.

"천하가 혼란스러워지면 영웅들은 다투어 일어나지만, 쳐부수면 투항하고 싸워 이기면 제압할 수 있습니다. 이런 관점에서 말하면, 창업이 더 어려울 것 같습니다."

그러자 이어 간의대부 諫議大夫 위징이 대답했다.

"제왕이 군사를 일으키는 것은 반드시 세상이 혼란스러워진 뒤의 일입니다. 그러한 혼란을 제거하고 흉악한 폭도들을 진압하면 백성들은 제왕을 기꺼이 추대하고, 천하의 인심이 제왕에게로 돌아옵니다. 창업은 하늘이 주고백성들이 받드는 것이기 때문에 어려운 것이라고 할 수 없습니다. 그러나 일단 천하를 얻은 뒤에는 마음이 교만해지고 음란한 데로 달려가게 됩니다. 백성들은 편안한 휴식을 원하지만 각종 부역은 끝이 없고, 백성들은 잠시도 쉴 틈이 없지만 사치스러운 일은 오히려 멈추지 않습니다. 나라가 쇠락하고 피폐해지는 것은 언제나 이로부터 발생합니다. 이러한 점에서 말하면, 이미 세운 업적을 지키는 일이 더욱 어렵다고 말할 수 있습니다."

태종이 말했다.

"상서성 방현령은 과거 나를 따라 천하를 평정하면서 갖은 고생을 다하며 구사일생으로 요행히 생명을 부지하였기 때문에 창업의 어려움을 아는 것이요, 간의대부 위징은 나와 함께 천하를 안정시키며 교만하고 음란한 병폐가 발생하는 조짐을 걱정하며, 이것은 위태롭고 멸망하는 길로 가는 것이기 때문에 이룩한 업적을 지키기 어렵다고 생각한 것이요. 그러나 이제 창업의 어려움은 이미 과거가 되었고, 기왕에 세워진 제왕의 사업을 유지하는 어려움은 마땅히 공들과 신중히 상의하여야 할 것이오."

만년의 아버지 이병철 또한 그러하지 않았을까? 그 역시 속절없이 나이가 들어 육십이 가까워가고 세 아들들이 점차 장성해감에 따라 당 태종과 마찬가지 생각을 한 것은 아닐까? 창업과 수성의 어려움을 남몰래 저울질하며 혼자서 고민하는 날이 많아져가기 시작했던 것이 아닐까?

아버지 이병철은 삼성그룹이라고 하는 창조적 경영체를 과연어떻게 수성해나갈 것인지 비교적 일찍부터 고심한 흔적이 역력하다. 그 때문인지 벌써 1960년대 후반, 그의 나이 환갑을 맞이하기 훨씬 이전부터 장남인 이맹희와 차남인 이창희 형제에게경영 수업을 쌓게 했다.

그러나 결국 십년 뒤엔 장남 이맹희도, 차남 이창희도 아니었다. 삼성의 대권을 3남 이건희에게 상속시키기로 방향을 선회해야 했다. 아버지 이병철은 자신이 쓴 「호암자전」에서 대권의 상속 과정에서 그들 형제가 배제된 이유에 대해 다음과 같이 짤막히 밝히고 있다.

'삼성을 올바르게 보전시키는 일은 삼성을 지금까지 일으키고키워온 일 못지않게 중요하다….

후계자의 선정에는 덕망과 관리 능력이 기준이 안 될 수 없다. 그것은 단순히 재산을 상속시키는 것보다는 기업의 구심점으로서 그 운영을 지휘하는 능력이 필요하기 때문이다.

본인의 희망도 듣고 본인의 자질과 분수에 맞춰 승계의 범위를 정하기로 하고, 처음에는 주위의 권고도 있고 본인의 희망도 있어, 장남 맹희에게 그룹 일부의 경영을 맡겨보았다. 그러나 6개월도 채 못 되어 맡겼던 기업체는 물론 그룹 전체가 혼란에 빠지고 말았다. 본인이 자청하여 물러났다.

차남 창희는 그룹 산하의 많은 사람을 통솔하고 복잡한 대 조직을 관리하는 것보다는, 알맞은 회사를 건전하게 경영하고 싶다고 희망했으므로 본인의 그 희망을 들어주기로 했다.'

이같이 이병철은 장남과 차남에 대해 아버지로서 신중하면서도 매우 조심스러운 표현을 쓰고 있지만, 그러나 한 마디로 말해 그들 두 아들로는 도저히 안 되겠노라 밝히고 있다. 그들 두 아들의 조직 관리에 대한 인식 부족과 미숙함을 지적하고 나섰다.

그 단적인 예가 1967년 장남과 차남이 주축이 되어 만든 '삼성기획위원회'와 그 이후에 다시 조직한 '5인위원회'였다. 아버지 이병철이 매주 주재하는 삼성 사장단 회의가 있었으나, 이 위원회는 곧 삼성의 모든 경영 시책을 결정하는 최고의결기관이 되어갔다.

그런데 문제는 아버지 이병철이 주재하는 사장단 회의와 달리

그 성격이 너무나 판이한 데다, 더욱이 비민주적이었다. 그런가 하면 삼성기획위원회는 상설 기구가 아닌 회의체 조직이었기 때문에 신규 사업을 하나만 추진하려 하여도 실질적인 사업단을 구성하여 대처하는 기존의 조직체하고는 너무도 대조적이었다.

때문에 그러한 삼성기획위원회의 결점을 보완하기 위해 부랴부랴 등장한 것이 이른바 '5인위원회' 였다. 5인 위원이란 삼성기획위원회의 상임위원과 같은 성격으로, 장남 이맹희(당시 삼성그룹 부사장)와 차남 이창희(제일모직 부사장)를 비롯하여 이은택 제일모직 사장, 이일섭 신세계백화점 사장, 김뇌성 중앙개발 전무 등으로 구성되었다.

그러나 이맹희, 이창희, 두 형제가 주축이 되어 만들어진 삼성기획위원회와 5인위원회는 적잖은 혼란과 시행착오를 겪어야했다. 그동안 아버지 이병철의 수족이 되어 삼성을 일궈온 창업공신들이 알게 모르게 두 형제의 개혁적인 조치에 반발 기류가 보이면서 제대로 굴러가질 않았던 것이다. 그러다 결국 해체되는 비운을 겪고 만다.

마침내 아버지 이병철은 고심 끝에 용단을 내렸다. 5인 위원 가운데 이은택 제일모직 사장을 제외한 나머지 네 명을 사실상 문책하고, 이제 막 일본과 미국 유학 생활을 마치고 돌아온 3남 이건희를 자신의 곁에 두기로 한 것이다.

아버지 이병철의 눈 밖에 나고 만 장남 이맹희와 차남 이창희의 반발이 내심 없지 않았다. 중앙매스컴을 총괄하고 있는 홍진기 회장이 사위 이건희를 앞세워 역성혁명을 꾀한다고 생각했다. 이건희는 두 형을 제치고 후계자로 지목되었던 데는 장인 홍진기 회장의 힘이 크지 않았느냐는 질문에 다음과 같이 대답하고 있다.

'…외부에서 그렇게 오해를 많이 했다. 홍 회장이 이승만의 자유당을 말아 먹고 삼성마저 말아먹으려고 사위를 앞세운다고 말들을 했었다. 그런데 홍 회장한테 넘어갈 회장님(이병철)이 아니었다. 그 분을 끝까지 모신 분이 위대식씨 하고 홍 회장 두 분밖에 없었다. 사심이 있는 사람은 가차 없었다.'

위대식은 일찍이 서울 종로 2가의 삼성물산(1948) 시절부터 아버지 이병철의 승용차를 운전했던 사람이다. 한국전쟁 때 북한군에게 점령당한 서울에서 자신의 목숨을 건 행보로 아버지 이병철로부터 신뢰를 얻었다.

굳이 시키지 않았음에도 자전거를 타고 인천까지 달려가, 이미 북한군 수중에 들어가 있는 인천 보세 창고에서 삼성물산의 수입 물품을 뇌물을 주고 빼낸 다음, 그걸 돈으로 바꿔서 가져왔을 정도로 충성심이 남다른 이였다. 그 뒤 평생 아버지 이병철의 운전기사로 일했다.

한데 결코 일어나선 안 될 불미스러운 일이 그만 벌어지고 말

앉다. 삼성기획위원회와 5인위원회로 이미 아버지 이병철의 눈 밖에 나고만 차남 이창희가 주변 사람들을 설득하고 다니기 시작했다. 이건희를 앞세운 홍진기 회장의 역성혁명을 막아야 한다는 것이었다.

하지만 장남 이맹희는 한사코 만류했다. 이맹희와 이창희를 따르던 삼성의 간부들조차 인륜을 어기는 일이라며 선뜻 동조하고 나서지 않았다.

결국 동조 세력을 얻지 못한 차남 이창희는 마지막 수단을 강구했다. 아버지 이병철이 부정한 짓을 저질렀으니 기업에서 영원히 손을 떼야 마땅하다는 내용의 탄원서를 대통령 박정희 앞으로 보냈다. 장남 이맹희의 회상록 「묻어둔 이야기」에 나오는 당시 이야기다.

아버지 이병철의 비리 사실을 담은 탄원서 내용은 대략 다음과 같았다. 해외로 100만 달러를 밀반출했다는 것, 아산 현충사를 지을 때 삼성에서 조경을 맡았는데 경비를 부풀렸다는 것, 제일제당과 제일모직이 탈세를 했다는 것 등이었다. 현충사 조경의 건은 차남 이창희가 정확히 알지 못해서 잘못 이해하고 있던 것이라 하더라도, 제일제당과 제일모직은 차남 이창희가 평소 경영에 깊숙이 관여했던 만큼 상당히 신빙성이 있는 내용이었다. 박정희는 그러한 내용의 탄원서를 받아보곤 다른 것은 문제 삼지 않았다. 하지만 외화 도피 건은 알아보고 조치를 취하라고 지시했다.

한국비료 사건에서 입은 쓰라린 배신과 뼈아픈 상처가 채 아물기도 전이었다. 한데 다시 한 번 등에 칼을 맞은 것이다. 그것도 타인이 아닌 자신의 둘째 아들이었다.

아버지 이병철은 대노했다. 차남 이창희를 불러 당장 한국을 떠나라고 소리쳤다.

"내가 살아 있는 동안엔 다시는 한국 땅을 밟지 마라!"

아버지 이병철은 단호했다. 하지만 차남 이창희는 억울했다. 장남 이맹희를 찾아가 역성혁명을 막으려 했을 뿐이라고 변명했다.

그러나 장남 이맹희는 이미 엎질러진 물이라고 고개를 내저었다. 아버지가 그 얼마나 단호하고 가차 없음을 누구보다 잘 알고 있었기 때문이다.

한데 시간 속에서 밝혀진 사실들은 장남 이맹희조차 놀라게 만들었다. 당시 차남 이창희는 3남 이건희 뿐만 아니라, 장남 이맹희까지 몰아낼 생각이었다. 자신이 그룹의 총수가 되는데 방해되는 이라면 누구도 가리지 않을 셈이었다.

그는 동생이 밉기도 했다. 또 한편으론 측은하기도 했다.

하지만 그가 섭섭하게 생각한 사람들은 또 있었다. 차남 이창희가 보낸 탄원서를 청와대에서 가장 먼저 손에 넣었던 이는 중학교 시절부터 줄곧 자신과 친밀한 사이였던 수도경비사령부의 전두환 중령이었다. 뒤이어 탄원서는 삼성과 긴밀하게 지냈던 경호실장 박종규의 손에 들어갔다. 두 사람 모두 장남 이맹희와 절친한 사이였음에도, 자신에게 알려 문제를 조기에 수습할 생각 없이 뒤에서 주무르고만 있었던 점이 못내 서운하기만 했다.

결국 차남 이창희는 한국을 떠나라는 아버지 이병철의 엄명이 떨어진지 일주일이 채 지나기도 전에 짐을 싸서 미국으로 출국했다. 김포공항에는 어머니 박두을과 장남 이맹희 두 사람만이 배웅을 나갔다.

어머니는 마지막이 될 지도 모르는 둘째 아들의 모습을 바라보면서 하염없이 눈물을 흘렸다. 서둘러 떠나느라 미처 다 챙기지 못한 짐은 나중에 장남 이맹희가 미국으로 부쳐주어야 했다.

차남 이창희의 반발은 그렇듯 미국 출국으로 일단락 지어지는가 싶었다. 하지만 둘째가 꾸민 일에 첫째가 관련되었다는 어떠한 정황도 포착되지 않았음에도, 아버지 이병철은 장남 이맹희에게서 의심의 눈길을 완전히 거두지 않았다. 문제의 탄원서를 가장 먼저 손에 넣은 청와대 쪽의 전두환이나 박종규 모두 첫째와 가깝게 지내던 사람들인데다, 그 무렵엔 삼성과 청와대 쪽과의 관계도 어느 정도 개선되고 있었기 때문이다. 그런 만큼 첫째 이맹희가 적극적으로 가담하지는 않았다하더라도, 적어도 묵인은 했을 수도 있다고 본 것이다.

그렇다고 속단하기는 성급했다. 비록 장남 이맹희가 기획위원회와 5인위원회 등으로 문책을 받고, 이창희가 탄원서 등으로 아버지 이병철의 눈 밖에 나고 말았다고 해서 3남 이건희에게로 후계자가 결정이 난 것은 아니었다. 그건 오직 아버지 이병철의 속내를 짐작해보았을 뿐, 겉으로 결정된 건 아직 아무 것도 없었다. 그래도 아버지와 아들이라는 칼로 물 베기의 관계는 여전히 유효한 것이었다.

여전히 아버지 이병철의 곁엔 장남 이맹희가 버티고 있었고, 3남 이건희는 아직 중앙일보와 동양방송의 이사일 따름이었다. 1960년대 후반에서 '70년대 초반까지의 기류는 거기에서 아무 흔들림이라곤 없었다.

신의 한수, 반도체의 발견

발견이란 단어는 '(發)보내다+(見)눈으로 보다'라는 합성어이다. 지금껏 미처 보지 못했거나, 세상에 아직 알려지지 않은 걸 찾아냄을 뜻한다.

이 단어의 몸체라고 할 수 있는 '눈으로 보다見(人+目)'를 살펴보면 매우 흥미로운 부분이 눈에 들어온다. 사람人 크기만 한 커다란 눈見을 그려 넣고 있음을 볼 수 있다. '눈으로 보라'고 강조하기 위해서였던 것 같은데. 그렇다면 일찍이 이런 그림象形文字을 그려 넣었던 이들에게 '본다'는 건 과연 어떠한 것이었을까?

흔히 서양의 정신세계에서 눈은 곧 앎, 알아챔의 근거 감각으로 보았다. 어떤 (사물)세계를 본다는 건 곧 안다는 것과 관련되었으며, 앎과 인식의 기원은 그러한 시 지각에 있는 것이라고 여겨왔다. 봄이 곧 앎으로 통한다고 생각한 것이다.

동양에서도 별반 다르지 않았던 것 같다. 고대 중국에서 눈은 곧 알음알이 행위의 뿌리에 있는 활동이라고 여겼다. 본다는 것은 곧 봄의 대상이 되는 (사물)세계를 깨닫는다는 뜻으로의 앎, 그러한 물리적 시 지각에 깊이 관계있는 것으로 인식했다.

다시 말해 본다는 것은 단순히 보는데 머물지 않고 그것의 너머에 있는 대답까지를 찾아내는 과정, 그리하여 모든 봄은 중층적 현상이었던 것이다. 본다는 것은 곧 안다는 것과 관련이 깊다고 말하는 것도 딴은 여기서 기인한 것이다.

요컨대 발견이란 그 세계를 꿰뚫어보는 목격이다. 겉으로 드러난 현상만을 보는데 그치지 아니하고, 그 내면의 대답까지를 관통하는 것이다. 또 다른 변이의 세계를 찾아내는 것이라고 정의할 수 있다.

한데 이건희가 맨 처음으로 보았다. 지금껏 누구도 보지 못했거나, 아직 알려지지 않은 걸 찾아냈다. 그가 반도체를 발견한 것이다.

물론 우연이 눈에 띄었는지도 모른다. 아니 단순히 발견하는데 그치지 아니하고 전략적 사고로 그 내면의 대답까지도 관통했을 수도 있다.

어쨌든 중요한 건 어떤 분야에 몰두해 있을 때 거기에 행운이 날아든다는 사실이다. 이건희의 반도체 발견도 그와 같았다. 그때는 미처 몰랐겠지만 자신에게는 물론이고 제국의 미래를 위해서는 결국 신의 한수였다.

오늘날 이건희를 이야기할 때면 결코 삼성전자를 빼놓을 수 없다. 마찬가지로 삼성전자를 이야기할 때면 응당 반도체를 빼놓고서 따로 이야기할 수가 없다.

반도체는 오늘날의 삼성전자에게 있어서나, 이건희에게 있어 그만큼 절대 비중을 차지하는 까닭에서다. 반도체야말로 초고속 성장 제국 삼성전자의 역사가 다름 아니며, 이건희의 신화와도 그대로 오버랩 되고 있기 때문이다.

하기는 반도체를 언제 어떻게 처음 발견했는지는 정확히 확인할 수 없다. 다만 반도체를 처음으로 주목하고 발견한 이는 이건희였다는 점이다.

그가 중앙일보·동양방송의 이사로 지구촌의 새로운 정보를 상대적으로 많이 접하게 되면서 가장 먼저 눈에 띄었을 것으로 짐작된다. 예의 어린 시절 신기한 장난감 속에 파묻혀 살았던 그의 눈에 그만 꽂혀들었을 것으로 추측된다.

그리고 그 날 이후 곧잘 혼자 골똘히 생각에 잠기는 그를 온통 지배했을 것으로 믿어진다. 주변의 만류에도 불구하고 1974년 파산 위기에 직면한 '한국반도체'를 인수한 것만 보아도 알 수 있는 일이다. 이건희의 얘기다.

'…1973년에 불어 닥친 오일 쇼크에 큰 충격을 받은 이후, 그 동안 내 나름대로 한국은 부가가치가 높은 첨단 하이테크산업으로 진출해야 한다는 확신을 가졌다. 1974년 마침 한국반도체라는 회사가 파산에 직면했다는 소식을 들었다. 무엇보다도 반도체라는 이름에 끌렸다. 산업을 물색하면서 반도체 사업을 염두에 두고 있던 중이었다.'

한국반도체는 국내 유수의 무역회사인 켐코가 기술집약적인 웨이퍼 가공 생산을 하려고 1974년 1월에 설립했다. 부천에 공장을 세우고 초기 단계의 집적회로를 사용해서 숫자로 표시하는 전자 손목시계를 생산하고 있었다. 이 전자 손목시계는 청와대를 방문하는 외국인에게 한국의 기술을 과시하는 선 물 목록에 오를 정도였다. 하지만 한국반도체는 자금 부족으로 경영난에서 헤어나지 못하고 있었다. 이 회사가 때마침 이건희의 눈에 띄었던 것이다.

32살의 청년 이건희는 아버지 이병철에게 한국반도체를 인수하자고 건의했다. 그러나 아버지 이병철은 고개를 가로저었다. 반도체산업의 사업 전망을 제대로 인식하지 못했을 수도 있고, 아니면 한국반도체라는 회사가 반도체산업의 교두보로 삼기에 적당한 회사가 아니라고 판단했을 수도 있다.

결국 이건희는 아버지 이병철의 도움 없이 반도체사업에 투신해야 했다. 자신의 판단만으로 한국반도체의 한국 측 지분 50%

를 인수하고 나섰다.

삼성전자가 출범한지 꼭이 5년째가 되던 시점이었다. 우여곡절 끝에 출범하여 시판용 흑백텔레비전을 내놓은데 이어, 이제 막 냉장고와 세탁기를 개발 생산하기 시작하면서 종합전자회사로 발돋움해 가고 있을 즈음이었다.

사실 이런 일련의 발견과 결정은 매우 중요한 의미를 갖는다. 이건희는 이때 이미 중앙일보·동양방송, 동방생명(지금의 삼성생명), 중앙개발을 실제 소유하고 있었다.

하지만 3개 기업 모두 아버지 이병철로부터 물려받았다. 그에 반해 반도체는 자신이 스스로 발견하고 선택한 생애 첫 사업이었다.

그는 이 생애 첫 사업이기도 한 반도체 사업의 시작과 성공을 자신의 에세이집 「생각 좀 하며 세상을 보자」에서 이렇게 고백하고 있다.

'내가 기업 경영에 몸담은 것은 1966년 동양방송에서부터였다. 처음 입사한 그 때부터 지금까지 많은 어려움을 겪고 결단의 순간을 거쳤지만, 지금 와서 보면 반도체 사업처럼 내 어깨를 무겁게 했던 일도 없는 것 같다.

사실 나는 어려서부터 전자와 자동차 기술에 남다른 관심을 가지고 있었다. 일본 유학 시절에도 새로 나온 전자 제품들을 사다 뜯어보는 것이 취미였다. 수많은 전자 제품을 만져보면서 나는 자원이 없는 우리 나라가 선진국 틈에 끼여 경쟁하려면 머리를 쓰는 수밖에 없다고 생각하게 되었다. 특히 '73년에 닥친 오일쇼크에 큰 충격을 받은 이후 한국은 부가가치가 높은 하이테크 산업에 진출해야 한다는 확신을 가졌다.

'74년 마침 한국반도체라는 회사가 파산에 직면했다는 소식을 들었다. 무엇보다도 '반도체'라는 이름에 끌렸다. 그동안 내 나름대로 첨단산업을 물색하면서 반도체 사업을 염두에 두고 있던 중이었다. 시대 조류가 산업사회에서 정보사회로 넘어가는 조짐을 보이고 있었고, 그 중 핵심인 반도체 사업이 우리 민족의 재주와 특성에 딱 들어맞는 업종이라고 생각하고 있었다.

우리는 '젓가락 문화권'이어서 손재주가 좋고, 주거 생활 자세가 신발을 벗고 생활하는 등 청결을 중시한다. 이런 문화는 반도체 생산에 아주 적합하다. 반도체 생산은 미세한 작업이 요구되고 먼지 하나라도 있으면 안 되는, 고도의 청정 상태를 유지해야 하는 공정이기 때문이다.

이런 점은 사실 일본과 큰 차이가 없지만 내가 착안한 것은 식생활 문화였다. 우리는 전 세계에서 유일하게 숟가락을 사용한다. 찌개와 탕을 먹기 위해서다. 밥상 한가운데 찌개나 탕을 놓고 공동으로 식사한다. 그것은 결국 팀워크가 좋다는 것을 의미한다. 나는 이 점에서 일본에 비해 우리에게 강점이 있다고 보았다.

그러나 한국반도체를 실제로 조사해보곤 실망이 컸다. 이름만 반도체이지 겨우 트랜지스터나 만드는 수준이었다. 언제 LSI(대규모 직접 회로), VLSI(초대형 직접 회로)를 만들 수 있을지 알 수 없었고, 더구나 한미 합작이어서 인수한다하더라도 여러 제약이 많을 것으로 예상됐다.

상당한 고민 끝에 인수를 결심했다. 전자산업 뿐만 아니라 자동차, 항공 기 등의 분야는 핵심 부품인 반도체 기술 없이는 불가능한데다, 한국반도체를 종자種子로 국내 하이테크산업에 발판을 마련할 수 있을 것 같았기 때문이다.

그런데 당시 경영진은 TV 하나 제대로 못 만드는 형편에 최첨단으로 가는 것은 너무 위험하고 시기상조라고 하면서 회사 인수에 강하게 반대했다. 결국 나는 그 해 12월 사재를 털어 내국인 지분을 인수했다.

반도체 사업 초기는 순전히 기술 확보 싸움이었다. 선진국에서 기술을 들여와야 하는데 그것이 쉽지 않았다. 오일 쇼크 여파로 각국이 기술보호주의를 내세우고 있었고, 특히 미국은 일본의 산업스파이가 반도체 기술을 훔쳐갔다며 우리에게까지 노골적으로 적대감을 드러내고 있었다.

선진국과 기술 격차가 크고 막대한 소요 자금, 라이프사이클이 짧은데 따르는 위험성, 전문 인력 부족 등 당시 우리 실정은 사면초가와 다름없었다. 이런 상황에서 벗어나려면 어떻게 해서든 기술을 확보해야 했다.

일본 경험이 많은 내가 나서서 반도체 공장과 일본을 오가며 기술 확보에 매달렸다. 거의 매주 일본으로 가서 반도체 기술자를 만나 그들로부터 조금이라도 도움이 될 만한 것을 배우려고 노력했다. 지금 와서 하는 얘기이지만 그때 일본 기술자를 그 회사 몰래 토요일에 데려와서 우리 기술자들에게 밤새워 기술을 가르치게 하고, 일요일에 보낸 적도 많았다.

그런 노력 끝에 '81년 초 컬러TV용 색色 신호 IC를 개발했다. 이는 트랜지스터나 만들던 기술 수준을 한 차원 올려놓은 것으로 VLSI 기술 개발의 발판을 마련했다.

처음에는 반도체 사업 진출에 주저하던 선친도 관심을 보여 적극 지원하기 시작했다. 선친은 '82년에 27억 원을 들여 반도체 연구소를 건립했고, '83년 마침내 반도체 사업 진출을 공식 선언했다. 구멍가게 같은 공장에서 개인 사업으로 시작한 반도체가 10년 만에 삼성의 핵심사업의 하나로 인정받은 것이다.

이때부터 삼성은 전문가들의 예상을 뒤엎고, 영하 15℃의 혹한 속에서 6개월 만에 기흥공장을 완공하고, 일본이 6년이나 걸려 개발한 64KD램을 6개월 만에 개발했다. 이후로 미국과 일본의 반도체 업체를 따라잡기 위해 전력을 다했고….'

그랬다. 시대의 흐름이 산업사회에서 정보사회로 넘어가는 조짐을 예리한 눈썰미로 파악한 뒤, 반도체를 맨 처음 주목하고 발견한 이는 이건희였다.

또한 그 같은 신념에 따라 구멍가게 같은 공장에서 개인 사업으로 시작한 지 10여 년 만에 마침내 삼성의 핵심 사업으로 인정받을 수 있었다. 그동안 반도체사업 진출에 주저하기만 하던 선친으로부터도 전폭적인 지원을 받기에 이른다.

그리하여 1977년에는 미국의 ICII사가 보유하고 있던 한국반도체의 나머지 지분 50%를 인수한데 이어, 이듬해에는 '삼성반도체'로 회사명을 변경했다. 첫째와 둘째의 다른 행보에 아버지 이병철이 비로소 마음을 열기 시작한 것이다.

제국의 미래 성장 동력은 반도체다

아버지 이병철이 반도체에 대한 관심을 나타내기 시작한 것은 이건희보다 훨씬 뒤인 1980년대에 들어서면서부터였다. 국내 선발 주자인 아남산업이 반도체사업을 시작한 지 10여 년도 더 지난 시점이었다.

그동안 3남 이건희가 인수한 한국반도체에 관심을 나타낼 때이기도 하였으나, 공교롭게도 그럴 무렵 재계에 이상한 소문 하나가 떠돌았다. 말할 것도 없이 반도체를 두고 일컫는 말이었는데, 반도체 제품은 트렁크 하나에 무려 백만 달러나 된다는 것이었다.

1차 산업 제품인 광산물을 한 배 가득 선적해도 고작 수십만 달러가 될까 말까한 마당에, 그러한 소문이 그치지 않자 재계의 인사들은 저마다 이 반도체에 관심을 갖지 않을 수 없었다. 또 일부는 벌써부터 미국까지 건너가서 시장조사를 타진해보려 했으나, 미국의 회사들이 상대도 해주지 않아 외화만 잔뜩 낭비하고 돌아왔다는 소문까지 무성하던 때였다.

아버지 이병철은 삼성전자 사장 강진구를 자신의 집무실로 불렀다. 그런 뒤 이렇게 묻는다.

"대체 반도체는 종류가 몇 가지나 되는 기야? 이거 말하는 사람마다 다다르니 도시 종잡을 수가 있어야지."

아버지 이병철 또한 이미 반도체 공부를 시작한 터였다. 강 사장은 이렇게 대답한다.

"회장님, 그건 사람이 몇 종류나 되느냐고 물으신 거나 마찬가지이기 때문입니다. 세상 사람들을 남자와 여자라는 성별로 구분할 수도 있고, 황인종이냐 백인종이냐 하는 식으로 나눌 수도 있으며, 나이로도 나눌 수가 있습니다. 반도체도 마찬가지로 가지가지여서 구분하시기에 따라 종류의 수가 달라지는 겁니다. 그래서 한마디로 몇 종류라고 말씀드릴 수가 없는 것입니다."

아버지 이병철은 더 이상 입을 열지 않았다. 그러나 그 문제가 마음에 걸린 때문이었는지 일본에 가서도 똑같은 질문을 하게 된다.

맨 처음 '반도체'라는 번역어를 만들어 낸 것으로도 유명한 일본 반도체 연구의 1인자인 산켄전기 회장 오타니 다이묘 박사에게도 똑같이 물은 것이다. 오타니 박사의 답변은 이랬다.

"이 회장님, 저는 평생토록 반도체를 연구해 왔지만, 아직도 반도체를 완전히 다 알고 있다고 할 수 없습니다. 그러니 반도체는 젊은 사람들에게 맡기십시오."

오타니 박사와 산켄전기의 기술본부장이었던 덴다 쇼이치 박사 두 사람은 아버지 이병철과 오랜 친분이 있던 사이로, 아버지 이병철에게 반도체에 대해 많은 것을 조언했던 것으로 알려지고 있다. 하지만 두 사람은 삼성의 반도체사업에 부정적이었다.

그 밖에도 반도체에 관련해서 조언을 구한 이는 도호쿠대학의 니시자와 준이치 교수와 샤프의 사사키 다다시 부사장이 있었다. 니시자와 교수나 사사키 부사장 역시 반도체사업의 기술과 자본의 장벽을 뚫기 어렵다는 점을 들어 반대 입장을 분명히 밝혔다.

삼성 내부에서도 반대 기류가 거셌다. '그룹 전체를 태평양에 수장시키지는 않을까' 우려하는 이가 다수였다.

그러나 아버지 이병철은 '자원이 없는 나라에서 살아남기 위해서는 반도체와 같은 첨단산업에 도전하는 길밖에 방법이 없다. 삼성이 망해도 좋다. 미래를 위해서 도전한다'고 생각했다. 딱 한 사람의 긍정적인 조언을 들은 뒤였다. 2차 세계대전 이후 요시다 시게루 정권에서 일본 경제 부흥 계획의 1인자였으며, 후지화학 회장이기도 한 이나바 슈조 박사의 조언이 결정적이었다.

이나바 박사에 따르면 '70년대 오일 쇼크 이후 일본의 산업 구조가 반도체·컴퓨터·신소재·광통신·우주개발 등으로 진화, 개편되어가고 있다고 진단했다. 그 가운데서도 반도체와 신소재 분야가 가장 유력하다고 한 말에 크게 영향을 받은 것으로 전해진다.

아버지 이병철은 일본에서 돌아오자마자 다시금 삼성전자 사장 강진구를 집무실로 불렀다.

"요즘 반도체가 중요하다고들 하는데, 우리도 이미 반도체를 하고 있지 않은가?"

앞서 얘기한대로 삼성은 이때 이미 반도체사업을 벌이고 있었다. 정확히 말하면 이건희가 인수한 한국반도체였다.

"그런데 와 우리 것은 잘 안 되노? 잘 안 된다는 건 이익이 안 난다는 것인데, 이익은 제쳐놓더라도 어째서 팍팍 크지 못하고 있노?"

강 사장은 송구스럽다는 듯이 자세를 낮추며 일본 산요전기의 예를 들었다.

"산요전기의 경우 세계 도처에 있는 기술 제휴선과 자사의 반도체 소요량을 합치면 수요가 상당한 양이 되어 가전제품용 반도체만 가지고도 이익을 올릴 수가 있습니다. 일본의 다른 가전 종합 메이커들도 모두 같은 이치로 반도체 사업에서 이익을 올리고 있습니다. 그러나 우리 삼성의 경우 가전에 필요한 각종 반도체를 개발해야 하는데 투자 비용에 비해서 판매량이 적으니 이익을 올릴 수가 없는 구조입니다. 요컨대 반도체는 수량의 문제입니다. 하나를 개발하더라도 월 수십만 개, 수백만 개를 생산할 정도로 시장이 있어야 클 수 있는데, 우리 삼성의 전자산업만으로는 그 규모가 안 되니 그런 제품을 검토해봐야 하겠습니다."

순간 아버지 이병철의 눈빛이 강 사장을 향해 번뜩였다.

"하나를 개발해서 그렇게 많이 팔 수 있는 제품이 있겠나?"

"기술이 어렵긴 하지만 기억소자와 계산소자는 세계가 거의 공통 규격이고 시장 규모가 대단히 크니까, 양은 얼마든지 있다고 볼 수 있습니다."

아버지 이병철은 잠시 깊은 생각에 잠기는 것 같았다.

"…강 사장도 연구하게."

사실 이 무렵 메모리(Memory:기억소자)는 64KD램이 대세였다. 그리고 반도체 시장에서 미국과 일본, 유럽의 몇 개 기업이 치열하게 경쟁을 벌이고 있었다. 때문에 자칫 공급 과잉의 조짐마저 우려되는 실정이었다.

그렇다하더라도 장래가 유망한 사업이라는 데는 따로 이견이 있을 수 없었다. 그런 만큼 당장에 생사를 건 일대 전쟁이 임박한 그러한 분위기였다고 볼 수 있다.

바로 그런 1982년 봄, 아버지 이병철은 홀연히 미국으로 건너간다. 70년대에 두 차례에 걸쳐 오일 쇼크를 겪으면서 불황에 적절히 대처하지 못한 미국 산업계의 위축된 모습은 일본의 산업계와는 퍽이 대조적이었다. 일본이 재빨리 하이테크에 주력하여 이른바 중후장대重厚長大 형의 산업 구조를 경박단소輕薄短小 지향으로 전환시켜 성공한 것이 더욱 뚜렷이 부각되어 보였다.

아버지 이병철은 미국 방문을 마치고 돌아오자마자 그간의 반도체 사업에 대한 논의를 전면적으로 재평가하라고 지시했다. 즉시 전담팀이 구성되었고, 전담팀에선 지난 8년여 동안 이건희 혼자서 '구멍가게 같은 공장에서 개인 사업'처럼 해오던 반도체 사업의 전반에 걸쳐 분석하여 앞으로의 추진사업을 보고서로 만들어 내놓았다.

그 보고서를 받은 아버지 이병철은 기존의 반도체사업과는 별도의 신규 사업을 추진하되, 메모리를 중심으로 하는 사업 계획을 작성하도록 다시금 지시했다. 지금까지는 가전용의 LSI를 겨우 제조하고 있는 단계의 수준인데, 그보다 몇 배의 첨단 기술을 요하는 VLSI의 개발 계획을 수립하라니 청천벽력이 아닐 수 없었다.

더구나 메모리 반도체라고 해도 거기에는 다시 D룸과 S룸, 마스크 룸과 EP룸 등이 있는데, 그 가운데 과연 어느 것을 선택할 것이냐는 첨예한 문제였다. 자칫 미숙한 정보와 잘못된 판단으로 운명이 바뀔 수도 있는 순간이었다.

처음에는 치열한 가격 경쟁이 벌어지고 있는 D램을 피해 S램을 하자는 쪽 으로 기울어졌으나(이때 만일 이 결정이 끝내 굳어지고 말았다면 오늘날의 삼성전자는 존재할 수 없었을 것이다), 그러나 S램은 시장

규모가 D램의 30퍼센트도 되지 않았다. 따라서 지금까지의 경험으로 미루어보았을 때 비록 가격 경쟁이 치열하고 공급 과잉이 예상된다 할지라도 시장 규모가 큰 D램 시장에서 싸워야 한다는데 최종 결론을 내렸다.

물론 이러한 결론에 도달하기까지는 결코 간단치 않은 일이었다. 뿐만 아니라 앞으로 과연 메모리 사업을 어떻게 추진해 나갈 것이냐 하는 실행 문제가 여전히 해결되고 있지 않고 있는 상태에서 내린 선택이었다.

1983년 2월 7일, 이날 아버지 이병철은 일본 도쿄의 오쿠라 호텔에 투숙하고 있었다. 몹시도 피곤에 절은, 해쓱해진 얼굴에 깊은 번뇌로 입술마저 부르튼 채였다. 엄격하면서도 깔끔하기로 소문난 삼성의 총수로는 도무지 어울리지 않는 모습이었다.

그는 눈길을 들어 창 너머 어두운 야경 속으로 가져갔다. 벌써 며칠째 밤잠을 이루지 못해 초췌해진 눈빛으로였다.

'과연 해야 할 것인가…? 하지 말아야 할 것인가…?'

그는 장고에 장고를 거듭했다. 또한 심각하게 갈등하고 있었다. 이제 곧 자신이 내리게 될 판단 여하에 따라 자칫 삼성의 미래가 결정될 것이기 때문이었다.

이날 밤도 그와 같이 꼬박 밤을 지새운 아버지 이병철은, 이튿날 날이 밝자 마침내 전화기를 집어 들었다. 서울로 통화하는 국제전화였다.

같은 시각, 삼성전자 사장 강진구는 중앙일보 회장 홍진기의

방에 앉아 대 화를 나누고 있었다. 그럴 때 전화벨 소리가 나지
막이 울렸다. 일본에 체류 중인 이병철로부터 걸려온 국제전화
였다.

"아, 네에, 회장님….."

전화를 받고 있는 홍 회장의 표정에서 강 사장은 무언가 중대
한 얘기가 오가고 있음을 느낄 수 있었다. 대화 내용은 주로 반
도체에 관한 것이었다.

이윽고 전화 통화를 끝낸 홍 회장은 강 사장에게, "호암께서
말씀하시길, 누가 뭐래도 삼성은 반도체를 할 테니 이 사실을 내
외에 공표해 달란다"고 전해주었다. 강 사장은 당시 아버지 이
병철이 다음번 신규 사업을 심각하게 물색 중이라는 사실을 간
접적으로 들어 알고 있었기 때문에 그룹의 다음번 주력 사업으
로 마침내 반도체 사업이 선정되었구나 하고 직감으로 알아차릴
수 있었다고 한다.

그리고 그 다음 달인 3월 15일, '우리는 왜 반도체 사업을 해
야 하는가' 라는 선언문을 삼성그룹의 이름으로 중앙일보에 발표
한다.

'우리 나라는 인구가 많고 좁은 국토의 4분의 3이 산지로 덮
여있는데다, 석유나 우라늄 같은 필요한 천연자원 역시 거의 없
는 형편이다. 다행히 우리에게는 교육 수준이 높고 근면하고 성
실한 인적 자원이 풍부하여, 그동안 이 인적 자원을 이용한 저가

品低價品의 대량 수출 정책으로 고도 성장을 해왔다. 그러나 세계 각국의 장기적인 불황과 보호무역주의의 강화로 대량 수출에 의한 국력 신장도 이제는 한계에 이르게 되었다.

이러한 상황 아래서 삼성은 자원이 거의 없는 우리의 자연적 조건에 적합하면서 부가가치가 높고 고도의 기술을 요하는 제품의 개발이 요구되었다. 그것만이 현재의 어려움을 타개하고 제2의 도약을 기할 수 있는 유일한 길이라고 확신하여 첨단 반도체 산업을 적극 추진키로 했다. 반도체 산업은 그 자체로서도 성장성이 클 뿐 아니라 타他 산업으로의 파급 효과도 지대하고 기술 및 기술 집약적인 고부가가치 산업이다. 이러한 반도체 산업을 우리 민족 특유의 강인한 정신력과 창조성을 바탕으로 추진하고자 한다.'

삼성의 미래 성장 동력은 곧 반도체다는 선언이었다. 그러나 지난 반세기 여 동안 수많은 사업을 벌여오면서 남달리 탁월한 혜안과 예민한 직감으로 불패의 신화를 쌓아온 아버지 이병철이었지만 이번만은 달랐다.

무엇보다 당시 상황으로 볼 땐 우리 기업에게 반도체사업이란 너무도 높아 불가능해보이기 만한 장벽이었다. 선진국과의 극심한 기술 격차, 막대한 자금 투자, 고도의 기술 두뇌 확보, 짧은 라이프 사이클로 인한 높은 위험성 등등, 기존에 삼성이 벌이던 사업들과 비교해 보았을 때 반도체사업은 그야말로 커다란 도박이 아닐 수 없었다.

따라서 섣불리 반도체 사업에 뛰어들었다가 그만 삐끗 실패라도 하는 날에는 그룹 전체가 송두리째 흔들 수가 있었다. 이미 지난 반세기에 걸쳐 이루어놓은 공든 탑이 한 순간에 무너질 수도 있는 일이었다. 아버지 이병철이 도쿄에서 몇 날 밤을 뜬눈으로 지새우며 그토록 고뇌했던 까닭도 실은 그 때문이었다.

그러나 주사위는 이미 던져진 뒤였다. 운명은 순종을 요구했고, 그들은 스스로의 운명을 열어나가고자 다짐했다.

'반도체전쟁'과 동방인재지국

새로운 기술과 제품을 드라이브하고 이끌어가는, 세계에서 가장 강력한 종합반도체 기업 삼성전자는 지난 2002년도에 낸드플래시 메모리 분야에서 마침내 세계 1위 자리에 올라섰다. 삼성전자가 반도체 사업에 뛰어든 지 꼭이 10년 만에 이룬 놀라운 쾌거였다.

그러나 뒤를 돌아보지 않고 새로운 기술을 계속 개발하고 집적도를 높여 2004년에는 바야흐로 모바일 혁명을 이끌 퓨전메모리 원낸드를 세계 최초로 개발한 데 이어, 2006년 9월에는 CTF 기술을 토대로 40나노 32기가 낸드플래시 메모리를 내놓게 된다. 모두가 이 분야에서 세계 1위의 놀라운 기술 성과였다.

하지만 1983년 삼성이 그룹의 미래 주력 사업으로 반도체 사업을 진출하겠다고 선언했을 때만 하여도 우호 세력이라곤 어디에도 찾아볼 수 없었다. 더욱이 그 시기엔 미국과 일본이 태평양을 사이에 두고 이른바 '반도체전쟁'을 날로 가속화해 가고 있던 중이었다.

때문에 보다 철저한 기술보호주의가 그 어느 때보다 강화된 마당이었다. 메모리 사업이란 첨단 기술 도입 없이는 단 한 발짝도 앞으로 나아갈 수가 없는 일인데, 당장 삼성에게 그런 기술을 공여할 기업은 지구촌 어디에도 찾아보기 어려웠다.

아버지 이병철과 삼성전자의 경영진은 당장 깊은 고민에 빠져든다. 그렇게 몇 날 며칠을 고심하고 고심한 끝에 궁여지책으로 한 가지 생각을 떠올리게 되었다. 다름 아닌 '팔은 안으로 굽는다'는 우리의 속담에서 찾아낸 아이디어였다.

'미국으로 가보자. 우리 나라는 예부터 동방예의지국東方禮儀之國이면서 또한 동방인재지국東方人才之國이었으니, 미국엔 숨어있는 한국인 과학자가 많이 있을 것이다. 그런 인재들 가운데는 미국에서 전자공학을 전공해 박사 학위까지 받았으나, 국내에서 자신의 지식과 능력을 발휘할 만한 곳을 찾지 못해 부득이 미국에 주저앉아 연구소나 기업에서 연구 활동을 계속하고 있는 이들이 분명 있을 것이다. 그런 고급 두뇌들을 한 곳에 모아 반도체를 연구 개발하게 한 뒤 그렇게 개발된 것을 국내로 들여와 양산하면 될 것이다."

그랬다. 삼성전자의 반도체는 그렇게 기술 장벽을 헤쳐 나갔다. 미국에 숨어 있는 우리의 인재들을 찾아 나섰다. 그리고 과연 동방인재지국답게 반도체과학자들이 도처에 수두룩했다.

그렇게 모아진 고급 두뇌들이 스탠포드대학에서 박사 학위를 받은 뒤 GE와 IBM를 거쳐 샤프사의 고문으로 있던 컴퓨터와 IC 전문가 이임성 박사를 비롯하여, 컨트롤데이터와 허니웰을 거쳐 자일록에서 반도체 공정개발을 담당했던 이상준 박사, 인텔과 내셔널세미콘덕터에서 64KD램 개발담당 부장을 지내고 있던 이일복 박사, 인터실과 사이너텍에서 C-MOS 제조수율의 개선에 성공한 이종길 박사, 웨스턴디지털과 인텔에서 메모리 설계 엔지니어로 활약하고 있던 박용의 박사가 곧 그들이었다. 그 밖에도 중국, 일본, 베트남, 인도 등지에서 동양권의 고급 인력 32명도 확보했다.

이들은 실로 전혀 생각지 못한 뜻밖의 원군이었다. 좀처럼 길이 보일 것 같지 않던 미로 속에 갇혀 움찔하지 못하고 있을 때, 다름 아닌 우리의 속담에서 찾아낸 아이디어로 한순간 돌파구가 열린 셈이었다.

천군만마를 얻은 삼성전자는 이때부터 발걸음이 무척 빨라지기 시작한다. 1983년 여름 경기도 기흥에 10만 평 규모의 VLSI 양산공장 건설에 착수하는 한편, 첨단 기술의 확보와 판매를 위해 미국에도 연구개발센터와 시제품 생산 설비를 갖춘 현지법인

설립을 동시에 시작했다.

이처럼 VLSI 사업이 본격적으로 개시되자, 삼성전자에서 이미 인수 합병한 국내의 한국반도체의 기술진 역시 가만히 있을 수만 없었다. 새로이 팀을 결성하고 64KD램 개발에 착수했다. 미국의 마이크론 테크놀리지로부터 칩을 도입해 조립 공정부터 개발하기 시작하여 마침내 성공한데 이어, 미국 현지법인의 이종길 박사를 중심으로 한 개발 요원들 역시 64KD램을 생산 조립하는데 성공했다.

삼성전자는 거기서 멈추지 아니하고 64KD램 개발에 성공한 여세를 몰아 곧바로 256KD램의 개발에 도전했다. 256KD램은 당시 일본의 후지쯔와 NEC · 도시바 · 히타치 등 전 세계에서 단 몇 개 기업만이 생산하고 있었다.

그러나 삼성전자는 거기에 굴하지 않았다. 미국과 국내에서 동시에 256KD 개발팀을 발족시켰다.

그렇게 1984년이 되자 국내 기술진에서 먼저 256KD램의 시제품이 나왔다. 기술 제휴선인 마이크론 테크놀리지로부터 디자인을 받아 공정 기술을 개발하는데 성공한 것이다.

미국 현지법인도 256KD램의 개발에 박차를 가하고 있었다. 거기선 회로설계로부터 공정 개발에 이르기까지 완전히 자체 개발을 해야 했기 때문에 국내의 한국반도체보다 한발 늦어졌다. 하지만 당초 불가능할 것이라고 여겨졌던 독자적인 회로설계에 성공하면서 그 이듬해엔 시제품을 생산하는 데까지 성공했다.

이쯤 되자 국내의 한국반도체 기술진과 미국 현지법인의 기술진 사이에 경쟁이 붙어, 두 개의 조직이 서로 1메가D램을 개발하겠다며 나섰다. 개발을 나누어 할 수 있도록 권해 보았으나, 서로가 전담을 하겠다고 주장하며 양보치 않았다.

한 곳에서만 추진하더라도 당시 수천만 달러가 들어가는 초대형 프로젝트였다. 그것을 미국과 국내에서 동시에 추진한다는 것은 낭비라는 반론이 만만치 않았다.

그러나 아버지 이병철과 삼성전자의 경영진은 고심 끝에 결국 두 곳에서 동시에 연구 개발을 하도록 결정을 내리게 된다. 개발비는 두 배로 늘어나겠지만, 회사의 리스크는 반으로 줄어든다는 이유에서였다.

다시 말해 1메가D램 공장은 3천5백억 원의 예산으로 이미 돌관 작업에 들어간 상태였다. 따라서 개발 기간이 늦어지면 이 사업은 곧 실패나 다름이 없었다.

때문에 양쪽에 개발을 맡겨 서로 경쟁케 함으로서 회사의 리스크를 반으로 줄일 수 있다는 전략에서 내린 결론이었다. 양쪽 모두 한번 해보겠다며 결의를 다졌다.

결과는 이번에도 마찬가지로 미국에서의 연구 개발보다 국내에서의 연구 개발이 한 발 앞서 끝났다. 박용의 박사를 중심으로 한 48명의 국내 개발팀이 개발에 착수한 지 10개월 만에 양품을 생산하는데 성공한 것이다.

성능 또한 매우 우수해서 1메가D램의 양산은 국내에서 개발한 것을 선택 하기로 결정했다. 미국의 현지법인에겐 1메가D램의 개발을 중지하라고 통보 했다.

그러자 미국 현지법인에서 즉각 반발하고 나섰다. 그쪽의 주장은 대강 이랬다. 인텔이나 텍사스 인스트루먼트와 같은 일류 기업에 잘 다니고 있던 인재들을 불러다 놓고, 이제 와서 조금 뒤졌다고 해서 개발을 그만두라니 너무 심한 처사가 아니냐는 것이었다.

결국 아버지 이병철과 삼성전자의 경영진은 다음과 같은 고육책을 내놓게 된다. 그렇다면 반도체를 계속해서 개발하라. 그러나 이미 1메가D램은 개발이 끝났으니, 다소 시간이 걸리더라도 4메가D램을 개발하는 것이 좋을 것 같다고 했다.

다만 한 가지 조건이 있었다. 이번에도 역시 국내 팀과 경쟁을 하게 되는데, 또 다시 뒤지게 된다면 그땐 미국 개발팀은 해체다. 더 이상은 안 된다는 단서 아래 4메가D램 개발을 양쪽 모두에게 허용했다.

그러나 처음 생각했던 것과는 달리 기술 장벽이 높다는 반도체 개발은 그처럼 순조로울 수 있었으나, 경영면에서는 가시밭길의 연속이었다. 1983년 반도체 사업을 본격화하기 이전부터 반도체 부문의 경영 상태가 썩 좋지 않았었는데, 64KD램이 본격 출하되던 이듬해부터 적자가 눈에 띄게 늘어나기 시작했다.

그 이듬해엔 3달러50센트 하던 64KD램 국제 가격이 불과 몇 달 사이에 50센트로 곤두박질하고 말았다. 당시 제조 원가가 1

달러70센트였으니, 반도체 1개를 만들어내는데 1달러20센트씩 손해를 본 셈이었다. 그런 결과 1984년부터 1987년까지의 누적 적자가 당시 무려 1,159억 원에 달했다.

지금의 삼성전자로 본다면 그만한 금액은 별반 큰돈으로 여겨지지 않을 수도 있다. 하지만 30여 년 전 1천억 원이란 이만저만한 거액이 아닐 수 없었다.

말할 것도 없이 그런 경영 손실 안에는 가히 천문학적인 개발 투자비가 포함되어 있었다. 더구나 개발 투자비는 미래를 위해 앞으로도 계속해서 쏟아 붓지 않으면 안 되는 절대 비용이었다.

그러나 아버지 이병철은 초지일관했다. 삼성전자의 경영진들이 초기에 그런 질곡의 위기를 극복할 수 있었던 것도 따지고 보면 그런 그의 굳은 의지에 힘입어서였다고 볼 수 있다. 더욱이 그 같은 위기를 마치 사전에 훤히 꿰뚫어보기라도 한 듯이 초연하기만 했다.

사실 처음 출범할 때까지만 하더라도 삼성전자에 속해 있던 반도체 사업부를 따로 떼어내어, 비교적 호황이 예상되는 통신부문과 합쳐 삼성반도체통신이라는 새로운 사명으로 체제를 강화시켜 놓았다. 반도체 개발에 소요되는 막대한 투자비용과 더불어 치열한 국제 시장에서 파생될지도 모를 가격 경쟁을 미리 통찰하여 취한 절묘한 조치였다. 돌다리도 두들겨보고 나서 건너가는 사람을 확인하고 난 뒤에야 비로소 돌다리를 두들겨보고 건너가는 아버지 이병철에게서만 목격할 수 있는 혜안이 아닐 수 없었다.

여기에다 어떤 희생을 치르더라도 기필코 반도체를 성공시키고야 말겠다는 굳은 의지 또한 눈에 띄는 대목이었다. 그만의 굳은 의지가 과거 여느 사업을 추진할 때보다 결연했던 것이다.

그렇대도 반도체 관련 경영진들은 마음이 편할 까닭이 없었다. 만년 적자에서 헤어나지 못하고 있어 기를 펴지 못했던 것도 사실이다.

아버지 이병철 또한 그러한 사실을 헤아리고 있었던 모양이다. 어느 날인가 반도체 관련 경영진들과 점심자리를 같이했다.

화제는 마땅히 반도체에 관한 이야기였다. 누적 적자가 4년 사이에 벌써 1천2백여 억 원이라는 것과 1메가D램의 공장 착공을 당장 하지 않으면 출하 경쟁에서 후발주자가 되고 말 것이라는 걱정이 쏟아져 나왔다.

이윽고 조용히 경청하고만 있던 그가 입을 열었다. 음성은 가히 높지 않았으나 단호한 어조였다.

"64KD램, 256KD램이 시장 도입에 늦어 큰 고생을 했는데, 1메가D램의 공장 착공이 늦어지면 우린 어떻게 되겠는가? 내일 아침에 당장 공장 착공식을 하자. 내가 기흥공장으로 가겠다."

사실 그간 최선을 다하였음에도 불구하고 어쩔 수 없이 64KD램이 3년을, 256KD램이 2년 늦게 시장에 도입되었다. 1메가D램은 미국과 일본 등의 선진국에 비해 약간 늦기는 하였으나 그다지 큰 차이가 나지 않던 참이었다.

하지만 4메가D램 이후부터 삼성전자의 생산이 선진국의 앞선 기업들보다 오히려 먼저 시작되는 계기를 마련할 수 있었던 것도, 따지고 보면 그런 쓰라린 실패의 경험이 축적되고 학습되어 있었기에 가능한 일이었다. 뿐만 아니라 미국과 일본 등의 선진 기업을 따라잡는데 그치지 않고, 마침내 반도체 시장을 적극적으로 지배하는 전기를 마련할 수가 있었던 것이다.

3. 제국의 회장이 되기 위한 조건

삼성의 총수 이병철은 이제 어느덧 늙고 병이 깊었다. 젊어서 부터 소화 기능이 좋지 못했던 그는, 나이가 들어감에 따라 점차 힘들어 하는 날이 많아졌다.

그러면서 자연스레 이맹희, 이창희, 이건희에게로 눈길이 갔다. 여느 때보다 자신의 세 아들을 주의 깊게 살펴보게 된다.

장남 이맹희는 이른바 기획위원회와 5인위원회 사건으로 아버지 이병철의 눈 밖에 나있는 상태였다. 이후 1973년 일본으로 건너갔다.

그러나 일본으로 건너가서도 아버지 이병철이 목격한 장남의 행태는 여전했다. 도저히 묵과할 수 없는 무례한 행위를 연이어 저질렀다.

먼저 아버지 이병철이 해외에 나가게 되면 그곳에 체류 중인 아들이나 집안 식구들이 공항으로 마중 나가는 것은 당연했다. 아니 여느 집안에서나 흔히 볼 수 있는 인사였으나, 아버지 이병철이 유난히 강조해오던 대목이었다.

한데 아버지 이병철이 일본 출장길에 나섰음에도 장남 이맹희는 공항으로 마중 나오지 않았다. 그건 단순히 인사 부재가 아닌 아버지 이병철에 대한 반기였다.

뿐만 아니라 삼성 도쿄지사를 방문했을 땐 보다 노골적이었다. 장남 이맹희는 다시 한 번 아버지 이병철의 뜻을 거슬렀다.

아버지 이병철은 이맹희가 정상적으로 출근하고 있는 줄 알았다. 그래서 도쿄지사의 전 직원 앞에서 이야기를 꺼냈던 것인데, 이맹희가 그런 아버지의 말을 가로막고 나섰다. 아직 어떤 누구도 그룹의 총수 앞에서 대꾸하는 게 허용되지 않았는데 대꾸 정도가 아니라 아예 말을 가로막고 나선 것이다.

"지가 도쿄에 좀 쉬러 왔는데 뭐 하러 지사에 나가겠습니까? 저, 지사에 나갈 필요 없심더."

이맹희는 자신의 회고록 「묻어둔 이야기」에서 그때를 회상하고 있다. 자신이 경영의 일선에서 물러나 있는 처지에서 다시금 그룹을 영원히 떠나게 되는 결정적인 계기가 바로 그 순간이었다고 본 것이다.

그리고 2년여가 흐른 뒤, 이맹희는 일본에서 돌아와 다시 삼성에 나가기 시작했다. 하지만 그가 할 일은 없었다. 업무에 관련

한 무슨 사항도, 어떤 자시도 주어주지 않았다.

'…아버지의 의도를 알 것 같았다. 누구와 의견 충돌이라도 생기면 성격이 불 같이 변하는 나를 휘어잡고자 함이었다. 마찰이 있으면 심지어는 내가 세상에서 제일 무서워했던 아버지에게까지 반항할 수 있는 나의 기를 꺾고자 함이었다.'

한데도 장남 이맹희는 조용히 근신하는 모습을 보여주지 못했다. 오히려 반발심에 아버지 이병철의 의도에 정면으로 반하는 길을 선택했다. 엽총을 메고서 전국의 사냥터를 누비고 다녔다.

그러나 마음속으로는 은근히 기대를 저버리지 못했다. 언젠가는 아버지 이병철이 먼저 손을 내밀어주기를 기대했지만, 어떤 소식도 들여오지 않았다. 부질없는 세월만이 삼사년 훌쩍 지나고 말았다.

그 사이 차남 이창희가 미국에서 돌아왔다. 이른바 청와대 탄원서 사건으로 미국으로 떠난 지 몇 년 만인지 몰랐다.

차남 이창희는 귀국하자마자 가장 먼저 아버지 이병철을 찾아가 머리를 숙였다. 아버지의 귀국 금지 엄명에 대한 반항이 아니라 개인적인 사업 때문에 불가피하게 돌아올 수밖에 없었음을 설명한 뒤, 예전의 잘못된 자신의 행위에 대해 용서를 구했다.

차남 이창희는 그동안 마그네틱 미디어 코리아(훗날 새한미디어)라는 오디오테이프 및 비디오테이프 기업을 혼자의 힘으로 경영해오고 있었다. 그리고 귀국한 뒤에도 매주 월요일 아침이면 빠짐없이 아버지의 집무실을 찾아가 인사를 했다.

그런 노력이 통했던 것일까? 3년쯤이 되자 아버지는 지나가는 말투로 차남 이창희에게 물었다.

"창희 니, 각 사장들에게 잘못했다고 빌 수 있겠나?"

뜬금없는 소리였다. 그건 지난날 자신이 저지른 잘못을 용서해줄 수도 있다는 뜻이었다.

차남 이창희는 삼성의 계열사 사장실을 돌면서 자신이 잘못했다고 빌었다. 계열사 사장들은 영문도 모르는 채 그의 방문에 얼떨떨해 하기만 했다.

아버지 이병철은 그렇게 이창희로부터 승복을 받아낸 다음에야 둘째를 다시 받아들였다. 둘째의 새한미디어를 전폭적으로 지원해주었다. 뿐만 아니라 자신이 보유하고 있던 제일합섬의 주식 전량을 둘째에게 물려주기도 했다.

말할 나위도 없이 차남 이창희에 대한 아버지의 그런 제스처는 곧 장남 이맹희를 향한 것이기도 했다. 이제 그만 고집 피우고 둘째와 같이 너도 어서 돌아와 용서를 구하라는 무언의 메시지였던 것이다.

그러나 장남 이맹희는 끝내 고집을 꺾지 않았다. 아버지와 등을 진 채 부산 해운대에서 외부와 연락을 끊은 채 두문불출했다.

3남 이건희는 두 형들과 달랐다. 맏형과 둘째형과 달리 줄곧 아버지 이병철의 곁을 지켰다. 중앙일보와 동양방송의 이사로 두 분의 스승인 아버지와 장인으로부터 묵묵히 경영 수업을 쌓아나갔다. 무엇보다 반도체의 발견은 아버지 이병철의 기대에 부응한 것이었다.

더욱이 오일 쇼크(1973)을 겪으면서 시대의 흐름에 주목했고, 산업사회에서 정보사회로 넘어가는 조짐을 예리한 눈썰미로 파악하여, 이제는 부가가치가 높은 첨단 하이테크산업으로 진출해야 한다고 확신했다. 반도체를 발견한 것이다.

아버지 이병철은 그런 아들의 확신에도 불구하고 처음에는 선뜻 움직이지 않았다. 한국반도체 인수를 망설였다.

그래도 그의 확신은 흔들리지 않았다. 구멍가게 같은 공장에서 개인 사업으로 시작한 지 10여 년 만에, 마침내 제국의 미래 성장 핵심 시업으로 인정받기에 이르렀다.

맏형과 둘째형에 비하면 별 말썽부리지 않고 비교적 자신의 길을 순탄하게 다져나가고 있었다. 아직은 자신이 가진 역량을 다 드러내어 보이지 않은 삼십대 초반의 미완으로만 남아 있는 채였다.

'마침내 제국의 후계자로 지목되다

신장 167센티미터, 몸무게 60킬로그램을 넘지 않았던 아버지 이병철은, 그렇듯 강건한 체질을 가지고 태어난 것 같지는 않다. 그렇다고 몹시 허약한 체질도 아니었다는 것은 분명하다. 그의 중년기와 노년기의 풍모에서 느낄 수 있었던 것은 결코 유약하다고 할 수는 없으나, 그러나 누가 보아도 약골이라고 할 수 있는 그런 모습이었다.

그의 회고록「호암자전」에 따르면 일본 유학 시절에 심한 각기 脚氣에 걸려 학업을 중단해야 했던 병력도 나와 있다. 또한 오십 줄에 들어서면서 가벼운 신경통 증상으로 고생한 일도 없지 않다.

하지만 환갑의 나이에 이르러서도 이렇다 할 몸의 이상이 없었기 때문에 평소 건강에 대해서는 어느 정도 자신이 있었던 것 같다. 그래서인지 한때 젊은 날에는 무절제의 시기마저 없지 않았었다. 또 그런 과정에서 시나브로 병이 깃들기 시작했던 것 같다.

실제로 그는 1969년 3월 22일자 서울경제신문의「나의 건강」이란 기고문에서 이렇게 밝히고 있다. '젊어서 사업에 너무 쫓겨 다닌 탓인지는 모르지만 나는 젊어서부터 소화 기능이 좋지 않았었다.'

때문에 그는 소화 기능을 강화시키기 위해 일찍부터 골프를 쳤다. 일주일에 세 차례, 월 수 금 오후 시각이면 어김없이 골프를 치러 나갔다.

골프를 시작한 뒤부터는 소화도 잘 되고 몸도 튼튼해졌으며 머리의 긴장감도 씻을 수 있었다는 것이다. 또한 거기엔 그만의 건강 요법도 빠질 수 없었다.

"내 건강 요법은 다른 게 아니라 건강에 무리를 주지 않고 병이 나지 않도록 예방을 하는 것이다. 나이를 먹어감에 따라 아무래도 옛날 젊었을 때의 정력과는 차이가 나니까 내 건강에 알맞은 일을 하고 무리를 하지 않는다."

이병철의 건강 비결은 다른 게 아니었다. 몸에 무리가 가는 일을 하지 않는다는 것이었다.

그는 매일 아침 6시에 기상하여 밤 10시면 어김없이 잠자리에 들었다. 오전 9시 출근에 오후 6시 퇴근도 마치 시계바늘 같았다. 더러 시간이 틀린다고 해봤자 거기에서 기껏 5분 정도의 차이였다.

아침 식사는 구운 식빵에 오렌지 주스와 원두커피 정도로 끝내고, 가급적 기름기가 많은 음식은 피했다. 술은 맥주 1병 정도에, 담배를 피우긴 했지만 많이 피우지는 않았고, 이따금 종합비타민을 복용했다.

그러나 이순耳順의 나이를 넘기면서부터 그는 '마음의 여유'를 특히 중시하게 된다. 건강을 위해서도 그러하거니와 인생을 바라보는 눈이 그만큼 성숙해졌다는 증거이다.

"삼성문화재단이다, 중앙일보다, 동양방송이다, 용인자연농원이다 하고 동분서주하던 지난 10년 동안도 참으로 바빴다. 그러나 다행히 나는 매우 건강했다. 오십 고개를 바라보면서 가벼운 신경통을 앓았던 일이 있었지만 이렇다 할 지병은 없었다."

그랬던 그에게 첫 죽음의 암운이 드리운 것은 한창 반도체사업으로 분주하던 그의 나이 67세 때인 1976년 여름이었다. 일본 도쿄 출장길에, 게이오慶應대학병원 인근 도크에 하루 머물며 건강 진단을 받았다. 의사는 "위궤양 같은데 수술을 하는 것이 어떻겠느냐?"라고 대수롭지 않게 물었다.

서울로 돌아온 아버지 이병철은 의사인 사위와 큰조카를 불렀다. 그리곤 일본에서 있었던 진단 결과와 X레이 사진을 보여주며 의견을 물었다. 며칠 후 "곧 수술을 받으시는 것이 좋겠다."라는 의견이 나왔다. 의사인 사위와 큰조카만의 의견이 아닌, 주요 병원 전문의들의 의견도 참작한 것이었다.

그 역시 심상치 않다고 생각한 것 같다. 가족들이 모인 자리에서 그는 이렇게 입을 열었다.

"인간의 생로병사는 피할 수 없다. 섭생을 게을리 했거나 방심했기 때문에 명을 재촉했다면 몰라도 불치의 병이라면 태연히 죽음을 맞는 것이 마땅한 일이 아니겠느냐? …만일에 하나 암이라면 현대 의학으로 아직 난치병이 아니냐. 숨기지 말고 사실대로 말해라. 나는 동요하지 않는다."

그는 자신이 이미 암에 걸렸음을 아는 듯했다. 도쿄 게이오대학병원에서 진단 결과를 들었을 때부터 그러한 사실을 알고서 온갖 생각에 사로잡혀 밤 잠을 이루지 못했던 것이다. 하지만 그는 가족들 앞에서 태연해야 했다.

그리고 며칠이 지나 가까스로 마음의 평정을 되찾을 수 있었다. 그렇다 해도 최선의 노력을 할 수 있지 않겠느냐는 것이 그의 생각이었다.

우선 위암에 대한 조사에 들어갔다. 당시 위암 수술은 한국에서 80%, 미국에서 50%의 사망률을 보이고 있었다. 그러나 초기 위암은 수술로도 완치할 수 있다는 것이 전문가들의 의견이었다.

"인명은 재천이다. 하지만 무작정 하늘의 뜻만 기다리고 것은 어리석은 태도일 것이다. 하늘은 스스로 돕는 자를 돕는다고 하질 않았는가. 난 이 몹쓸 병마를 기필코 이겨낼 것이다."

아버지 이병철은 깊은 생각 끝에 마침내 결단을 내렸다. 자신의 병에 도전할 결심을 한 것이다.

그런 뒤 자신이 사업을 벌일 때와 마찬가지 방식으로 암에 대한 데이터부터 모으기 시작했다. 국내는 물론이고 세계 각지의 위암 치료에 관한 자료를 모아가면서 면밀한 치료 계획을 세웠다.

그런가하면 집도의는 어느 나라의 누가 가장 뛰어난지도 알아보았다. 지구촌을 다 뒤져 파리의 국립암연구소, 영국왕립암연구소, 서독하이델베르크 의과대학, 미국국립암연구소 등의 권위자들에 대해서도 꼼꼼히 알아보았다.

그런 결과 일본이 가장 적합하다고 의견이 모아졌다. 집도의 또한 도쿄의 암연구소 부속 병원의 가지다니楣谷 박사로 낙점이 되었다.

그렇대도 그는 자신의 삶이 그리 오래 남지 않았음을 그때 이미 알고 있었던 듯하다. 그가 자신의 뒤를 이어 그룹을 이끌어나갈 후계 구도에 대해서 비로소 입 밖에 꺼내기 시작한 것도 이때가 처음이었다.

그가 일본으로 암 수술을 받기 위해 출국하기 전날 밤, 전 가족이 한 자리에 모였다. 때마침 해외 출장 중이었던 3남 이건희를 제외한 장녀 이인희, 장남 이맹희, 차남 이창희, 차녀 이숙희, 3녀 이순희, 4녀 이덕희, 5녀 이명 희 등이었다.

장소는 용인에 있는 그의 거처였다. 그 자리에서 아버지 이병철은 삼성의 후계 구도에 대해서 처음으로 입을 열어 언급했다.

"앞으로 삼성은 건희가 이끌어가도록 하겠다."

그 말을 듣는 순간 장남 이맹희는 충격을 감추지 못하는 모습이었다. 차남 이창희는 물론 그의 누이들 또한 별반 다르지 않았다.

그도 그럴 만했던 게, 비록 아버지와의 사이에 상당한 틈새가 벌어졌다고는 하지만, 그래도 벌써 10년 넘도록 후계자 수업을 쌓아왔던 장남 이맹희였다. 따라서 장남에게 당연히 삼성의 대권이 주어질 것이라고 가족 모두가 은연중에 믿고 있었기 때문이다.

더구나 3남 이건희라면 일본과 미국에서 학업을 마치고 돌아온 지도 얼마 되지 않았을 뿐더러, 중앙일보와 동양방송이라는 그룹의 변방에 서 있을 따름이었다. 아버지 이병철이 이루어놓은 삼성을 넘겨받기에는 너무도 일천한 이제 갓 서른 다섯 살에 불과했던 것이다.

왜 그랬을까? 아버지 이병철은 왜 그런 결정을 내려야 했던 것일까? 벌써 10년씩이나 후계자 수업을 시켜왔던 장남을 내버려두고 굳이 3남을 자신의 후계자로 지목해야 했던 것일까?

아버지 이병철은 삼성이라고 하는 창조적 경영체를 과연 어떻게 수성해나갈 것인지 비교적 일찍부터 고심한 흔적이 역력하다. 그 때문에서인지 앞서 얘기한 것처럼 벌써 1960년대 후반, 그의 나이 환갑을 맞이하기 훨씬 이전부터 장남인 이맹희와 차남인 이창희 형제에게 경영 수업을 쌓게 했다.

그러나 결국 십년 뒤엔 장남도 차남도 아니었다. 3남인 이건희에게 삼성의 대권을 상속시키기로 방향을 선회한다.

다음은 「신동아」 인터뷰에서 한 이건희의 말이다.

'…1973년인가 후계 구도가 내막적으로 정해질 때 선대 회장께서 맹희는 안 되겠고, 창희도 안 되겠다. 건희 니가 해야 되겠다고 하셨다. 그 전까지만 해도 중앙일보와 동양방송, 동방생명, 중앙개발 세 개 사가 내 앞으로 되어 있었다. 집안에서도 나는 성격이 고분고분하고 사교적이지 못해서 기업가로선 잘 안 맞는다고 알고 있었고, 선대 회장도 '골치 아픈 건 니가 할 것 뭐 있노' 했었다. 동방생명의 자금에다 중앙매스컴, 그 땐 TBC동양방송도 있을 때다. 부동산회사 중앙개발까지 있겠다, 남부러울 게 없었다. 그러다가 아버지의 집념에 몰렸다. 어물어물하다가 하게끔 몰린 것이다. 그래서 1974년인가는 세 개 해서 골치 아프나 열 개 해서 골치 아프나 같은 거 아니냐. 그런 생각이 들었고. 나도 하겠다니까 1978년인가 1979년에 후계자가 됐다고 발표를 하게 된 거다.'

이때부터 3남 이건희는 아버지 이병철을 그림자처럼 따라다니며 맏형 이맹희가 그랬던 것처럼 본격적인 경영 수업을 받게 된다. 1987년 아버지 이병철이 작고할 때까지 10년 가까이 후계자 수업을 쌓게 되는 것이다.

그렇듯 아버지 이병철은 자신의 후계자를 3남 이건희로 지목한 뒤 일본 도쿄로 향했다. 그가 마취에서 깨어났을 때 가지다니 박사는 이렇게 말했다.

"완벽한 수술이었습니다. 담배만 끊으신다면 아무 걱정 없으십니다."

그러나 그의 마음이 평온했던 것만은 아니다. 생로병사가 피할 수 없는 자연의 섭리라고는 하지만, 처음 암인 줄 알았을 때 '한 10년만 더 살 수 있었으면 하고 생각했다.'라고 고백한 것이다.

그리고 자신의 소망대로 아버지 이병철은 암 수술을 받은 이후에도 10년 넘게 더 살았다. 물론 엄격한 자기 관리가 뒷받침되었기에 가능한 것이었다. 뿐만 아니라 그 이듬해부터는 다시금 자신의 자리로 되돌아왔다.

삼성의 총수로 돌아가 거침없는 행보를 계속했다. 1977년에 삼성종합건설, 삼성조선, 삼성정밀, 삼성해외건설, 삼성GTE통신 설립 및 대성중공업과 한국반도체의 나머지 지분을 미국의 ICII로부터 인수했다.

이후에도 코리아엔지니어링, 한국전자통신, 한국안전시스템, 삼성라이온즈 프로야구, 호암미술관, 삼성시계, 조선호텔, 삼성의료기기, 삼성휴렛패커트, 삼성유나이티드항공, 삼성데이타시스템, 자서전 「호암자전」 발간, 삼성경제연구소를 설립하거나 각기 인수하고 나섰다. 여전히 승승장구 외연을 넓혀 삼성의 영토를 확장시켜나가는 한편, 미래의 성장 동력인 반도체사업에도 역량을 총 집결해나갔다.

왜 3남 이건희가 아버지의 후계자였는가?

1979년 2월 27일이었다. 이날 3남 이건희는 삼성그룹 부회장으로 전격 승진했다.

이때부터 3남 이건희는 아버지 이병철을 그림자처럼 따라다니며 장남 이맹희가 그랬던 것처럼 본격적인 경영 수업을 받게 된다. 1987년 아버지 이병철이 타계할 때까지 10여 년 가까이 후계자 수업을 쌓는다.

그렇다면 3남 이건희는 과연 어떤 점이 아버지 이병철의 눈에 들어 장남 이맹희와 차남 이창희를 제치고 삼성의 대권을 넘겨받을 수 있었던 것일까? 더욱이 일본에 갈 적마다 관상서적들을 잔뜩 사들고 와 누구보다 사람에 대한 공부를 충실히 했다던, 그런 아버지 이병철의 낙점이었기에 더더욱 궁금하기만 하다.

그러나 이건희는 여전히 미스터리한 인물로 다가오기 일쑤다. 그에 대해 알려져 있는 정보가 매우 제한적이기 때문이다.

그렇다고 그의 자질을 의심하는 이는 없다. 단지 아버지가 그룹의 총수였기 삼성의 회장이 된 것이라고 말하는 이도 많지 않다.

그같이 단순히 평가할 수 없는 이유가 분명히 존재한다. 무엇보다 사반세기 전 아버지 이병철에 이어 삼성의 총수에 오른 이래, 그동안 그가 이루어낸 경영의 성과는 일찍이 찾아볼 수 없는 놀라운 것이었기 때문이다.

하기는 그가 자신의 속살을 매우 솔직하게 드러낸 적도 없지는 않다. 「생각 좀 하며 세상을 보자」는 자신의 에세이집에서다.

그러나 에세이집의 첫 장에서부터 마지막 장까지를 들여다보았으나, 이미 그에 대해 일반적으로 알려져 있는 것 이상은 발견하기 어려웠다. 단지 글을 풀어나가는 솜씨가 단백하면서도 논리 정연하고, 또한 매우 사려 깊다는 정도만 짐작할 수 있었을 따름이다.

물론 삼성이라는 거대 조직을 이끄는 총수라고 한다면 적어도 일반인보다 남다르다는 것쯤은 당연한 기대치일는지 모른다. 한데도 그가 여전히 미스터리한 까닭은 언론에 비춰지는 그의 모습이 그렇듯 능수능란해 보인다거나 전지전능해 보이지 않다는 데 있는 것 같다.

더욱이 명성에 비해 그는 언론에 자주 얼굴을 비치는 편도 아니다. 마치 은둔자의 모습 그대로이다.

간혹 입을 열어 한마디 하는데 말도 어눌하기 짝이 없다. 어쩌다 그 커다란 눈망울을 싱글거리며 빙긋이 웃고 있는 모습이랄지, 얼마 전 평창 동계올림픽(2018)이 결정되는 순간 눈물짓는 모습을 텔레비전에서 보고 있노라면 차라리 천진해 보이기까지 하다.

그러나 거듭 말하지만 그가 삼성이라는 거대 조직을 맨 앞장서 이끌고 있다는 것만으로도 궁금증을 자아내기엔 충분한 것 같다. 도대체 어떤 숨은 힘과 카리스마가 있어 오늘날의 삼성이라는 월드베스트 파워를 키워낼 수 있었는지 궁금하기만 한 것이다.

때문에 나는 그동안 여러 경로를 통하여 이건희에 대한 자료를 꾸준히 쟁여오고 있었다. 그러던 어느 날 지인의 소개로 우연히 고서古書연구가 송부종 선생(이하 존칭 생략)을 만나게 되었다.

송부종과 자리를 함께 하여 1930년대 경성京城시대에 관한 이런저런 얘기를 나누던 중, 중간에 문득 아버지 이병철이 화제로 떠올랐다. 일부러 요청한 것도 아니건만 송부종의 입에서 이병철의 차남 이창희에 대한 얘기가 슬슬 새어나오기 시작했다. 한때 자신과는 매우 절친하게 지낸 적이 있었다는 것이다.

"이창희씨라면 삼성그룹 이병철 회장님의 차남이 아닙니까?"

송부종은 고갤 끄덕였다. '70년대 초 지금의 태평로 삼성 본관이 막 신축되었을 때, 당시 그는 지하 아케이드에서 잠깐 우표 수집 가게를 연 적이 있었다고 한다.

"…이창희씨가 점심시간을 이용해 우리 가게에 거의 매일 들르곤 했었어요. 그러면서 부쩍 친해졌던 걸로 기억합니다."

그 때 차남 이창희는 재벌의 2세답지 않게 자신의 취미 생활로 우표나 옛 화폐 따위를 수집하고 있었다. 두 사람은 그렇게 자연스럽게 가까운 사이가 되었고, 수시로 얼굴을 마주하고 앉아 관련 정보도 주고받는 사이가 되었을 것으로 짐작된다.

한데 송부종을 찾아온 사람은 차남 이창희만큼 자주 찾지는 않았어도 장남 이맹희는 물론이고, 미국에서 유학을 마치고 귀국한 지 얼마 되지 않은 3남 이건희도 이따금은 우표 수집 가게의 문을 빠끔히 열고서 들어서곤 했다고 한다.

순간 나는 송부종의 눈빛조차 놓치지 않으려고 애를 썼다. 어쩌면 그가 들려주는 얘기 속에 내가 그토록 찾고 있는 이건희에 대한 미스터리가 풀릴지도 모른다는 기대에서였다.

송부종의 얘길 요약하면 대략 이렇다.

먼저 장남 이맹희는 누구보다 인정이 많은 사람이다. 일에 관한 추진력 또한 타의 추종을 불허할 정도였다는데, 그가 한 번 마음먹은 일은 반드시 끝장을 보는 품성 같았다.

반면에 그는 매우 다혈질적인 성격이었다. 때문에 기분이 좋을 때와 나쁠 때의 감정의 폭이 커 금방 속내를 알아차릴 수 있었다.

차남 이창희는 매우 단정한 사람이었다고 한다. 한 점 흐트러짐이라곤 없는 매우 깔끔하면서도 지적인 영국 신사와도 같은 그런 인상을 풍겼다. 외모만을 놓고 본다면 삼형제 가운데 아버지 이병철을 가장 많이 빼어 닮은 것 같았다. 더욱이 섬세하고 치밀한 면이 두드러져, 두뇌 또한 형제들 가운데 가장 뛰어나 보였다.

반면에 물이 너무 맑아서 물고기들이 마음 놓고 모여들기 어려웠다. 차남 이창희는 그룹의 총수라기보다는 어떤 고상한 학자 같은 분위기에 더 어울릴 성싶었다는 것이다.

그에 반해 3남 이건희는 전체적인 면에서 아버지 이병철을 가장 많이 닮은 것 같았다. 외모 면에서는 차남 이창희에 따라가지 못했으나, 일반적으로 널리 알려져 있는 아버지 이병철에 대한 그런 이미지가 고스란히 오버랩 되었다는 얘기다.

"무엇보다 3남 이건희씨는 탁월한 통찰력과 함께 유난히 스케일이 컸던 사람으로 기억됩니다. 주변에서는 그와 같은 사람을 좀처럼 찾아보기 드문 조금은 특별한 그런….."

그러면서도 이건희는 갓 30대 초반의 젊은 나이답지 않게 사려가 깊고, 배려 또한 분명했었다고 한다. 또 그런 균형 잡힌 감각과 입체적인 사고를 지녔기에 아버지 이병철이 장남 이맹희도 차남 이창희도 아닌 3남 이건희의 카드를 선택한 것이며, 결국 그 카드가 옳았기 때문에 삼성이 오늘날과 같이 비상할 수 있었다는 것이 송부종의 진단이다.

그렇다면 '전체적인 면에서 아버지 이병철을 가장 많이 닮은 것' 같다는 송부종의 얘기는 과연 맞는 것일까? 그의 얘기를 뒷받침해줄 수 있는 대목을 찾아보기로 했다.

먼저 아버지 이병철은 새해가 되면 일본 도쿄를 자주 찾곤 했다. 그것도 한 두 해가 아니고 자신의 전성기라고 할 수 있는 1959년 이래 무려 30여 년 동안이나 거의 매년 그렇게 해왔다. 당시 세간에서는 그가 도쿄에 머무는 시기에 새로운 사업 구상, 기술 도입, 인사 문제 등에 관련된 중요한 구상이 도쿄에서 이루어진다고 하여 흔히 '동경 구상'이라고 불렀다.

한데 그의 이런 '동경 구상'을 처음 시작하게 된 동기가 재미 있다. 이승만 정권의 말기인 1959년 세밑이었다. 그 무렵 비료 공장 설립을 구상하고 있던 그가 미국을 방문하고 도쿄를 경유하여 돌아오는 길이었다.

때마침 서울에 폭설이 내렸다. 비행기의 이착륙이 불가능해져 하는 수 없이 그대로 도쿄에 머물러야만 했다.

뜻하지 않은 체류였다. 더구나 새해 아침이었기 때문에 특별히 할 일도 없어 별 생각 없이 호텔 방안에서 텔레비전을 보고 있었다. NHK를 비롯하여 대부분의 채널이 새해를 전망하는 각계 전문가들의 좌담 특집 프로그램들을 방영하고 있었다.

당시만 하여도 국제적인 문제, 특히나 미래 지향적인 자료 분석과 같은 보고를 접할 수 없었던 우리로서는 모든 것이 다 값진 정보가 아닐 수 없었다. 프로그램을 시청하면서 시종 깊은 충격을 받았다. 세계 정세의 흐름을 이해하고 미래에 대비하는 여러 가지 계획을 수립한다는 것이 얼마나 중요하고 가치 있는가를 비로소 깨닫게 된 것이다.

그 밖에도 살아있는 정보가 수두룩했다. 외국에서 돈을 빌어다가 사업을 벌일 수 있다는 실질적인 정보도 눈에 띄었다.

사실 1950년대 말까지만 하여도 한국의 경제는 말이 아니었다. 도대체 언제 어느 때 중단될 지도 모르는 미국의 원조만을 오직 바라보고 있는 처지였다.

더구나 당시만 해도 우리 나라는 비료 한 가지 품목만으로도 엄청난 외화를 쓰고 있었다. 미국에서 받은 경제 원조 가운데 무려 3분의 1를 외국에서 비료를 사오는데 지불해야 했다. 우리도 얼마든지 만들 수 있는 비료에 그토록 많은 외화를 쓴다는 것이 그로선 안타깝기 짝이 없었다.

어떻게 보면 그가 미국을 찾은 것도 비료공장을 지을 수 있는 돈을 구할 수 없을까, 그 방법을 찾아보려고 태평양을 건너간 것이었다. 하지만 미국에서 돈을 빌리는 일은 세계에서 가장 어렵다는 사실을 뒤늦게 알았다.

한데 도쿄의 호텔 방안에서 시청한 텔레비전 프로그램에선 다른 외국에서 돈을 빌릴 수 있는 방법이 많다는 것이다. 국가 대 국가로 빌릴 수도 있으며, 사업 계획만 타당하다면 필요한 만큼 민간 차관도 가능하다는 것을 그 때 처음으로 알게 되었다.

귀국 즉시 아버지 이병철은 정부 인사들을 만났다. 저간의 사정을 얘기하고 적극적인 지원을 받기로 했다.

대통령 이승만과도 직접 면담했다. 해외에서 돈을 빌어다가 비료공장을 지으면 5년 뒤에는 원리금을 다 갚을 수 있을 뿐만 아니라, 비료의 자급자족과 외화의 절감이 가능하다는 설명을 하고 흔쾌히 허락을 받았다.

아버지 이병철은 서둘러 독일로 날아갔다. 독일의 경제성 차관과 크루프회사의 경영진을 만나 차관 문제를 교섭했고, 은행 지불 보증만으로도 가능하다는 제의를 받았다. 그러나 이 차관 교섭은 때마침 4.19학생의거가 일어나면서 잠시 뒤로 미뤄두지 않으면 안 되었다.

아무렇든 그의 정초 도쿄 체류와 '동경 구상'은 그런 인연으로 시작되었고, 그 후 무려 30여 년 동안이나 이어지게 되었다. 또한 그의 '동경 구상'으로 말미암아 훗날 반도체, 유전 공학, 항공기에 이르는 최첨단 사업으로의 꿈을 실현시키는 사업의 베이스캠프로써 그 위치를 자리매김하기에 이른다.

하지만 아버지 이병철의 정초 도쿄 체류는 그처럼 단순히 사업의 구상 같은 것에만 그친 게 아니었다. '85년 2월 중앙일보에 기고한 '나의 동경 구상'에서 그는 '동경에 머무르는 동안 사업을 전혀 생각지 않는 것은 아니지만, 세간에서 생각하는 것처럼 인사 구상이나 하려고 번거롭게 해외에 나갈 필요는 없을 것이다'고 분명히 잘라 말하고 있다.

그럼 또 무어란 말인가?

일본 도쿄는 우리 나라와 가장 가까운 거리에 있는 외국의 수도이다. 뿐 만 아니라 그에게는 의사소통을 하는데 전연 불편을 느끼지 않는 유일한 국제도시인데다, 그때나 지금이나 지구촌에서 으뜸가는 정보센터이기도 하다.

아버지 이병철은 그런 곳에서 자신과 삼성을 멀찍이서 바라보기를 좋아했다. 멀리 떨어진 그곳에서 자신과 삼성이 당면한 문제는 무엇이며, 해결책은 어떤 것인가를 찾아보고자 했다.

그뿐 아니었다. 세계의 정치, 경제, 사회, 군사, 문화 등이 어느 방향으로 움직이고 있는지를 보고, 느끼고, 살피고, 판단하고자 했다.

말하자면 국제 정세의 흐름과 세계 경제의 추이 속에서 자신과 삼성을 바라보고자 한 것이다. 그를 위해 아버지 이병철은 해마다 정초가 다가오면 곧잘 일본 도쿄로 건너가고는 했다.

그렇다면 단순히 텔레비전 앞에 앉아 정보를 스크린 하기 위해 도쿄에 머물렀다는 것일까? 거대 공룡 기업을 이끌고 있는 그가 하루 이틀도 아니고, 정초면 굳이 그렇게 시간을 보낼 수밖에는 없었던 것일까? 그러한 정보를 얻는 방식이 꼭이 도쿄까지 직접 날아가 텔레비전 앞에 앉는 것 말고 다른 방법은 없었는가 하는 의문이다.

결론부터 얘기하자면 그의 도쿄 체류는 그러한 의문을 훨씬 뛰어넘는 정보사냥이었다. 그는 자신의 정초 도쿄 체류에 상당한 의미와 가치를 부여하고 있었다.

그의 다음 스케줄이 그걸 설명해주고 있다. 자신이 직접 도쿄로 날아갈 수밖에 없는 이유이기도 했다.

아버지 이병철은 새해를 전망하는 각계 전문가들의 좌담 특집 프로그램들을 모두 시청하고 나면, 다음 스케줄로 이어갔다. 일본 유력 경제신문의 담당 기자들을 식사에 초대해 의견을 교환했다.

한데 기자들을 여러 사람 한꺼번에 부르는 게 아니었다. 담당 기자 한 사람 한 사람을 따로 만나서 지난 한 해 동안 부침의 업종과 경제 전망 등에 대해 꼼꼼히 물었다. 기자들은 숫자상의 값뿐이 아니라, 실제 상황까지 자세하게 파악하고 있어 일본 경제의 드러나지 않은 흐름과 방향까지 가늠할 수 있었다.

일본 경제의 큰 흐름을 대략 파악한 후에는, 다시 흥미 있는 분야를 골라 대학 교수 등 널리 알려진 학자들을 기자들과 마찬가지 방식으로 만났다. 그가 만나는 학자들은 경제계를 훤히 꿰뚫고 있는 전문가들이었다.

그런 다음에는 다시 명망 있는 기업가들을 초청하여 같은 질문을 던졌다. 그는 일본의 재계에서도 비교적 발이 넓은 편이었는데, 기업가들의 견해가 가장 현장성이 강하다는 이유에서였다.

마지막으로 그가 반드시 들르는 곳이 있었다. 서점이었다. 각계 전문가들의 좌담 특집 프로그램에 이어 경제 담당 기자와 대학 교수, 기업가들을 차례대로 만나면서 관심을 갖게 된 관련 분야의 참고 서적을 구입해 읽고 자신의 생각을 정리했다.

그런 과정을 통해 삼성에 도입할 새로운 시스템이나 관리 기법을 알아냈고, 이를 곧장 회장 비서실에 지시해 기업경영에 적용시켜 나갔다. 더욱이 새로운 사업을 시작할 경우에는 이런 과정이 보다 치밀하고 철저했다. 확신이 설 때까지 확인하고 또 확인하는, 돌다리도 두들겨본 뒤 건너가는 사람을 확인한 다음에 비로소 돌다리를 두들겨보고 나서야 건너가는 자신의 신중함 이 반영된 경영철학에서였다.

그렇게 검토된 사업 중 하나가 보험업인 지금의 삼성생명이다. 그리고 연이어 제지, 합섬, 매스컴, 전자, 중공업, 석유화학 분야 등의 업종이 모두 비슷한 과정을 거쳐 삼성의 새 영토가 되었다.

이렇듯 아버지 이병철은 도쿄에 머무르는 동안 정보사냥에 촉수를 곤두세우곤 했다. 남달리 일찍부터 정보에 눈을 뜨고, 또한 정보에 긴장하고 있었던 그에겐 보고 듣고 만나고 느껴야 할 것들이 너무나 많았던 것이다.

그렇다면 그의 후계자로 지목된 3남 이건희는 어떨까?

이건희를 얘기할 때면 으레 전공인 경제학 말고 결코 빼놓을 수 없는 것이 있다고 말한다. 미디어, 영화, 다큐멘터리, 독서가 그것이다.

이건희는 그러한 문법을 통해서 예의 자신만의 삶을 배워나갔다. 인간을 이해했으며, 다양한 분야에 걸쳐 전문가적 지식을 쌓아온 것으로 알려지고 있다.

하지만 여기선 아버지 이병철과 직접 비교가 될 수 있는 부분만을 살펴보기로 한다. 이건희의 도쿄 체류 풍경이 그것이다.

이건희는 아버지 이병철만큼 정기적으로 도쿄에 머물지는 않았다지만, 그 역시 예외가 아니었다. 도쿄에 머무는 경우가 상대적으로 많았다.

도쿄에 머물게 되면 각 분야의 최고 전문가들을 초청해 의견을 교환했다. 그들로부터 가르침을 받는 걸 즐겨했다.

그 같은 배경에는 자신이 미처 몰랐던 부분을 채워 이해력을 구하는 것이었다. 아울러 또 다른 숨은 통찰이 있었다.

단순히 머릿속에 지식으로만 채워져 있다면 일반인들에게 설명하기가 쉽지 않다. 고도의 지식이나 첨단 기술을 일반인들에게 설명하기 위해서는 먼저 자신이 충분하게 이해하고 있어야 한다.

그러기 위해선 보다 심층적인 이해가 선행되어야 했다. 또한 그렇게 설명할 수 있도록 하기 위해서 최고의 전문가들을 스스로 찾아 가르침을 받고자 한 것이다.

물론 거기에는 기업과 관련된 이도 많았다. 반면에 그렇지 않은 이도 상당수였다. 예컨대 화가에서부터 음악가, 장인, 심지어는 대대로 이어오며 장사를 해오고 있는 초밥집의 요리사까지 초청되기도 한다.

그런 전문가들과의 대화는 시종 진지하다. 전문가들을 만나도 그들의 업적 에 대해선 일체 질문하지 않는다. 그들을 만나기 전에 이미 그들이 이룬 성 과에 대해 영상이나 서적으로 사전에 충분히 공부해두었기 때문이다.

그 대신 대화와 관심의 폭이 커진다. 과거에서 현재, 미래에까지 폭넓게 펼쳐진다. 때로는 다른 분야와 연계된 질문도 쉴 새 없이 쏟아진다.

예를 들어 어떤 유명 화가를 만나 그림 이야기를 나눈다면, 둘의 대화는 비단 그림에만 한정하지 않는다. 그림을 넘어 미술사는 물론이고, 현재와 향후 미술계의 전반적인 흐름에 이르기까지 심도 있는 대화를 주고받는 식이다.

어떤가? 아버지와 아들이 정말 많이 닮았다는 생각이 들지 않는가? 이쯤 되면 거의 아바타 수준이라고 말할 수도 있잖은가?

그렇다면 앞서 고서연구가 송부종의 진단은 크게 어긋나지 않은 것 같다. '전체적인 면에서 아버지와 가장 많이 닮은 것 같다'는 그의 진단은 비교적 옳은 것 같다는 생각이 든다.

아버지로부터 '셋'을 전수받다

이건희는 두 분의 스승으로부터 경영 수업을 받았다. 창업 회장인 아버지 이병철과 법조인 출신인 장인 홍진기였다. 이건희에 따르면 이 두 스승은 그가 '지금까지 살아오면서 세상 어디서도 만나기 어려운 훌륭한 스승'이었다.

그리고 이 두 스승으로부터 각기 다른 문법을 배웠다. 경영에 관한 문文과 무武를 동시에 얻게 된 것이다. 예컨대 선친의 엄격한 현장 중심 훈련을 통해서는 경영 일선에서 발견되는 각종 문제점을 느끼고 반사적으로 대처하는 '감의 지혜'를, 장인의 이론 중심의 가르침을 통해서는 합리적이고 융통성 있는 '문제 해결의 지혜'를 배울 수 있었다.

하지만 그것이 구체적으로 어떤 내용이었는지에 대해서는 확인할 길이 없다. 지금으로선 아버지 이병철이 경영 일선에 그를 항상 동반했다는 것과 많은 일을 직접 체험해보라고 주문했다는 정도가 고작이다.

다시 말해 어떤 일에 대해서도 자세하게 설명해주거나 하지는 않았다는 얘기다. 이럴 땐 이렇게 하고, 저런 경우에는 저렇게 하라고 자세히 가르쳐 주는 식이 아니었음이 분명하다. 다만 현장에서 부딪쳐가며 스스로 익히도록 하는 방식이었다고 볼 수 있다.

그렇다하더라도 후계자의 경영 수업을 하고 있을 무렵의 아버지 이병철과 아들 이건희를 일관되게 관통하는 부분은 있다. 다음의 세 가지다.

첫째, 정보의 중요성과 가치다.

이 부분은 이건희가 미국 유학을 마치고 돌아온 뒤 회장 비서실의 견습 사원으로, 짧은 시간 안에 다양한 정보를 살필 수 있도록 주요 신문들을 사전에 정리 분류하는 업무를 맡았을 때부터 이미 시작된 것이라고 볼 수 있다. 그러나 앞서 충분히 설명한 만큼 다시 중복하지는 않겠다.

둘째, 「논어」와 메기론'이다.

1988년 1월 삼성경제연구소는 「호암의 경영철학」이란 책 한 권을 펴낸다. 호암湖巖이란 아버지 이병철의 호를 일컫는다. 아버지 이병철의 서거 1주기를 맞아 펴낸 이 책에서 그가 「논어」를 즐겨 읽고 영향을 많이 받아서 '지혜의 샘'으로 삼았다는 것이다.

'호암의 생활 철학과 가장 밀접한 관계를 가진 책은 「논어」이다. 공자와 그의 제자들의 언행록이자 유교의 경전이기도 한 이 책은 호암의 애독서였다.

…〈중략〉…

호암에게 「논어」는 애장서나 애독서 정도가 아니라 생활과 철학이 온통 거기에서 스며 나오고 또 함께 숨 쉬는 일생의 반려라고 해도 과언이 아니다.

어린 시절 향리의 서당에서 「천자문」을 배우고 10대의 어린 나이에 처음 접했던 「논어」는 그 무렵에는 읽기는 하였으되, 아직 문리를 알고 내용을 이해할 수 있었던 대상은 아니었다.

하지만 세상을 살아가면서 그는 두 가지 피할 수 없는 영향을 확인할 수 있었다. 인간이란 누구나 선천적인 소질과 후천적인 환경의 영향을 받는다는 것이다.

유가의 기본 경전인 「논어」는 비록 2,500여 년 전의 고전이기는 하지만, 말과 생각에서 인간의 기본적 사상과 규범의 실제를 언제고 실감하게 해준다는 점에서 호암을 감동시키곤 했다.

「논어」에는 '수기치인修己治人'을 중심으로 인간과 인간의 바람직한 관계를 교훈하는 주옥같은 이야기들이 많다. 그러나 특히 기업을 일으키고 많은 사람을 접해야 했던 호암은 지知, 인仁, 용勇을 말하고 공恭, 관寬, 신信, 민敏, 혜惠를 실천하는 난세의 군자상에서 무한한 지혜의 샘을 발견하곤 했다.

기업가로서 호암은 「논어」에 나오는 '언필신言必信 행필과行必果'의 정신을 매우 중시했다. '말은 반드시 믿음이 있어야 하고, 행동은 반드시 일관성이 있어야 한다'는 것은 모든 인간관계의 요체임에 틀림없다. 하지만 호암으로서는 특히 말의 신의와 행동의 일관성에 대한 신념이 어릴 적부터 가슴 깊이 심어져 있었다.

'나의 부친이 가장 싫어했던 것은 거짓말이었다. 부친은 기회가 있을 때마다 공부도 중요하지만 그보다도 정직한 마음가짐이 더 중요하다고 타이르곤 했다. 인간관계에 있어서도 솔직 담백

한 태도가 제일이라고 일러주기도 했다.'

　1976년에 쓴 호암의 「재계회고財界回顧」에서도 보이듯이 거짓말을 싫어하고 정직을 강조하였던 그의 부친이 가르친 훈도의 대강도 결국은 「논어」의 '언필신'의 경지를 벗어나지 못한 것이란 것을 느끼게 한다.'

　이 부분은 아버지 이병철 자신의 고백과도 일치한다. 「논어」는 자신이 쓴 회고록 「호암자전」에도 뒤쪽에 부록으로 따로 만들어 붙이고 있을 만큼 그에겐 거의 유일한 책이었다.

　'어려서부터 나는 독서를 게을리 하지 않았다. 소설에서 역사서에 이르기까지 다독이라기보다는 난독하는 편이었다.

　가장 감명을 받은 책 혹은 좌우에 두는 책을 들라면 서슴지 않고 「논어」라고 말할 수밖에 없다. 나라는 인간을 형성하는데 가장 큰 영향을 미친 책은 바로 이 「논어」이다. 나의 생각이나 생활이 「논어」의 세계에서 벗어나지 못한다고 하더라도 오히려 만족한다.

　「논어」에는 내적 규범이 담겨있다. 간결한 말 속에 사상과 체험이 응축되어 있어, 인간이 사회인으로서 살아가는데 불가결한 마음가짐을 알려준다. 법률과는 대극의 위치에 있다.

　법도 인간사회의 불가결한 규범이기는 하나, 이미 발생한 인간의 행위 밖에 다루지 못한다. 어떤 행위가 발생한 연후에 작용하는 것이 법이다. 행위가 발생하기 이전에는 법은 아무 상관이 없다. 남을 기만하거나 살상하거나 혹은 명예를 훼손하는 행위가 있고, 그것이 발각되어야만 비로소 작용하는 것이 법이다.

이와 같은 인간사회의 규율에 적대하는 행위의 발생을 막는 것이야말로 개개인이 갖는 내적 규범인 것이다. 내적 규범을 상실한 인간, 즉 무규범한인간이 늘어나는 사회는 과연 어떻게 될까. 함부로 법률만 발동되고 죄인만 늘어난다. 그 결과 사람들 사이에는 불신감이 쌓이고 연대감이 희박해져 나약한 사회로 전락하고 만다.

…〈중략〉…

한편 한국사회의 앞날은 어떠할까. 여기에 생각이 미치면, 오늘날 「논어」가 지닌 크나큰 의미를 새삼 되새기게 되는 것이다.

그건 그렇다 치고 나는 경영에 관한 책에는 흥미를 느껴본 적이 별로 없다. 새 이론을 전개하여 낙양의 지가를 높이는 일도 있지만, 그것은 대체로 지엽적인 경영의 기술면을 다루는데 지나지 않기 때문이다. 내가 관심을 갖는 것은 경영의 기술보다는 그 저류에 흐르는 기본적인 생각, 인간의 마음 가짐에 관한 것이다.

그러한 뜻에서 「논어」와 함께 인간형성의 기본 철학이 있는 전기傳記문학에도 나는 더 큰 흥미를 느끼고 있다.'

이 같은 「논어」를 아버지 이병철은 자신만이 '지혜의 샘'으로 삼은 것이 아니다. 세 아들에게도 어린 시절부터 알게 모르게 가르쳤다. "(아버지 이병철로부터)경영수업은 어떻게 받으셨습니까?"라는 한 인터뷰 기자의 질문에 이건희는 이렇게 대답할 정도였다.

"(아버지가)「논어」를 보라고 해서 본 것 외에는 따로 없습니다."

세 번째는 앞선 기술과 나무로 만든 닭이었다

아버지 이병철이 자신의 후계자로 지목한 3남 이건희에게 전수한 세 번째는 단연 기술이었다. 일찍이 이승만 정권 때 시중은행을 인수하면서 부정 축재자 1호로 낙인찍힌데 이어, 박정희 군사정권 때 다시금 '한국비료' 사건을 겪으면서, 정치에 직접 인연을 맺어서는 안 된다는 '철벽의 금기'를 단단히 둘러친 지 오래였다.

또 그 같은 철벽의 금기는 아버지 이병철과 삼성에게 유난히 기술을 강조하고 만들었다. 정치에 직접 인연을 맺지 않는다고 스스로 철벽의 금기를 둘러친 이상, 이제 남은 길이란 치열한 경쟁에서 살아남을 수 있는 기술 뿐이었다. 오직 '기술만이 살길'이라는 경영이념이 국내 여느 기업보다 일찍부터, 그리고 절실하게 삼성의 근육이 될 수 있었던 것도 딴은 그런 이유에서였다.

따라서 아버지 이병철과 삼성은 누구보다 일찍부터 기술에 눈을 뜰 수밖엔 없었다. 특히나 남들이 따라올 수 없는 독자적인 기술만이 살아남을 수 있는 길이라는 걸 숙명처럼 깨닫지 않으면 안 되었다. 더욱이 그러한 조짐은 삼성이 태동할 때부터 이미 예견된 것이었다.

그러니까 전쟁이 끝나갈 무렵인 1953년으로 거슬러 올라간다. 그동안 삼성은 정미소와 삼성상회, 조선양조, 삼성물산과 같은 상업자본에서 탈피하여 제일제당을 설립하면서 산업자본으로 발돋움을 시작할 무렵이었다.

하지만 전환은 결코 쉽지 않은 일이었다. 제일제당 설립은 애당초 사업 결정 과정부터 우여곡절이 많았지만, 공장 건설은 기술적인 장벽에 가로막혀 더욱더 난관이 많았다.

당시 제일제당은 일본의 삼정물산을 통해서 전중기계田中機械의 플랜트를 도입하기로 결정하고 기계류가 부산항에 도착했는데, 그만 문제가 발생했다. 당시 대통령 이승만의 배일 정책 때문이었다.

플랜트를 조립하고 시운전하는데 필요한 일본인 기술자들을 단 한 사람도 입국시켜주지 않았다. 전연 예상치 못한 사태였다.

그렇다고 지금처럼 국제전화 사정이 좋은 것도 아니었다. 어떻게 가까스로 전화 연결은 되었다하더라도 통 들리지가 않았다.

매일 아침이면 국제전화로 일본의 기술자들에게 어려운 전문적 기술 용어를 배워가면서 기계 조립법을 터득해 나가자니 여간 어려운 일이 아니었다. 게다가 원심 분리기와 결정관 플랜트

본체를 제외하고 나머지 기계는 외화 절약이라는 차원에서 전국의 고철을 뒤져가며 무디기만 한 우리 손으로 일일이 만들어써야만 했다.

이쯤 되자 웃지 못 할 광경도 벌어지곤 했다. 온갖 고생 끝에 마침내 공장 건설을 끝내고 드디어 기계를 시운전하는 날이었다.

한데 예상치 않은 사태가 벌어졌다. 원심 분리기가 크게 요동치면서 균형이 잡히질 않는 것이었다.

당장 요동치는 기계를 멈춰 세우고 전체를 점검해 보았으나 고장 난 곳을 도무지 찾지 못했다. 밤낮으로 문제점을 찾아보았지만 별 뾰족한 수가 없었다.

그렇게 3일째가 되던 날이었다. 우연히 기계 옆에 서 있던 용접공이 볼멘소리로 참견했다. 혹시 원당原糖을 너무 한꺼번에 많이 집어넣어서 그런 게 아닌지 모르겠다며 지나가는 말처럼 한마디 했다.

그 소릴 듣고서 원당을 조금씩 넣었더니 과연 원심분리기 안에서 순백의 설탕이 순탄하게 쏟아져 나오기 시작했다. 요동치던 기계도 정상으로 가동되고 있었다.

공장 안에선 일제히 만세 소리가 울려 퍼졌다. 아버지 이병철은 너무 기뻐 바로 이 날을 제일제당의 창립일로 삼았다고 한다.

어쨌든 힘들게 공장을 설립하는 과정에서 아버지 이병철은 기술 정보나 기술 인력의 확보가 새로운 산업에 얼마나 중대한 역할을 차지하는지 절감하기 시작했던 것 같다. 아울러 기술 혁신을 이룩하기 위해서는 기술도입이 선행되어야 한다고 다짐하게 된다.

물론 이러한 생각은 기술을 자체 개발하는 중요성을 인식하지 못해서가 아니었다. 기초 과학이나 자체 개발 역량이 크게 부족한 당시 우리 나라의 실정에서 이상적인 면만을 강조하기보다는, 일본의 사례에서 찾아볼 수 있는 것처럼 선진 기술을 도입해 최대한 활용하여 먼저 실력을 쌓아야 한다고 생각했다. 그런 뒤 이를 바탕으로 다시금 신기술 개발에 힘을 쏟는 것이 보다 효율적인 해법일 수 있다고 판단한 것이다.

다시 말해 지구촌에서 무한한 기술력을 가진 미국만이 오리지널 기술의 보유자이긴 하지만, 그 아래 단계의 기술을 들여와 최대로 활용한 일본을 본보기로 삼자는 생각이었다. 실제로 그 같은 방법을 통해 일본은 점차 성공했고, 그 힘을 바탕으로 차츰 자체 기술력을 높여온 것도 사실이었다.

따라서 한국의 경우도 기술을 자체 개발할 것인가, 아니면 기술을 도입할 것인가를 두고 과연 어느 쪽이 효율적인가 깊이 숙고해 보자는 얘기였다. 실제로 아버지 이병철과 삼성은 1953년 제일제당 설립 이후 30여 년 가까이 그러한 문법에 충실히 따랐다. 그리고 자신의 판단처럼 어느 정도 실력을 쌓아올 수 있었던 것도 사실이다.

한데 그랬던 아버지 이병철도 1980년대에 들어서자 생각이 급

격히 바뀌게 된다. 첨단산업이 날로 확대되고 기술 경쟁이 더욱 가속화되면서, 기술 장벽이 하루가 다르게 높아져가자 다급해지기 시작했다. 기술의 자체 개발에 관심이 커지면서 보다 적극성을 띄게 된 것이다.

그때부터 아버지 이병철은 노벨상을 수상할 만한 지구촌 최고 수준의 연구소 설립을 간절히 소망했다. 그룹 계열사들의 연구소가 제품 개량, 신제품 개발, 공정 개선 등 제품 관련 기술에 중점을 두어 온 것에 비해, 그룹 차원 의 힘을 한데 모아 장기간이 소요되는 기초과학 기술과 미래의 유망한 첨단 기술 제품을 개발하는데 역점을 두기로 한 것이다.

결국 그러한 취지에서 삼성종합기술원(1986)이 설립되기에 이르렀다. 그가 타계하기 바로 한 해 전으로, 아버지 이병철이 마지막 집념을 쏟아 부은 결정체였다고 볼 수 있다.

말할 나위도 없이 삼성종합기술원 준공식 날 아버지 이병철은 자신이 후계자로 지목한 3남 이건희를 그 자리에 대동했음은 물론이다. 또한 그는 자신의 후계자인 3남 이건희에게 어쩌면 그같은 당부를 하고 싶었는지 모른다.

용인자연농원 안에 자리한 삼성종합연수원 현관의 널찍한 로비 정면 벽면에 아로새겨져 있는 다음과 같은 글귀가 곧 그것이다. 삼성종합연수원 준공을 기념하여 아버지 이병철이 쓴 친필을, 붉은 화강암 위에다 흰 글자로 음각해 놓은 것이다.

'국가와 기업의 장래가 모두 사람에 의해 좌우된다는 것은 명백한 진리이다. 이 진리를 꾸준히 실천해 온 三星이 강력한 조직으로 인재 양성에 계속 주력하는 한 三星은 영원할 것이며, 여기서 배출된 三星人은 이 나라 국민의 선도자가 되어 만방의 인류 행복을 위하여 반드시 크게 공헌할 것이다.'

그렇다하더라도 '정치에 직접 인연을 맺지 않는다'는 아버지 이병철과 삼성의 철벽의 금기는, 또 그러한 절정은 뭐니 해도 전자산업으로의 새로운 영토 확장을 들지 않을 수 없다. 삼성전자라는 새로운 영토 확장(1969)은 삼성의 역사적인 근육으로 볼 때 결코 피할 수 없는 숙명 같은 것이었다고 말할 수 있다.

하지만 삼성은 당시 한참이나 뒤늦은 새까만 후발 주자였다. 지금의 LG전자가 1958년부터, 그 이듬해에는 동양정밀·대한전선·동남샤프 등이 잇달아 전자산업을 시작했기 때문에 여러 모로 불리할 수밖에는 없었다.

그럼에도 어쩔 수 없이 승부수를 띄울 수밖에 없었던 건 예의 '기술만이 살 길'이라는, 다름 아닌 철벽의 금기 때문이었다. 그것이 곧 오늘날의 월드베스트 삼성전자와 함께 이건희를 탄생케 한 시작점이었던 것이다.

그리고 마지막으로 아버지 이병철이 자신의 후계자인 3남 이건희에게 기술과 함께 전수한 건 나무로 만든 닭, 목계木鷄였다.

흔히 자신의 감정을 지배할 줄 알고, 상대에게 굳이 자신의 발

톱을 내보이지 않더라도, 상대로 하여금 무언가 범접할 수 없는 카리스마를 보여주는 이가 있다. 이런 이를 일컬어 「장자」는 '목계지덕木鷄之德'을 지녔다고 말했다.

나무로 만든 닭처럼 자기 감정을 완전히 제어할 줄 아는 이의 역량을 뜻한다. 이 얘기는 「장자」의 '달생達生' 편에 나온다.

고대 중국에 어떤 왕이 있었다. 왕은 싸움닭 투계를 몹시도 좋아했다.

그리하여 당대 최고의 투계 사육사였던 기성자란 이에게 최고의 싸움닭을 구해 최고의 투계로 만들기 위한 훈련을 맡겼다. 그리고 십여 일이 지나자 왕이 기성자에게 물었다.

"어떤가? 닭이 싸우기에 충분한가?"

기성자는 이렇게 아뢴다.

"아닙니다. 아직 멀었습니다. 닭이 강하긴 하나 교만하여 아직 자신이 최고인 줄 알고 있습니다. 그러한 교만을 떨치지 않는 한 최고의 투계라고 할 수 없습니다."

다시 십여 일이 지났다. 왕이 기성자에게 다시 묻자 이번에는 이렇게 대답한다.

"아직 멀었습니다. 교만함은 벗어났으나 상대의 소리와 그림자에도 너무나 쉽게 반응을 합니다. 태산처럼 쉽사리 움직이지 않는 신중함이 있어야 최고라 할 수 있습니다."

또 십여 일이 지나 왕이 다시금 물었다. 기성자는 아직 멀었다고 했다.

"아직도 멀었습니다. 이제 조급함은 버렸으나, 상대를 노려보는 눈초리가 너무 공격적입니다. 그 공격적인 눈초리를 버려야만 합니다."

다시 십여 일이 지나갔다. 왕이 묻자 기성자가 비로소 대답한다.

"이젠 된 것 같습니다. 상대가 아무리 소리를 쳐도 아무런 반응도 하지 않습니다. 이제는 마음의 평정심을 완전히 찾은 것 같습니다. 나무와도 같은 목계가 되었나이다. 목계의 덕이 완전해졌기 때문에 이제는 어느 싸움닭이라도 그 모습에 그만 물러나고야 말 것입니다."

「장자」가 이 고사에서 말하고 있는 최고의 투계란 다름 아닌 목계를 뜻 한다. 목계가 되기 위해서는 다음 세 가지 조건이 필요하다고 주문한다. 첫째 자신이 제일이라는 교만함을 버리고, 둘째 상대의 반응에 조급하게 반응을 나타내선 안 되며, 셋째 언제 어느 때라도 평정심을 잃지 않는 것이다.

아버지 이병철은 자신의 후계자인 3남 이건희에게 이러한 가르침을 강조하고 싶었던 것이리라. 바로 그 같은 목계의 덕을 전수코자 한 것이었다.

쓰라린 패배, 그리고 방랑과 성찰

아버지 이병철에게 처음으로 죽음의 암운이 드리운 것은 새롭게 개시한 반도체사업으로 한창 분주하게 움직이던 1976년이었다. 67세의 노구에서 암이 발견된 것이다.

삼성은 곧바로 치료법을 찾아 지구촌을 다 뒤지다시피 했다. 그런 결과 일본 도쿄의 암연구소 부속병원 가지다니 박사가 낙점되었다.

암 수술은 성공적이었다. 가지다니 박사는 담배만 끊는다면 아무 걱정도 없을 것이라고 장담했다.

그로부터 삼년이 지난 1979년 아버지 이병철의 후계자로 지목된 이건희 는 삼성그룹의 부회장으로 전격 취임한다. 후계 구도가 보다 구체화되기 시작한 것이다.

그랬던 만큼 자연스레 공은 아버지 이병철로부터 새로이 부회장으로 취임한 후계자 이건희에게로 넘어간 경우가 많았다. 좀 더 훗날의 얘기이긴 하지만, 무엇보다 삼성의 미래 성장 동력으로 핵심 역량을 총집결하고 있는 반도체사업의 운명은 어차피 그룹의 부회장 이건희의 몫이었다.

그리고 반도체사업은 앞서 설명한 대로 초기의 어려움을 딛고 일어나 마침내 미국, 일본과 어깨를 나란히 하는 경쟁 체제를 갖추기에 이른다. 모두가 실패를 우려했던 기술과 자본의 장벽을 뛰어넘는 쾌거였다.

사실 이건희가 아버지 이병철로부터 대권을 승계받기 직전인 1986년까지만 해도 세계 반도체 시장은 일본의 전성기였다. NEC, 도시바, 히타치 등 일본의 초대형 반도체 제조업체들이 세계 1~3위를 독점하고 있었다.

　한데 그로부터 불과 6년 뒤인 1992년 세계 반도체 시장의 지형은 크게　바뀌어 있었다. 일본의 초대형 반도체 제조업체들이 줄줄이 세계 정상에서 미끄러진 가운데, 돌연 혜성처럼 등장한 이건희의 삼성전자가 D램 반도체 부분에서 어느새 세계 1위에 올라선 것이다.

　어떻게 된 걸까? 그동안 대체 무슨 일이 벌어졌던 것일까? 여러 가지로 불리한 여건 속에서 시작할 수밖에 없었던 반도체사업을 이건희는 과연 어떻게 성공할 수 있었던 것일까? 뒤에 좀 더 자세히 살펴볼 기회가 따로 마련되겠지만, 우선 에세이집 「생각 좀 하며 세상을 보자」에서 밝힌 이건희의 고백을 먼저 들어보기로 하자.

　반도체 사업은 '타이밍 업業'이라고 할 수 있다. 불확실한 미래를 예측해 서 수조 원에 이르는 막대한 선행 투자를 최적의 시기에 해야 하기 때문이다. 반도체 사업에서 최적의 투자 시기를 결정할 때는 피를 말리는 고통이 뒤따른다.

　'87년, 반도체 역사의 전환점이 되는 중대한 고비가 있었다. 4메가 D램개발 방식을 스택stack으로 할 것인가, 트렌치

trench로 할 것인가를 결정하는 것이었다. 두 기술은 서로 장단점이 있어서 양산 단계에 이르기 전에는 어느 기술이 유리한지 누구도 판단할 수 없는 상황이었다. 미국, 일본의 업체도 쉽게 결정을 못 내리고 있었다.

당시 나는 일본 반도체 회사의 제조 과정들을 저녁 때 만나 새벽까지 토의했다. 이렇게 몇 차례를 거듭했지만 확실한 정답을 얻지 못했다. 반도체 전문가들도 두 기술의 장단점만 비교할 뿐 어느 쪽이 유리한지 단정 짓지못했다.

나는 지금도 그렇지만 복잡한 문제일수록 단순화해 보려고 한다. 두 기술을 두고 단순화해 보니 스텍은 회로를 고층으로 쌓는 것이고, 트렌치는 지하로 파들어 가는 식이었다. 지하를 파는 것보다 위로 쌓아 올리는 것이 더 수월하고 문제가 생겨도 쉽게 고칠 수 있으리라고 판단했다.

스텍으로 결정한 것이다. 이 결정은 훗날 트렌치를 채택한 도시바東芝가 양산 시 생산성 저하로 D램의 선두 자리를 히타치日立에 빼앗겼고, 16메가 D램과 64메가 D램에 스텍 방식이 적용되고 있는 것을 볼 때 올바른 선택이었다.

그리고 '93년 또 한 번의 승부수를 띄웠다. 반도체 5라인을 8인치 웨이퍼 생산 라인으로 결정한 것이다. 그 때까지만 해도 반도체 웨이퍼는 6인치가 세계 표준이었다. 면적은 제곱으로 증가한다는 것을 감안하면 6인치와 8인치는 생산량에서 두 배 정도의 차이가 난다. 그것을 알면서도 기술적인 위험 부담 때문에 누구도 8인치를 선택하지 못했다.

나는 고심 끝에 8인치로 결정했다. 실패하면 1조원 이상의 손실이 예상되는 만큼 주변의 반대가 심했다. 그러나 우리가 세계 1위로 발돋움하려면 그 때가 적기라고 생각했고, 월반越班하지 않으면 영원히 기술 후진국 신세를 면치 못하리라고 판단했다.

반도체 집적 기술은 '83년에서 '94년까지 10년 동안에만 무려 4000배가 진보했다. 그만큼 기술 개발 주기가 계속 단축되고 있어서 단기간에 기술을 확보하지 못하면 엄청난 기회 상실을 초래한다. 그래서 나는 단계를 착실히 밟는 편안한 길을 버리고 월반을 택한 것이다.

그리고 '93년 6월 5라인을 준공했고 숨 돌릴 새도 없이 6, 7라인에 착공하여 이듬해 7월부터 가동했다. 당시 각종 전문 기관의 수요 예측이나 내부의 자금 사정은 추가 투자가 무리한 상황이었으나, 일본 업체들이 투자를 머뭇거릴 때 투자를 감행하는 공격 경영이 필요하다고 판단한 것이다.

그 결과 16메가 D램 개발은 일본과 동시에 했지만 양산 시기를 앞당기고, 8인치 웨이퍼를 사용함으로써 생산력에서 앞설 수 있었다. 이를 계기로 세계 시장에서 일본 업체를 따돌리고 '93년 10월 메모리 분야 세계 1위에 서게 된 것이다.

반도체 사업이 세계 정상에 오른 날, 나는 경영진에게 이렇게 말했다.

"목표가 있으면 뒤쫓아 가는 것은 어렵지 않다. 그러나 한번 세계의 리더가 되면 목표를 자신이 찾지 않으면 안 되며, 또 리더 자리를 유지하는 것이 더 어렵다."

이는 나 스스로 하는 다짐이기도 했다.'

요컨대 시대의 조류가 산업사회에서 시나브로 정보사회로 넘어가는 조짐 속에서 그가 발견해낸 반도체라는 첨단산업을 아버지 이병철이 전폭 지원해주었고, 거기에 힘입어 이건희가 세계 정상으로까지 키워낼 수 있었다는 얘기다. 그리하여 오늘날의 삼성전자라는 월드베스트 시대를 열어나갈 수 있는 초석을 다졌다고 말할 수 있다.

그렇다고 새로이 취임한 부회장 이건희에게 처음부터 순탄한 길이었던 건 아니다. 그가 손을 대는 것마다 모두 다 성공한 것만도 아니었다.

우선 그룹 내 그에 대한 반발 기류가 없지 않았다. 일찍이 두 형 이맹희와 이창희가 아버지 이병철의 묵인 아래 기획위원회와 5인위원회를 구성하여 삼성을 이끌었을 때와 마찬가지의 반발 기류였다. 그동안 아버지 이병철의 수족이 되어 삼성을 일궈온 창업공신들이 알게 모르게 그에 대한 개혁적인 조치들에 대해 맞서고 나선 것이다.

그 좋은 예가 부회장인 그가 영입해온 인재들에 대한 왕따였다. 부회장으로 취임한 뒤에 그는 각 분야의 실력파 전문가들을 강단 및 타 기업에서 스카우트해오는데 많은 공을 들였다.

그러나 삼성 순혈주의의 '성골' 들과 함께 아직까지 장남 이맹희를 추종하는 세력까지 합세하여 배타적인 태도로 그들을 모함하고 따돌렸다. 결국 그가 영입해온 인재들 가운데 상당수가 삼성을 떠나고 말았다.

또 그런가 하면 그룹 임원들의 특별 세미나 자리에서 그는 핵심 문제를 호소했다. 하지만 삼성의 부회장에 취임한지 이제 3년 밖에 되지 않은 그의 호소에 귀를 기울이는 이는 그리 많지 않았다.

'…입체 사고와 기술 개발만이 살아남는 길이다. …앞으로 다가올 80년 대는 과거 수백 년보다 더욱 큰 변화가 올 것이므로, 여기서 살아남기 위해서는 적극적인 기술 개발이 이뤄져야 할 것이다. …앞으로 대기업의 중추역할을 할 인재의 역량은 단순한 평면 사고를 탈피해 어떤 일이나 사물에 대해서도 다각적으로 볼 수 있는 '입체 사고' 가 절실히 요청된다.

…로버트화에 의한 자동화, 성역화가 이루어질수록 인간의 정신은 더욱 강해져야 할 것이며, 기업의 중역이 되면 1인 5역쯤의 역할을 해야 할 것이다.'

그러나 이 같은 이건희의 호소는 그로부터 11년을 더 기다려야만 했다. 생각을 하면 할수록 막막하고 의기소침해질 수밖에는 없었다.

같은 시기 미국 출장길에서 그는 손병두(전경련 부회장, 서강대 총장)와 만난 적이 있었다. 먼 타국 땅에서 동행케 된 두 사람은 밤을 새워가며 얘기를 나 눴는데, 그 자리에서 이건희는 자신이 얼마나 참고 있는지 세상 사람들은 모를 것이라고 토로할 정도였다고 한다.

결국 그런 연장선상에서 야기되고 만 또 한 차례 참담한 패배는 그를 더욱 막막하고 의기소침하게 만들었다. 1980년 국영기업 민영화 때 삼성에 반드시 필요로 했던 대한석유공사(이하 유공) 인수전에 뛰어들어다가 패배로 끝나고 만 게 그것이다.

어쨌거나 그런 이건희에게 마침내 자신의 역량을 발휘해보일 수 있는 기회가 주어졌던 건 사실이다. 비록 후계자로 지목되긴 하였으나, 아직 삼성의 부회장에 취임하기 한 해 전인 1978년 삼성에 해외사업추진위원회가 만들어지면서 그가 위원장이 되었다.

하지만 이 위원회의 전권은 창업 이래 삼성을 이끌고 있는 아버지 이병철에게 있었다. 회의의 주재 또한 마찬가지였다. 이건희는 아버지 이병철의 곁에 앉아 그저 이름만이 위원장일 따름이었다.

그렇대도 그로선 다시없는 기회가 아닐 수 없었다. 능력이 검증되지 않은 후계자라는 삼성 안팎의 곱지 않은 시선을 잠재우게 할 수 있는 절호의 기회였던 셈이다.

그 같은 기회를 가져다준 건 석유 파동이었다. 1차 오일 쇼크 (1973)에 이어 5년 만에 다시 불거진 2차 오일 쇼크 때였다.

시작은 역시 중동에서부터였다. 산유국 이란에서 이슬람혁명이 일어나 왕정을 무너뜨리면서 돌연 석유 수출이 중단되었다.

국제 석유 가격은 연일 폭등하기 시작했다. 배럴 당 13달러 수준이었던 국제 유가는 이내 20달러까지 치솟았다.

이어 벌어진 이란·이라크전쟁으로 말미암아 국제 유가는 다시 30달러 벽을 넘어섰다. 여기에 다시 사우디아라비아마저 석유를 무기화하고 나서면서 국제 유가는 39달러의 벽마저 깨뜨리고 말 기세였다.

기업마다 에너지 확보가 사활이 걸린 문제였다. 당장 에너지를 구하지 못하면 공장을 가동할 수 없었다. 더욱이 에너지를 보다 저렴하게 구하지 못하면 가격 경쟁에서 밀릴 수밖에 없는 절박한 상황이었다. 한 방울의 기름이라도 아쉬운 터였다.

이쯤 되자 애초 해외 시장 개척을 목표로 삼아 출범했던 삼성의 해외사업추진위원회도 다급해지지 않을 수 없었다. 당면 과제인 원유 확보로 목표를 수정하지 않으면 안 되었다.

이처럼 절박한 상황에서 대통령 박정희 저격 사망 이후 정권을 잡은 당시 전두환 신군부와 국내 기업들은 에너지 자원 확보에 일제히 팔을 걷어붙였다. 삼성에서도 목표를 수정한 해외사업추진위원회가 그 역할을 맡고 나섰다.

삼성의 해외사업추진위원장을 맡은 이건희는 곧바로 멕시코에서 열린 '한국·멕시코 경제협력위원회'에 참석했다. 멕시코 대통령 포르티요를 만나 원유 공급 협조를 요청했다.

이어 멕시코 국영 석유회사인 페멕스의 세라뇨 총재를 한국에 초청하고 지원을 구했다. 원유를 확보하기 위해 백방으로 뛰었다.

이 같은 노력으로 1년 만에 멕시코 원유를 한국으로 들여오는 데 성공했다. 또한 말레이시아로 날아가 원유 협상을 벌여 결국 석 달 만에 말레이시아의 원유까지 확보케 되었다.

여기까지는 성공작이었다. 능력이 검증되지 않은 후계자라는 그룹 내 곱지 않은 시선을 잠재울 수 있게 하는데 모자람이 없었다.

그런 이건희에게 아버지 이병철로부터 특명이 내려진다. 이건희의 해외사업추진위원회에서 유공을 인수하라는 것이었다.

당시 유공은 국영기업이었다. 미국계 걸프 사로부터 원유를 공급받아 정유해서 국내에 팔고 있었다.

한데 1980년 미국계 걸프 사가 주식 평가액을 챙긴 뒤 전면 철수키로 하면서 유공의 민영화를 결정했다. 당시 전두환 신군부는 유공이 국가 기간산업인 동시에 정유산업이라는 업종의 특수성을 감안하여, 유공을 인수할 국내민간기업의 인수 조건 여섯 가지를 제시했다.

그리고 10개월여 뒤, 마침내 정부는 유공 인수 기업을 최종 발표했다. 동력자원부 장관이 기자회견장에 모습을 드러냈다.

"…국영기업의 비능률을 배제하고 책임경영을 확립하기 위해 유공을 민영화하기로 결정, 인수를 희망한 3개(삼성, 선경, 남방개발) 기업을 자격 기준 별로 평가한 결과 원유 확보 능력과 산유국의 석유 달러 유치 능력이 가장 양호한 선경에 인수시키기로 했습니다…."

선경(지금의 SK)이 삼성을 따돌리고 만 것이다. 작은 다윗이 거인 골리앗을 넘어뜨려 이긴 셈이었다.

차마 믿기지 않는 결과였다. 삼성은 실망과 충격에 빠져들었다.

아버지 이병철이 곧잘 '기업'이라고 표현하는 제조업, 그것도 그룹의 힘을 보다 강화시킬 수 있는 중공업과 화학공업을 아우르는 거대 중화학공업이었다. 그런 만큼 인수전은 그룹 전체에 영향을 미치는 엄청난 도전이 아닐 수 없었다.

더구나 이제 막 그룹의 부회장으로 취임한 뒤 처음으로 나선 대규모 영토 확장이었다. 자신의 위상을 보다 확고히 다질 수 있는 기회였다.

따라서 유공 인수에 자신이 가진 역량을 모두 다 쏟아 부었다. 직접 현장을 지휘하며 의욕적으로 앞장서 이끌었으나, 결과적으로 패배하고 만 것이다.

이 같은 패배를 두고 훗날 딴 증언도 없진 않았다. 삼성의 전 임원 출신은 당시 선경이 유공을 인수한데 대해 어떤 정치적 흑막이 있었다고 주장한다. 이른바 노태우-최종현 커넥션이 그것이다.

 '…선경이 유공을 인수한 데는 사우디아라비아로부터 하루 5만 배럴의 원유를 확보하고 있었던 것이 가장 큰 장점으로 작용했지만, 그것도 따지고보면 일본 이노추상사의 힘을 빌린 것이었다. 그러나 삼성도 말레이시아로부터 하루 1만5천 배럴을 확보했으며, 자금력이나 조직력 등 종합적인 인수 조건으로 볼 때 삼성을 능가할 기업은 없었다. 또 산유국은 유공을 인수하는 기업에게 원유를 줄 수밖에 없었다. 따라서 사전 원유 확보 여부는 유공 인수의 결정적인 요인은 되지 못했다. (삼성)우리가 보기로는 신군부에 대한 로비가 결정적 요인이었으며, 나름대로의 확신도 있다.'

 그러나 패배는 돌이킬 수 없는 것이었다. 결국 유공 인수전의 실패를 받아들이지 않으면 안 되었다.

 그런 뒤에도 이건희는 한동안 의욕적으로 움직였다. 자신의 패배를 만회해보려는 듯 다시금 해외 자원 개발로 눈길을 돌려 말레이시아의 석유회사 레트로나스와 삼성물산 등 4개 회사가 컨소시엄의 연합군을 이뤄 원유를 공동 개발하기로 합의하고, 또한 알래스카의 베링리버 탄광 개발에도 착수했다.

 하지만 운마저 따라주지 않았다. 2차 오일 쇼크는 그리 오래 가지 않고 끝나버렸다. 국제 원유가는 언제 그랬느냐는 듯이 다시 안정을 되찾아갔고, 그가 자신의 패배를 만회해 보려고 집념을 가지고서 추진했던 해외 자원 개발도 국제 원유가의 하락으로 그만 빛이 퇴색했다.

그런 다음부터는 또다시 막막하고 의기소침해지고 말았다. 자신이 직접 결정을 내려야 하는 업무는 더 이상 맡겨지지 않았다.

그것은 아버지 이병철이 후계자를 보호하기 위한 장치일 수도 있었다. 동시에 아직은 후계자를 믿지 못한다는 암시일 수도 있었다.

그로선 실로 커다란 충격이었다. 자신에 대한 깊은 회의였다.

이후 자신도 모를 혼자만의 시련과 방랑이 이어졌다. 설상가상으로 교통사고마저 피해가지 못했다.

1982년 11월 18일자 〈매일경제〉에는 '지난달 말 교통사고로 치료를 받은 이건희 삼성그룹 부회장이 완쾌되어, 17일 첨단기술 도입 업무 협의차 일본으로 출국했다'는 기사가 실렸다. 비서실은 일본과 미국에 각각 1주일과 2주일 동안 머무를 예정이라고 후속 보도 자료를 돌리기도 했다.

이렇듯 아버지 이병철의 후계자로 지목된데 이어, 그룹의 부회장으로 취임하였음에도 이건희의 앞길이 결코 순탄했던 것만은 아니다. 반도체사업의 성공이 있었는가 하면, 반면엔 유공 인수전의 쓰라린 패배가 교차하는 순간이 없지 않았다.

아니 어쩌면 자신을 다 보여줄 수 있는 토대가 아직은 마련되어 있지 않았는지 모른다. 아버지 이병철의 보이지 않는 힘이 아직은 더 컸기 때문이었는지도 모를 일이었다.

그렇더라도 그러한 순간들은 스스로 자신을 되돌아보게 만들었다. 자신을 보다 면밀히 되돌아볼 수 있게 한 성찰의 계기이기도 했다. 자신의 안으로, 안으로, 보다 더 깊숙이….

제2부

이건희 스타일의 '신경영'

1. 이건희, 제국을 넘겨받다

'인명은 재천이다'

1986년 여름, 아버지 이병철의 건강에 갑자기 빨간불이 커졌다. 미열과 감기 기운이 멈추지 않는 가운데, 왼쪽 폐에 이상 징후가 있음을 알게 되었다.

즉시 국내외 의료진의 검사 진단 결과 암으로 판명되었다. 그로부터 1년여에 걸쳐 화학 요법, 방사선 요법이 실시되었다. 철저하면서도 체계적이고 합리적인 치료법이 동원되었음은 물론이다.

주치의였던 서울대 서정돈 박사는 그런 이병철의 투병 자세에 깊은 인상을 받았던 모양이다. 〈중앙일보〉에 그가 쓴 이런 회고가 눈에 띈다.

"생사가 달린 자신의 병 치료와 같은 문제를 놓고 이 회장은 합리적이고 의연한 태도를 가지고 감탄할 정도로 잘 어프로치했습니다. 이 회장은 대 삼성의 최고 디시전 메이커답게 가족, 친지나 삼성 관계자들 앞에서 의연하려고 애썼고, 끝까지 자제력을 발휘해서 자세를 흐트러뜨리지 않고 참고 견딘 점이 놀랍습니다."

하지만 그의 이런 투병 노력에도 불구하고 결과가 계속 악화되어 마침내 투병 생활을 마감해야 하는 안타까운 순간이 점점 다가왔다. 뇌에까지 전이된 병변病變은 상태를 더욱더 악화시켰다.

1987년 여름, 그동안 부산 해운대에 칩거하며 두문불출하던 장남 이맹희는 아버지 이병철이 위중하다는 소식을 접하고, 아버지가 누워있는 병상으로 찾아갔다. 아버지는 아직 의식은 있었지만 아무런 말도 하지 못했다.

아들은 뼈만 앙상하게 남아 쇠잔한 아버지 앞에 비로소 무릎을 꿇었다. 그는 자신의 회고록 「묻어둔 이야기」에서 그때를 감격스럽게 그리고 있다.

'내 나이 어언 쉰여섯, 아버지는 일흔 일곱이었다. …내가 첫날 인사를 드릴 때 말씀이 없으셔도 얼굴 가득히 밝은 표정을 짓던 아버지의 모습을 잊지 못한다. 그 후 일주일 동안 계속 나를 보면 미소 짓던 얼굴도 잊지 못할 것이다. …무려 15년 만에 보는 아버지의 따뜻한 미소였다. …긴 세월을 돌아서 아버지와 나는 그렇게 화해를 했다.'

그로부터 불과 두 달여 뒤인 11월 19일, 아버지 이병철은 영면을 하기 위해 서울대 병원에서 서울 이태원1동 135-26의 자택으로 돌아왔다. 하얏트호텔 바로 아래쪽에 자리한 3백여 평 대지에 1백 평 남짓한 단층 한옥이었다.

이 한옥 집은 훗날 승지원承志園이라는 이름으로 불렸다. 아버지 이병철의 뜻을 이어받아 나가겠다는 의미로 2대 회장 이건희에 의해 명명된 것이다.

아버지 이병철은 자택으로 돌아온 지 5시간여 뒤, 자신이 남긴 회고록 「호암자전」에서 '生은 奇이고, 死는 歸이다'라고 말한 것처럼 조용히 숨을 거두었다. 가족들이 지켜보는 가운데 같은 날 오후 5시 5분경이었다.

장례는 성대했다. 닷새 뒤 아침, 이태원의 자택에서 불교의식으로 발인을 마친 고인의 유해는 흰색과 노란색의 국화송이에 뒤덮여 영결식장인 서소문동 호암아트홀로 향했다.

장손 이재현(CJ그룹 회장)이 받쳐 든 영정을 선두로 삼성 관계자 사장단에 의해 유해가 영결식장으로 운구 되자 1,000여 명의 조문객이 고인을 맞았고, 경찰주악대가 연주한 그리그의 조곡이 은은히 울려 퍼졌다.

조계종 전 총무원장 녹원 스님의 법어로 시작된 영결식은 고인에 대한 묵념에 이어, 삼성물산 이필곤 대표이사가 약력 보고를 했다. 이어 장례위원장인 삼성물산 신현확 회장, 재계 우인友人 대표인 정주영 전경련 명예회장, 해외 우인 대표인 세지마 류조 일본상공회의소 특별고문이 차례로 조사를 읽어 내려가는 동안 장내에서는 무거운 침묵과 함께 곳곳에서 흐느낌도 새어나왔다. 또 미당 서정주 시인의 조시 낭송에 이어, 고인의 생전 육성과 활기찬 모습이 6분여 동안 영상으로 재현되었다.

이어 극락왕생을 기원하는 독경과 조문객들의 분향과 헌화를 마지막으로, 대형 삼성의 사기社旗가 덮인 고인의 유해는 태평로 삼성 본관으로 향했다. 3,000여 임직원이 미리 나와 도열해 있는 가운데 고인의 체취가 아직도 고스란히 묻어나는 28층의 집무실을 돌아 고별식을 마친 뒤, 유해는 장지를 향해 떠났다.

장지는 용인자연농원 안으로 정해졌다. 세간의 소문처럼 풍수지리에 밝다는 어떤 지관이 정해준 것이 아니라 그가 스스로 정한 자리였다.

"저기 자리가 좋다. 앞에는 물이 흐르고, 뒷산도 아늑하다. 저만하면 여름엔 시원하고 겨울에는 따뜻하겠다."

그가 타계하기 거의 20여 년 전이다. 장남 이맹희가 용인자연농원의 부지를 한창 정리하고 있을 무렵이었는데, 그가 격려차 들렀다가 자신이 지정한 그 자리였다.

그의 죽음에 깊은 애도와 함께 평가 또한 줄을 이었다. 그 가운데에는 한국 자본주의의 개척에 서로 한 치의 양보도 없는 평생 라이벌 관계였던 현대그룹의 정주영 회장 또한 빠질 리 없었다.

"…호암 이병철 회장이 걸출한 사업가였다는 것은 세상의 모든 이들이 알 것이다. 그 분은 자신의 치밀한 판단력과 혜안으로 삼성이라는 대그룹을 일구었으며, 오늘날 삼성이 한국의 울타리를 뛰어넘어 세계로 진출할 수 있는 발판을 만들어 놓았다.

사업이란 자본의 크기로만 승패가 결정되는 일이 아니다. 누가 뭐라고 하더라도 사업은 사람의 일이며, 자신과 주변 모두의 철저한 노력 속에서 그 승패가 좌우되는 일이다.

그러하기에 사업에 성공하기까지 온갖 정성과 노력을 아끼지 않은 사업가를 비롯한 모든 사람들의 노력은 정당하게 인정되어야 한다.

호암은 사업이란 사람의 일이라는 것을 잘 알고 계셨던 분이다. 호암의 사업관은 인재 제일주의라는 말로 요약될 수 있다. 흔히 삼성사관학교라는 말이 통용될 정도로, 인재에 대한 호암의 열성은 우리 나라 기업사에 하나의 기업문화를 일구어내었다.

그러나 인재를 양성하는 일에만 열정을 품었던 것은 아니다. 호암은 자기 스스로를 단련시켜 왔던 분이다. 단정한 그의 옷매무새는 자신에 대한 엄격함을 밖으로 드러내는 하나의 상징이었다. 또한 일단 시작된 사업에 대해 제일주의를 견지하던 모습은 무한경쟁시대를 맞이한 오늘날에 다시 한 번 변화, 발전시켜야 할 만한 것이다…."

불씨마저 꺼줘야 공평한 상속이다

한편 아버지 이병철이 마지막 숨을 거둔 뒤 5분여 뒤, 이태원 자택에 모여 임종을 기다리던 삼성 계열사의 사장단은 이건희 부회장을 차기 삼성그룹 회장으로 추대를 결의했다. 공식적인 추대 추인 또한 그날 오후에 있었다.

아버지 이병철이 숨은 거둔지 열두 시간 가량이 지난 오후 5시경, 삼성 본관 28층 대회의실에선 삼성그룹의 각 계열사 사장단 회의가 소집되었다.

분위기는 여느 때보다 무겁게 가라앉아 있었다. 모두가 입을 굳게 다문 채 침통해 했다. 그럴 때 삼성물산 신현확 회장이 말문을 열었다.

"이 회장의 서거로 인한 우리들의 충격과 애석함은 말로 표현할 수 없으나, (그룹의)경영에 잠시라도 공백이 있어서는 안 됩니다."

신 회장의 얘기대로라면 이건희가 선대 회장을 계승하는 과정에 '잠시의 공백'과도 같은 잡음이 있어날 수도 있었다. 앞서 선대 회장이 운명하자 계열사 사장단이 곧바로 이건희를 회장으로 추대한 것도 그 때문이었다. 이는 말할 나위도 없이 고인의 뜻이기도 했다.

생전에 아버지 이병철의 후계 구도는 대단히 명확했다. 그는 자신의 후계자로 지목한 3남 이건희에게 삼성의 93.6%에 해당하는 지분을 한꺼번에 몰아주었다. 후계자에게 삼성의 경영권 전부를 승계시켰던 것이다.

그리고 나머지 6.4%만을 자녀들에게 골고루 나누어 주었다. 장녀 이인희에게는 전주제지(전체 1%에 해당)를, 장남 이맹희에게는 제일제당(전체 2.9%)을, 차남 이창희에게는 제일합섬(전체 1.2%)을, 5녀 이명희에게는 신세계백화점(전체 1.3%)을…, 이런 방식이었다.

이러한 상속은 삼성만의 경영 체제의 특성을 분명하게 이어나갈 수 있도록 하는 한편, 다른 자녀들에게도 일정 부분 유산을 분배해 경영 상속과 함께 분가의 원칙을 동시에 이루겠다는 취지에서였다.

그가 이렇듯 경영의 상속과 함께 분가의 원칙까지 동시에 적용시킨 이유는 너무도 분명했다. 자칫 단순한 상속으로 인해 불거질지도 모르는 형제간의 경영권 다툼을 미연에 방비하고, 주주들의 견제를 막으면서, 후계자 이건희로의 경영 기반을 공고하게 다져주려는 치밀한 포석이었다고 분석할 수 있다. 요컨대 형제간에 불씨마저 꺼주어야 공평한 상속이다고 믿은 것이다.

그는 이 같은 경영 상속의 원칙이 가장 바람직하다고 생각했던 것 같다. 기업은 생물처럼 영속되어야 하며, 아버지로서 자식에게 기업을 물려주려는 것은 기업가로서 최선의 선택이었다고 확신하고 있었던 듯하다.

그러나 이런 경영 상속 또한 후계 구도에서 전혀 문제가 없었

던 것만은 아니다. 그가 자신의 사후에 대비해 삼성의 다음 후계
자를 분명히 명시한 것까지는 좋았으나, 구체적으로 삼성을 어
떻게 분할할 것인가에 대한 언급은 따로 없었다. 그의 사후 얼마
든지 분란에 휩싸일 수도 있었던 것이다.

다행히 삼성패밀리의 재산 분할은 내부 분열과 같은 별다른 소
동 없이 이후 순조롭게 풀려나간 듯하다. 1991년 여름, 차남 이
창희가 미국 로스엔젤레스에서 백혈병으로 사망한 것을 계기로
형제간의 재산 분할 문제가 비교적 신속하게 진행된 것이다.

그리하여 장남 이맹희는 제일제당과 안국화재 등이 돌아가 오
늘날의 CJ그룹으로 탈바꿈했다. 차남 이창희의 유족에게는 제
일합섬 등이 돌아가 새한그룹이 되었고, 장녀 이인희에게는 전
주제지와 고려병원 등이 돌아가 오늘날의 한솔그룹이 되었으며,
5녀 이명희에게는 신세계백화점 등이 돌아갔다. 당초 고인이 생
각한 것에서 크게 다르지 않은 형제간의 재산 분할 구도였다.

이처럼 역학 정리가 마무리되기까지는 그가 타계하고 이건희
가 2대 회장으로 취임한 이후에도 꼬박 5년이나 지난 시점에서
였다. 겉으로 드러난 것과는 달리 내부적으론 오랜 시간 진통이
있었음을 짐작케 하는 대목이다.

물론 끝까지 발목을 붙잡는 난관도 없지 않았다. 다름 아닌 동
방생명(이하 삼성생명으로 표기)에 관한 지분 분할 문제가 그것이었
다.

삼성생명은 국내 최대 보험사인데다, 이른바 '현금장사' 였다.

막대한 자산 가치를 가지고 있으면서, 유사시 자금동원이 가능한 창구가 될 수 있다는 점에서 이건희나 다른 형제들 역시 쉽사리 양보할 수 없는 지분이었다.

당시 삼성생명의 대주주는 5녀 이명희의 신세계백화점이 271만주(15.5%), 장남 이맹희의 CJ가 215만주(11.5%) 등을 보유한 순이었다. 더구나 비상장 기업이었기 때문에 주식시장을 통한 지분 정리마저 불가능했다.

결국 합리적인 주가를 지불하고 주식을 매입하는 길 밖에는 딴은 없었다. 이건희 측에선 주당 8만원 선에서 주식을 매입하고 싶어 했다.

반면에 이명희의 신세계백화점과 이맹희의 CJ 측의 생각은 크게 달랐다. 그 열 배에 해당하는 80만원 선을 받고 싶어 했다.

이후 이명희의 신세계백화점과 이맹희의 CJ가 이건희 측으로부터 얼마를 받고서 지분을 넘겼는지는 아직 정확히 알려진 게 없다. 이런저런 추측만이 난무하고 있을 따름이다.

어쨌거나 이건희는 (동방생명)삼성생명의 인수와 함께 마침내 형제간의 재산 분할 문제를 종결지으면서, 삼성전자 삼성물산 삼성엔지니어링 삼성중공업 삼성건설 삼성전관 삼성전기 삼성데이터시스템 삼성항공 삼성시계 호텔신라 용인자연농원 등 전체 37개 계열사 중 24개를 자신이 이끌게 된다. 아버지 이병철 사후 5년여 만에 바야흐로 '이건희의 시대'를 펼쳐나갈 수 있게 되었던 것이다.

2. '제2의 창업'을 선언하다

세계 초일류기업을 다짐한 취임사

1987년 12월 1일은 삼성에게 매우 뜻 깊은 날이었다. 고인이 된 선대 회장을 영결식으로 떠나보낸 호암아트홀 바로 그 자리에서, 일주일 뒤 45살의 젊은 이건희가 새로운 2대 회장으로 취임했다. 저마다 새로운 희망을 가슴에 간직케 되는 순간이었다.

이날 오전 10시, 역사적인 신임 회장 취임식의 자리에는 삼성물산 신현확 회장을 비롯하여 삼성 계열사 사장단과 임원 전원, 삼성 계열사의 사원 대표 1,000여명이 참석했다. 신임 회장 이건희는 조금 떨리는 목소리로 취임사를 읽어내려 갔다. 고인이 된 창업 회장 이병철이 그토록 바라던 절정의 순간이 아닐 수 없었다.

'존경하는 원로 회장님과 고문 여러분! 친애하는 삼성 가족 여러분! 본인은 오늘 지난 반세기 동안 삼성을 일으키고 키워 오셨던 창업주를 졸지에 여의고 이 자리에 서게 되니 영광에 앞서 그 책임감이 너무 크고 무거움을 느낍니다. …우리는 지금 국내외적으로 수많은 시련과 도전이 몰려드는 격동의 시대를 살고 있습니다. 삼성 제2창업의 선봉으로 혼신의 힘을 다하여 그 소임을 수행할 것입니다. 삼성은 이미 한 개인이나 가족의 차원을 넘어 국민적 기업이 되었습니다. 삼성이 지금까지 쌓아온 훌륭한 전통과 창업주의 유지를 계승하여 더욱 발전시켜 나갈 것이며, 미래 지향적이고 도전적인 경영을 통해 90년대까지는 삼성을 세계적인 초일류 기업으로 성장시킬 것입니다. 첨단기술 산업 분야를 더욱 넓히고, 해외 사업의 활성화로 그룹의 국제화를 가속시키고, 국가와 사회가 필요로 하는 인재를 교육시키며, 그들에게 최선의 인간관계와 최고의 능률이 보장되도록 하겠습니다. …새로이 출범하는 삼성의 제2의 창업에 찬란한 영광이 돌아오도록 힘차게 전진합시다. 감사합니다.'

이날의 취임사에서 눈길이 가는 키워드는 단연 두 가지였다. 인재를 교육시키자는 것과 오는 90년대까지 세계 초일류기업으로 성장해나가자는 다짐이었다.

선대 회장의 시대가 삼성의 국내 정상이 목표였다면, 신임 회장 이건희의 목표는 선대를 뛰어넘었다. 세계 초일류기업으로의 비상이 처음으로 언급된 것이다.

신임 회장 이건희의 취임사가 모두 끝나자, 삼성에 가장 먼저 입사한 원로 패밀리 최관식 삼성중공업 사장으로부터 삼성그룹의 사기社旗를 건네받는 상징적인 순서가 기다리고 있었다.

장내를 가득 메운 삼성 패밀리의 박수소리 속에 삼성그룹의 사기를 건네받아 좌우로 크게 뒤흔들어 보이는 신임 회장의 얼굴은 상기된 표정이었다. 그렇듯 이건희는 공식적으로 삼성그룹의 2대 회장으로 취임했다.

역사적인 취임식을 마치자, 신임 회장 이건희는 삼성의 사장단을 이끌고 이태원의 자택으로 향했다. 이제는 고인이 되어 자신들의 곁을 떠난 선대 회장의 영정 사진 앞에 모여섰다.

모두가 말이 없었다. 하지만 영정 사진 속의 선대 회장을 바라보며 저마다 다짐을 잊지 않았다. 선대 회장이 소망하는 것도 바로 그런 것이었으리라.

이윽고 한 달여 뒤, (1988)새해가 밝았다. 새해는 여느 해보다 뜻 깊었다. 삼성이 태어난 지 어언 지천명, 곧 하늘의 뜻을 안다는 50번째 생일을 맞이하는 해였다.

삼성 50주년 기념식이 서울올림픽 체조경기장에서 열렸다. 회장 이건희를 비롯하여 계열사 사장단과 임직원과 패밀리, 퇴임 임원 및 협력업체 대표 등 1만3,000여 명이 참석한 가운데 성대히 치러졌다.

기념식에서 이건희는 '제2의 창업'을 다시 한 번 강조했다. 아울러 세계 초일류기업이라는 과제를 보다 구체적으로 제시했다.

'…지금부터 본인은 거대한 생명체의 위대한 내일을 약속하는 제2 창업을 엄숙이 선언합니다. 그것은 삼성의 체질을 더욱 굳세게 다져 세계 초일류기업으로 키워나가고, 국민의 사랑을 받으며, 국민에게 더욱 봉사하는 삼성을 만들어나가자는 뜻입니다. …제2 창업 수행의 구체적인 지표를 여러분에게 밝히고자 합니다. 첫째로는 90년대까지 삼성을 세계적인 초일류기업으로 발전시켜 나가는 일입니다. …날로 치열해져가는 국제 경쟁 속에서 우리가 살아남는 길은 우리의 인재들이, 그리고 인재들이 모인 기업이 세계 초일류기업으로 성장하여 5대양 6대주로 활동 무대를 넓혀야 된다는 사실을 우리 모두가 깊이 명심해야 할 것입니다….'

선대 회장을 계승하여 새로이 회장이 된 이건희는 처음부터 이처럼 '세계 초일류기업'을 작심했다. 한 달여 전 취임사에 이어 벌써 두 번째 강조하고 나섰다.

그러나 아직은 받아들이기 어려운 세계 초일류기업이었다. 당시로선 꿈만 같은 목표였다. 삼성의 누구도 선뜻 받아들이지 못한 분위기였다. 저마다 스스로 의문 부호에 갇힌 채였다.

따라서 이건희의 작심 발언에도 불구하고 달라진 건 아무 것도 없었다. 지난 반세기 동안 모두에게 익숙하고, 굳어지고, 근육이 되어버린 체질은, 벌써 해가 바뀌어 새해가 밝아왔음에도 그대로였다. 삼성은 아직 이건희가 아닌 여전히 고인이 된 아버지 이병철의 힘으로 움직여가고 있었다.

돌이켜보면 지난 10여년 가까이 이건희는 아버지 이병철의 실질적인 후계자였다. 누구도 거역할 수 없는 그룹의 넘버 투였다.

하지만 그가 실제로 삼성을 맨 앞에서 이끌었던 적은 없었다. 도처에 깊숙이 육화되어 있는 아버지 이병철의 체취를 넘을 수는 없었던 것이다.

더욱이 삼성은 자신이 만든 조직체가 아니었다. 변방에서부터 핵심 조직이랄 수 있는 회장 비서실에 이르기까지 삼성은 모두가 아버지 이병철이 철저하게 다져놓은 조직체였다.

아버지 이병철이 예의 유일적 경영 체계를 한 치의 빈틈도 없이 단단히 구축해 놓았기 때문에 단순히 창업 회장을 계승한 신임 회장이라는 당위성만으로 삼성이라는 거대한 조직을 장악하기란 쉬운 일이 아니었다. 이건희는 아버지 이병철로부터 삼성의 오너십ownership을 상속받았지만, 유일적 경영 체계까지 상속받은 건 아니었던 것이다.

그것은 순전히 자신만의 역량 문제였다. 과거의 오래 된 역사에 묻혀 따를 것인가, 아니면 그러한 역사를 버리고 예측불허의 벌판으로 뛰쳐나갈 것인가. 스스로 선택하지 않으면 안 되었다.

그렇다고 사전 준비도 없이 오래 된 역사의 바깥으로 섣불리 나설 수도 없는 일이었다. 이미 맏형 이맹희와 둘째형 이창희의 경험을 목격한 바 있었잖은가.

형들이 의욕적으로 추진한 기획위원회와 5인위원회의 실패도 결국 그 같은 오래 된 역사 때문이었다. 그동안 아버지 이병철의 수족이 되어 삼성을 일궈온 '성골'들의 반발 기류를 넘을 수 없었음을 익히 아는 까닭에서였다.

뿐만 아니라 이건희 또한 두 형과 다름없는 전철을 이미 경험한 적이 있었다. 일찍이 그가 신임 부회장으로 취임했을 때다. 자신이 공을 들여 각 분야의 실력파 인재들을 스카우트해왔다.

하지만 그들이 알게 모르게 배타적인 태도로 모함하고 따돌렸다. 결국 삼성을 떠나도록 만들었던 기억이 생생하기만 했다.

이건희는 고민이 깊어졌다. 15만 삼성의 패밀리 또한 그걸 모를 리 만무했다.

모두 신임 회장 이건희만을 바라보았다. 그가 어떻게 헤쳐 나갈 것인지 주목했다. 과연 지금의 난국을 풀어나갈 그의 다음 카드는 과연 어떤 것이 될지. 모두가 호기심어린 눈길로 그의 다음 행보를 지켜보고 있었다.

이건희는 일단 자신에게 쏠려있는 시선을 의식하지 않을 수 없었다. 취임 1년이 지나면 공식적인 활동을 본격적으로 나서겠다고 약속했다. 그런 뒤 혼자만의 '기나긴 사색'에 들어갔다.

'은둔의 황제' 와 무성한 소문

신임 회장에 취임했지만 이건희에겐 아직 풀지 못한 두 가지 숙제가 남아 있었다. 이때까지도 아직 해결되지 않고 있는 형제 간의 재산 분할 문제가 첫째라면, 두 번째는 아버지 이병철의 수족이 되어 그룹을 일궈온 이른바 삼성 '성골'의 내부 반발 기류였다. 능력이 검증되지 않은 후계자라는 곱지 않은 시선이 그것이었다.

이건희는 한동안 깊은 침묵만을 지켰다. 취임 이후 국내 대기업의 총수 중 가장 조용한 나날이었다.

물론 그가 이따금 모습을 드러내긴 했다. 아주 드물긴 하지만 종종 그의 모습이 언뜻언뜻 비치기도 했다. 주로 삼성의 안이 아닌 바깥에서였다.

취임 이듬해 여름 제주도 KAL호텔에서 열린 전경련 주최 최고경영자 세미나의 참석도 그 중 하나였다. 이건희는 이 세미나에서 '급변의 시대를 어떻게 헤쳐 나갈 것인가'라는 주제로 특강을 한다.

특강의 요지는 그동안 자신이 줄곧 주장해온, 첨단 기술의 급격한 변화와 함께 고도 정보사회가 도래하고 있다는 거였다. 특히나 소프트웨어 및 시스템화의 급진전이 향후 경제 여건에 커다란 변화를 가져올 것이라고 경고했다.

그와 함께 지금까지 양 위주의 경영전략에서 질 위주의 경영전략으로 전환하지 않으면 안 되며, 첨단기술을 기반으로 하는 성장성이 높은 산업 중심으로의 기업 체질 변화를 주문했다. 양에서 질로의 변화를 강조한 것이다.

아울러 그는 동시대 한국의 경영자상으로 다섯 가지를 제시했다. 첫째, 자신의 위치를 정확히 파악하고 있어야 한다. 둘째, 지금까지 몸으로 하던 양 위주의 경영에서 머리로 하는 질 위주의 경영을 할 수 있어야 한다. 셋째, 자신이 오너인가, 전문경영인인가 하는 개념의 구분 없이 평생직장의 개념으로 전문경영을 실천할 수 있어야 한다. 넷째, 실천 의지를 들었다. 마지막으로, 글로벌 감각을 지녀야 한다는 것이었다.

이어 그는 이날 삼성그룹 회장 취임 이후의 소감을 언론과의 인터뷰에서 이같이 밝혔다.

'회장 취임 이후 8개월이 지났는데 8년이 지난 느낌이다. 선친 묘소에는 한 달에 두어 번씩 찾아가보고 있으며, 1주기가 지날 때까지는 지나친 활동을 삼가겠다는 뜻에서 공식 활동을 자제하고 있다. 종전에는 삼성 하면 직원이 15만 명인 대기업 정도로만 생각했는데. 막상 맡고 보니 외국에서까지 삼성에 대해 많은 관심을 갖고 지켜보는 등, 눈에 안 보이는 압박을 느끼고 있다.'

삼성그룹의 오너로서 갖고 있는 생각에 대해서도 질문이 쏟아졌다. 그는 자신을 전문경영인이라고 분명히 선을 그었다.

'오너라기보다는 전문경영인이라는 말로 대신하고 싶다. 저의 주식 지분은 6%가 약간 넘는다. 계열사 임원들과 식사하는 자리에서도 전문경영인이라고 분명히 밝힌 적이 있다. 하긴 그때 임원들도 이미지상 분명히 나더러 오너라고 말했다. 스스로는 전문경영인이라고 생각한다.'

이보다 두 달여 전후에는 전문경영인답게 삼성전자를 내세워 마이크로파이브 사를 인수한데 이어, 프랑스의 빠이오 사와 합작회사를 설립하기도 했다. 그러나 아직은 눈에 띌만한 그 어떠한 행보도 성과도 내놓지 않고 있었다.

삼성전자의 주요 전략회의는 강진구 삼성전자 회장이 주재했다. 자신은 청와대에서 주요 경제인들의 회의가 있을 때에나 간혹 모습을 드러내는 정도였다.

그는 회사에 나가지도 않았다. 태평로 삼성 본관 28층의 그룹 회장실에도 얼굴을 거의 보이지 않았다. 해외 출장을 제외하곤 이태원동의 승지원과 지척의 거리인 한남동 자신의 자택을 오가는 은둔 생활을 고수했다.

그러자 삼성의 안팎에서 다시금 신임 회장 이건희에 대한 우려와 함께 의심에 찬 시선이 돌아나기 시작했다. 일부 임직원들 사이에서는 '다른 재벌 총수들은 분주하게 활동하는데 비해 이 회장은 해외로만 돌아다니고 정부에 대한 역할도 제대로 하지 못한다'는 비판적인 발언도 없지 않았다.

그뿐 아니라 온갖 나쁜 소문도 줄을 이었다. 식물인간이니, 엘리베이터걸과 어땠느니, 교통사고 때 연예인과 함께 있었다느니, 세 살에서 여섯 살 사이의 자식들이 90명이 된다느니 하는 등등의 뜬소문이었다.

더구나 건강이 나빠져서 경영에서 손을 뗄 것이라는 소문도 있었다. 정부의 사정 대상으로 지목되었다는 소문까지 나돌았다.

실제로 한번은 이건희의 해외 출장 중에 불미스런 일이 발생하기도 했다. 미국 로스앤젤레스 공항 세관에서 수행비서가 33만 달러의 외화 밀반입을 시도한 혐의로 체포된 것이다.

한데도 이건희의 은둔생활은 계속되었고, 그에 따른 별의별 소문이 무성했다. 세간에서 그를 '은둔의 황제'라고 일컫기 시작한 것도 그럴 즈음부터였다.

그리고 그 같은 소문과 시선은 그를 압박했다. 이때의 심정을 그는 자신의 에세이집 「생각 좀 하며 세상을 보자」에서 다음과 같이 밝히고 있다.

'…'87년 회장에 취임하고 나니 막막하기만 했다. …세계 경제는 저성장의 기미가 보이고 있었고, 국내 경제는 3저 호황 뒤의 그늘이 짙게 드리우고 있었다. …이듬해(1988) 제2의 창업을 선언하고, 변화와 개혁을 강조했다. …그러나 몇 년이 지나도 달라지는 것이 없었다. 50년 동안 굳어진 체질은 너무도 단단했다. …1992년 여름부터 겨울까지 나는 불면증에 시달렸다. 이대로 가다가는 사업 한두 개를 잃는 게 아니라 삼성 전체가 사그라질 것 같은 절박한 심정이었다. 그때는 하루 네 시간 넘게 자본 적이 없다. 불고기를 3인분은 먹어야 직성이 풀리는 대식가인 내가 식욕이 떨어져서 하루 한 끼를 간신히 먹었을 정도이다. 그 해에 체중이 10킬로그램 이상 줄었다.'

애당초 그는 취임 1년이 지나면 공식적인 활동을 하겠다고 공언해왔었다. 선대 회장의 1주기가 될 때까지는 활동을 자제하겠다는 미덕으로 비치기도 했다.

그러나 이건희는 취임 1년이 지난 뒤에도 좀처럼 모습을 드러내는 법이 없었다. 뉴스 속에서 그대로 사라지는 것이 아닌가 하는 우려마저 낳기에 이르렀다.

1987년 신임 회장에 취임한 뒤 1993년이 되도록, 그는 누구보다 조용한 5년여를 보냈다. 대신 은둔의 황제라는 수식어와 함께 온갖 소문이 무성했을 따름이다.

그렇다면 이건희는 자신만의 '기나긴 사색' 속에서 무엇을 만지작거리고 있었던 것일까? '그 해에 체중이 10킬로그램 이상 줄었다'는 그의 장 고는 도대체 어떤 내용이 될 것인가? 마침내 그가 은둔을 끝내고 돌아오는 첫날의 풍경은 과연 어떨지 궁금하다.

이건희는 삼성의 뿔난 메기다

이건희는 마침내 자신만의 '기나긴 사색', 곧 장고를 끝내고 돌아온다. 그리고 그가 말한 첫날의 풍경은 '위기'였다.

삼성의 임직원들은 의아해했다. 삼성은 여전히 국내 정상의 탄탄대로를 질주하고 있었으며, 더 이상 오를 곳이란 없었다. 애써 또 다른 불확실한 모험을 찾아 나서기보다는 이젠 힘들게 이룬 정상을 지켜내는 수성이 더 시급하고 절실한 문제라고 보았기 때문이다.

그러나 이건희가 바라보는 삼성은 달랐다. 보다 거시적이었으며, 미래를 관통하는 것이었다.

사실 당시 삼성의 사업 구조는 후진국 형이었다. 일찍이 1936년 마산에서 정미소를 시작으로 출범한지 불과 반세기 만에 막대한 부의 제국을 쌓아올렸지만, 그것은 어디까지나 국내 시장을 기반으로 한 것이었다. 이제 더 이상 영속성을 기약하기 어려웠다. 당장 세계화를 서두르지 않는다면 삼성에 미래가 없다는 절박감을 느꼈다.

그러기 위해서는 지난 반세기 동안 초고도 성장을 이룬 삼성을 완전히 바꾸어야 했다. 지금까지의 1등 삼성을 모두 버리고 새로운 성장 동력을 찾지 않고선 삼성은 멈출 수밖에 없다고 새로운 생각을 했다. 자신의 신임 회장 취임사에서 이미 밝힌 바 있는, 국내 1등이 아닌 세계 초일류기업으로 나아가지 않고선 삼성은 없다는 위기감이 작용했다.

물론 삼성의 임직원들이 의아해 한다는 걸 모를 리 없었다. 당장 국내 정상을 버리기가 쉽지 않다는 것도 십분 이해했다.

그래서 그가 맨 앞장을 섰다. 자신이 삼성의 메기가 되기로 기꺼이 작정한 것이다. 다음은 그가 1991년 〈한국일보〉에 발표한 「메기와 미꾸라지」의 기고문이다.

'내가 어렸을 때 선친으로부터 들은 얘기다. 선친께서는 20대 시절 고향 의령에서 가업인 농사를 잠시 거드신 적이 있는데, 그때 논에는 으레 미꾸라지를 키웠다고 한다. 한쪽에는 미꾸라지만 키우고, 다른 한쪽에는 미꾸라지 속에 메기를 한 마리 넣어서 키웠는데. 가을이 돼 수확을 해보니 미꾸라지만 키운 쪽은 시들시들 오그라져 있고 메기랑 같이 키운 쪽은 살이 통통했다. 메기가 잡아먹으러 다니니까 항상 긴장하고 계속 움직여야만 했고, 많이 먹고 튼튼해진 것이다. 메기보다 빨라야 살아남지 않겠는가.

결과적으로 메기가 없는 것보다 있는 것이 더 낫다는 말씀이었는데, 요컨대 '건전한 위기의식'을 항상 가지라는 뜻으로 나는 이해하고 있다. '안전하다고 생각되는 순간이 가장 위험스럽고, 위험하다고 생각되는 순간이 가장 안전하다'는 말처럼 불의의 재난이나 커다란 실패는 우리가 마음을 놓고 있을 때 느닷없이 다가오는 법이다.

···〈중략〉···

이웃 일본은 일찍이 미국, 독일 등으로부터 기술을 들여와 자기 기술로 정착시켜 오늘날의 경제대국으로 성장하였으나, 이제는 더 이상 모방할 기술이 없어 그들 스스로 독창적인 기술을 개발하지 못하면 살아남지 못하며, 한번 뒤떨어지면 영원히 2류 기업으로 전락해 버린다는 사실에 위기감을 느끼고 있고, 차세대를 겨냥한 첨단 기술 개발에 온갖 노력을 다하고 있다. 말하자면 메기가 없어진 시점이 바로 위기의 출발점이라는 영악한 자각을 벌써 고 있다는 얘기다.

어떤 형태로든 메기는 필요하다. 수많은 임직원을 거느리고 있는 기업의 최고경영자는 좋은 의미에서 '메기'가 돼야 한다. 그러나 더 욕심을 부리자면 최고경영자는 물론이고 직원들 모두가 스스로에 대한 메기가 될 때 비로소 그 조직은 활기와 의욕이 넘치고, 그래야 진정한 의미의 자율경영도 가능해질 것으로 나는 생각한다.'

'건전한 의기위식'을 갖자는 호소였다. 그의 이러한 메기론은 이듬해 여름에도 한 차례 더 반복된다. 그룹 임원 연수에서 또다시 '메기론'이 교육의 주제로 언급되기도 한 것이다.

그런가하면 부회장 시절 이미 삼성의 임직원들에게 주문했던 '입체적 사고'와 더불어 단기 실적 위주의 평가 방식은 지향되어야 한다고 강조했다. 특히 2급 두뇌 천명 보다 1급 두뇌 두 명이 더 소중하다는 이른바 '천재경영'과 함께 60년대식 월급봉투의 두께보다 사명감과 성취감을 심어줘야 한다는 '동기부여'도 아울러 언급되기 시작했다.

'삼성에서는 아주 우수한 사람이거나 무사안일주의여야 중역이 된다는 이야기를 들었다. 여러분이 전자에 속하는지 후자에 속하는지는 모르지만, 요즘은 한 사람만 잘해가지고 일이 잘 되어 가는 그런 세상이 아니다. 이제까지는 자기가 맡은 한 가지 분야만 잘해도 상무, 전무로 승진할 수 있었다. 그러나 앞으로는 이 사회가 그런 것을 용납하지 않을 것이다. 모든 분야를 알며 변화에 대처할 수 있는 입체 사고를 가져야 한다. 입체 사고를 할 수 있는 사람만이 대기업의 중추 역할을 하게 될 것이다.'

'기나긴 사색'을 끝내고 돌아온 이건희는 그 같은 주문만이 아니라 비판도 서슴지 않았다. 삼성 전체에 만연해 있는 단기 실적 지상주의에 대해서도 가차 없이 날을 세웠다. 능력 제일주의에서 인재 제일주의로 삼성의 기조가 바뀌기 시작한 것도 이때부터였다.

'…젊은 인재, 우수한 인재를 어떻게 뽑아서 키우느냐에 회사의 운명이 달려 있다. 그리고 단기 실적, 업적 위주의 폐단, 이것은 내가 꼭 없애겠다. 나는 이번 중역 인사에서 5년간 그 사람의 업적을 다 뒤졌다. 본인은 생각도 안 했는데 된 사람, '나는 될 것이다' 생각했는데 안 된 사람도 있을 것이다. 시작할 때 고생하며 기초를 다져놓은 사람은 표도 안 나타나고 생색도 안낸다. 그 자리를 물려받은 사람은 일하기 쉽고 일도 잘 된다. 여기서 누가 점수를 더 받아야 하는가. 단기적으로 그 해에 나타나는 숫자, 업적만 갖고 떠져서는 안 된다. 이런 풍토가 있어서는 전체 삼성이 발전할 수 없다.'

그가 마지막으로 주문한 것은 앞서 말한 것처럼 동기부여와 천재경영이었다. 일선의 사원들에게 동기를 부여할 줄 아는 임원, 우수한 인재를 길러낼 줄 아는 중역이 되어줄 것을 강조했다.

'…상사 뿐 아니라 친구, 후배 등 누구나 인간미가 있어야 한다. 60년대에는 월급봉투 두께만 보고 일했지만, 앞으로 젊은 사람들에게 이건 문제가 안 된다. 어디 가나 월급은 비슷해진다. 돈이 아니라 사명감, 성취감, 희망을 주고 애정이 있는 그런 상사가 돼야 한다. 판단을 안 해주는 책임자나 중역은 아주 질색이다. 우리 집안에는 삼고초려라는 가훈이 있다. 우수한 사람을 영입하기 위해 온갖 노력을 다 한다. 1급 두뇌, 2급 두뇌를 나누기는 어렵지만 앞으로 선진 기업에서는 2급 두뇌 천명 보다 1급 두뇌 두 사 람이 훨씬 낫다는 얘기가 나오게 된다.'

이같이 '기나긴 사색'을 끝내고 돌아온 그의 첫 풍경은 매우 구체적이고 또한 결연했다. 삼성의 도처에 만연해 있는 무사안일주의만은 자신이 반드시 없애겠다고 한 다짐은 하나의 문법 선언이었다. 아버지 이병철의 수족이 되어 부단히 그룹을 일궈온 지난 반세기 동안 몸속에 깊숙이 배어 근육이 된 관성을 바꾸어야 한다는 것이었다.

그리고 그 첫 대상이 이내 밝혀졌다. 삼성의 회장 비서실이었다. 그가 삼성 사장단 회의에서 이렇게 말문을 연 것이다.

'…선대 회장에 대한 비판이 아니라, 과거 삼성의 사장단 회의는 '어전회의'였다. 비서실장이 회의 전날 사장단을 상대로 PD 노릇을 했다. A사장은 이것을 준비하고, B상무는 회장이 이걸 물어볼 테니 준비하라는 등…. 이게 과거 10년간 사장단 회의의 모습이었다.'

아버지의 회장 비서실을 두드리다

그보다 앞서 이건희는 자신의 회장 취임사에서 밝힌 '세계 초일류기업으로의 도약'을 21세기 비전으로 제시하며 대대적인 구조조정에 들어갔다. 자신의 이름으로 새판 짜기에 들어간 셈이다.

우선 경영의 효율성을 높이기 위해 그동안 그룹과 분리되어 따로 경영되고 있던 전자, 반도체, 통신을 삼성전자로 통합시킨데이어 유전공학, 우주항 공 분야의 신규 사업을 추진하는 방안을 내렸다.

그러나 앞서 얘기한 대로 이건희가 회장에 취임한 뒤 한동안 '기나긴 사색'에 들어갔을 때 홀로 가장 고민한 부분이 회장 비서실이었다. 삼성을 혁신하기 위해서는 무엇보다 회장 비서실을 어떻게든 바꾸어야만 한다고 확신했다.

하지만 회장 비서실은 아버지 이병철의 수족이 되어 삼성을 일궈온 이른바 성골의 철옹성이었다. 고인이 된 선대 회장의 체취가 마지막까지 남아 있는데다, 눈에 보이지 않은 막강한 권력을 쥐고 있었다. 사실상 삼성을 움직이는 두뇌 집단이라고 일컬어도 과언이 아니었다.

따라서 섣불리 건드렸다가는 벌떼와도 같이 들고일어나 자칫 역풍이 불 수도 있었다. 이미 고인이 된 선대 회장 말고는 어느 누구도 건드릴 수 없는 성역과도 같은 조직체처럼 비쳐졌다.

때문에 회장 비서실은 이건희에게도 위협적이 아닐 수 없었다. 그 역시 회장 비서실을 넘지 않고서는 삼성을 이끌기 어려웠다.

'선대 회장은 경영권의 80%를 쥐고, 비서실이 10%, 각 계열사에 10%를 나눠 행사했다. 나는 앞으로 회장이 20%, 비서실이

40%, 각 사장이 40%를 행사하는 식으로 바꾸겠다.'

그의 발언은 언뜻 자신의 권한을 크게 낮추겠다는 소리로 들린다. 대신 회장 비서실과 각계열사 사장단의 권한을 더욱 높이겠다는 얘기 같다.

그러나 내막을 깊이 들여다보면 그 반대였다. 자신의 권한을 크게 줄이겠다는 것이 아니라, 되레 회장 비서실의 권한을 크게 축소시키겠다는 속내였다.

사실 선대 회장 생전에 회장 비서실은 곧 회장과 동일한 존재였다. 선대 회장이 가지고 있던 80%의 경영권을 실제로는 회장 비서실에 위임했기 때문에 회장 비서실이 가지고 있었던 건 10%가 아닌 90%의 권한이었던 셈이다.

다시 말해 회장 비서실이 실질적으로 행사하고 있는 권한의 90%를 40%까지 낮추겠다는 선전포고였다. 아울러 그동안 회장 비서실이 좌지우지하던 각 계열사의 경영권을 대폭 사장단에 위임하여 자율경영을 이루겠다는 뜻이었다.

회장 비서실에 대한 선전포고는 이후에도 이어졌다. 그는 회의 석상에서 곧잘 회장 비서실을 일컬어 '경영에 자질이 없다'거나, '쓸 만한 사람이 적다'거나 하는 쓴 소리도 서슴지 않았다.

1990년 가을에는 회장 비서실 임원들을 신라호텔로 여러 차례 불렀다. 그리곤 자율경영 체제에 대한 자신의 의지가 제대로 관철되지 않는다고 질타한다. 회장 비서실이 자율경영에 장애 요인이 되고 있음을 간접적으로 시사했다. 점차 회장 비서실을 압박해 들어간 것이다.

삼성의 회장 비서실은 1975년 정부의 '종합무역상사' 제도가 시행됨에 따라 선대 회장에 의해 만들어진 조직체였다. 일본의 미쓰비시, 스미모토, 미쯔이 등의 종합상사 비서실을 벤치마킹하여 만들어진 삼성의 회장 비서실은, 그동안 선대 회장과 동일한 존재로 일컬어지며 무소불위의 파워 집단으로 성장했다.

특히 1970~80년대 경제 발전의 도약기를 거치면서 회장 비서실은 우리 나라 최고의 엘리트 집단으로 세간의 정평을 얻었다. 당시 회장 비서실은 15개 팀 250명 이상의 인원이 기획, 정보수집, 인사, 자금, 국제금융, 기술개발, 경영지도, 홍보, 감사 등 그룹 전반에 걸쳐 광범위한 기능을 담당하면서 삼성의 전체 살림을 도맡고 나섰다.

요컨대 회장 비서실은 전략적 참모로서 그룹의 회장을 보좌하는 한편, 그룹 전반에 관련된 목표를 제시하고, 신규 사업을 추진하며, 계열사 간의 역할을 분담하고, 자원을 분배 관리하는, 실로 막중한 업무를 맡고 있는 핵심 부서로 자리매김하게 되었다. 삼성그룹의 컨트롤타워가 다름 아니었던 것이다.

한데 이건희는 그러한 회장 비서실부터 대대적인 개혁을 시작하고 나섰다. 이유는 간단했다. '변해야 살아 남을 수 있다'는 확신에서였다.

사실 삼성의 회장 비서실은 1975년 정부의 종합무역상사 제도 실시 훨씬 그 이전까지 거슬러 오른다. 일찍이 1959년 처음 만들어진 이래 무려 반세기 동안 그 어떠한 조직보다도 단단하게 굳어진 체제였다.

선대 회장이 타계하고 신임 회장이 등장하였음에도 회장 비서실은 아직도 선대 회장의 체제였으며, 구성원들 또한 선대 회장의 사람들이었다. 도무지 자신의 의지가 온 데 간 데 없다고 이건희는 분통을 터뜨렸다.

'…내가 공장이라도 방문할라치면 비서실은 이렇게 지시했다. "회장 얼굴 보지 말고 열심히 일하는 체하라. 부동자세 취하라." 는 등, 내 앞에서는 좋은 소리만 했다. 안 되는 것 갖고 오라 해도 안 됐다. …비서실은 '~체 병'에 걸려 있었다. 과거 5년 간 그랬다.'

이건희는 이러한 회장 비서실을 나치의 게슈타포, 소련의 KGB로 불릴 만큼 권위에 싸여 있다고 생각했다. 신임 회장에 취임하고 무려 5년여 동안이나 그렇듯 속앓이를 해왔다. 답답하고 한편으로는 고통스러웠다.

한데도 조직의 속살에까지 깊숙이 드리운 선대 회장의 그림자는 너무도 짙기만 했다. 신임 회장이 전면에 나선지 꽤 오랜 시간이 흘러갔음에도 사장단과 임원진, 비서진은 자신들이 거머쥔 기득권을 놓지 않기 위해 서로 눈치만 살펴가며 좀처럼 움직이려 하지 않았다.

이윽고 선대 회장의 삼년상이 끝나는 1990년 세밑, 이건희는 마침내 개혁의 칼날을 빼어들었다. 지체 없이 회장 비서실부터 두드려 깨웠다.

먼저 회장 비서실의 수장부터 내쳤다. 비서실장 소병해를 삼성 생명 부회장으로 전격 발령을 냈다.

소병해는 이건희와 동갑이었다. 대구상고와 성균관대를 나와 삼성에 입사한 뒤, 1978년부터 회장 비서실장으로 줄곧 선대 회장을 수족처럼 모셨던 인물이다. 선대 회장을 모시면서 그의 분신으로까지 일컬어질 정도였다.

그런 만큼 막강한 권력을 휘둘러왔었다. 선대 회장이 일 년이면 그 3분의 1을 일본에서 머물렀다는 점을 고려한다면, 그가 일상적인 경영권을 위임받아 얼마나 많은 권력을 행사해왔었는지 짐작할 수 있었다.

이건희는 그런 소병해부터 전격 교체했다. 그리고 그 자리엔 자신의 사대부고 4년 선배인 이수빈을 임명했다.

이어 정기 인사에서 회장 비서실 20여 명의 임원 대부분을 교체시켰다. 회장 비서실이 만들어진 반세기 이래 사상 최대 규모의 물갈이였다. 당초 예상되었던 반발 기류도 일체 일지 않았다. 그만큼 준비가 철저했던 것이다.

회장 비서실에 대한 대대적인 개혁을 마치고 나자, 이번에는 삼성그룹 전체를 바꾸기 위한 개혁에 착수했다. '변해야 살아남는다'는 그의 자세는 정말이지 내일이 따로 없는 것처럼 절박해 보였다.

다음은 1992년 경영자 대상 수상 기념 강연에서 그가 한 말의 일부를 옮겨본 것이다.

'…세기말적 변화로 나타나는 구체적인 징후로 먼저 국내에서는 민주화 열풍이 일어났다. 우리 삼성이 제2의 창업 2단계를 선언하는 시점에서 쏟아진 신정부의 개혁 의지는 아주 큰 변화로 볼 수 있다. 또한 잘 아시겠지만 EC가 통합되고 냉전체제가 붕괴되는 등 세계적으로도 많은 세기말적 변화가 진행되고 있다. 특히 불과 몇 십 년 전에 북한에 무기를 원조해 우리 나라를 침공하게 했던 소련이 한국과 수교하여 우리의 경제 원조를 받는 엄청난 변화가 일어났다. 이젠 외교라는 것도 그 의미가 과거와는 달라지고 있고, 전 세계가 국경 없는 경쟁시대에 돌입한 것이다. 선대가 경영했던 '87년 이전과 지금의 경영 상황에는 엄청난 차이가 있다. 특히 선대까지는 기업경영이나 상품이 단순하면서도 하드적인 것이었다. 그러나 이제부터는 시스템화, 소프트화가 필요하며 세계적 변화의 흐름을 제대로 이해하고 대응해 나가야 한다.'

삼성전자를 중심으로 그룹의 역량을 통합시킨데 이어, 삼성의 오랜 굳은살이었던 회장 비서실을 개혁한 이건희는, 그 다음 수

순으로 삼성의 이미지 재고에 들어갔다. 자신이 천명한 '세계 초일류기업'으로의 도약과 '제2의 창업' 정신에 따라 로고 CI를 개정하기로 결정했다.

그의 생각은 단순히 로고만을 바꾸는 것이 아니었다. 임직원들의 마음가짐과 행동양식까지 포함해 모든 것을 바꾸고자 노심초사했다. 오래되어 굳어진 체질의 개선과 더불어 새로운 시대를 열어가는 의식의 개혁까지 도모코자 한 것이다.

곧바로 회장 비서실의 홍보팀과 계열사인 제일기획 실무진으로 CI추진팀이 만들어졌다. 세계 최고의 CI전문 업체인 L&M사가 협력 파트너로 선정되었다.

이윽고 이듬해 삼성 창립 55주년을 기념해 새로이 만들어진 CI가 첫선을 보인다. 새로이 만들어진 지금의 CI는 '영원한 삼성'과 함께 '글로벌 삼성'이라는 의미를 함축하고 있다.

바탕의 파란색은 하늘과 바다를 상징한다. 비스듬한 타원은 세계와 우주를 뜻한다.

영문자로 SAMSUNG을 넣은 것은 글로벌화의 의지를 표방한다. S자의 윗부분과 G자의 아랫부분이 파란색 타원과 연결된 모양은 내부와 외부를 하나로 연결시켜 세계, 우주와 함께 살아 숨 쉬고, 인류사회에 이바지하겠다는 염원을 담았다. 또한 A자는 가로선이 빠져있다. 개방성을 상징한다는 의미가 담겨있다.

이건희는 그런 뒤에라야 다음 행보에 나섰다. 안으로 바꾸자는 개혁으로 역량을 모은 뒤, 자신이 오래 전부터 구상해오던 해외로의 눈길을 비로소 돌리게 된 것이다.

이건희식 '신경영 회의'

1993년이 밝았다. 「삼성60년사」에선 이 해를 일컬어 '삼성에 있어서 매우 중요한 분기점'이라고 쓰고 있을 만큼 여느 해보다 뜻 깊은 한 해였다.

사실 그동안 이건희는 신임 회장에 취임한 이후에도 5년여 동안이나 줄곧 조용하게 보냈다. 은둔자의 모습 그대로였다. 그를 둘러싼 갖가지 소문이 무성했지만 끝내 '기나긴 사색'으로 일관했다. 겉으로는 평온한 듯이 보였으나 삼성의 내부에서 그만큼 권력 투쟁이 치열하게 전개되고 있었음을 짐작케 하는 대목이기도 하다.

그러나 이 해가 되자 이건희는 운둔자의 모습에서 벗어나 부쩍 자신 있는 행보를 계속했다. 그동안 자신이 이룬 개혁의 성과와 그룹의 비전을 들고 경영 일선에 본격적으로 등장했다.

그 첫 행보는 1월초 태평로 삼성 본관 28층 대회의실에서 열린 경영전략 회의에서부터였다. 각 계열사 사장단을 크게 전자 계열사, 중공업 계열사, 화학 및 제조 계열사, 금융서비스 계열사 등 4개 부문으로 나누어 첫 번째로 열린 전자 계열사 사장단 회의에서 이건희는 비장한 어조로 입을 열었다.

"(다가오는)21세기를 대비하기 위한 마지막 기회를 맞고 있다는 각오로 (다같이)새로운 출발을 합시다."

새해 처음 열리는 경영전략 회의라지만 예년과 크게 다를 건 없었다. '변해야 살아남는다'는 그동안 그가 강조해온 '바꾸자'를 반복했을 따름이다.

한데 여느 때보다 사뭇 진지한 분위기였다. 그것은 머지않아 삼성에 불어 닥칠 폭풍 전야의 조짐이었던 것이다.

"…전자는 암 2기, 중공업은 영양실조, 건설은 영양실조에 당뇨병, 종합화학은 선천성 불구기형으로 처음부터 잘못 태어난 회사, 물산은 전자와 종합화학을 합쳐서 나눈 정도의 병…."

선대 회장에 이어 그룹의 총수가 된 지 어언 5년여. 이건희는 삼성을 그렇게 진단했다. 새로운 패러다임의 시대에 새로이 대응할 수 있는 새로운 체질로 변화하지 않고는 결코 살아남을 수 없다고 거듭 강조했다.

때문에 '바꾸자'는 그의 행보는 바빠질 수밖에 없었다. 연초부터 연이어진 네 차례 경영전략 회의에 이어 라디오 출연이다, 외부 강연이다, 그가 삼성 안팎에 모습을 드러내는 일이 부쩍 잦아졌다. 대중 앞에 좀처럼 자신을 드러내지 않던 평소 그답지 않은 파격이자 초조한 모습이기도 했다.

그처럼 분주하게 새해 벽두를 열었던 이건희는, 1월 31일 예정된 스케줄에 따라 해외 출장길에 오른다. 처음 비행기에 오를 적만 하여도 미국의 시장 현황을 파악하기 위한 정도였다. 따라서 며칠 있으면 금방 돌아올 것처럼 보였다.

하지만 이렇게 떠난 해외 출장길이 자그마치 158일에 걸친 대장정이 되리라고는 그 자신도 미처 예기치 못했다. 당시 이건희에게는 그만큼 절박한 나날이었음을 짐작케 하고 있다.

첫 출장지는 세계 전자 제품의 각축장으로 불리는 미국 로스앤젤레스였다. 삼성전자가 세계 최초로 8mm VTR를 개발했다는 낭보가 전해지던 날이었다.

이건희는 그곳 현지에서 한국과 미국 간의 통상 현안과 반도체 덤핑 문제 등에 대해 협의했다. 또한 삼성전자 사장 김광호, 삼성항공 사장 이대원 등 삼성의 전자 계열사 임원들과 함께 현지 가전제품 매장을 찾기도 했다. 삼성 전자 제품들의 해외시장 평가를 알아보기 위해서였다.

매장에는 당시 세계 시장을 석권하고 있는 유명 메이커의 제품들이 즐비했다. 미국의 GE와 월풀, 네덜란드의 필립스, 일본의 SONY와 도시바, 샤프 등이 저마다 첨단 성능과 고유의 디자인을 뽐내고 있었다.

삼성의 제품도 없지는 않았다. 현장에서 만나니 반가웠다.

그러나 삼성의 제품은 매장의 한쪽 구석에 처참히 처박혀 있었다. 누가 거들떠보지도 않았는지 먼지를 뽀얗게 뒤집어쓴 모양

새였다.

그 광경을 목격한 이건희와 삼성의 전자 계열사 임원들은 충격을 받았다. 반세기 넘게 국내 정상이라고 자랑스러워했던 삼성의 제품이 해외시장에서는 천덕꾸러기였던 것이다.

'이대로 가면 삼성은 망한다.'

며칠 뒤 이건희는 로스앤젤레스에 자리한 센추리플라자 호텔에서 '전자 부문 수출품 현지 비교평가 회의'를 열었다. 삼성이 만들어낸 TV, 냉장고, 세탁기, VTR, 전자레인지, 캠코더 등의 제품과 경쟁사인 미국의 GE와 월풀, 네덜란드의 필립스, 일본의 SONY와 도시바, 샤프 등 78개의 제품과 함께 나란히 전시해놓고서 성능에서부터 품질, 디자인에 이르기까지 전 부분에 걸쳐 비교 평가하는 자리였다.

그의 이 같은 비교전시 평가는 한창 호기심과 관심을 불러일으키던 어린 시절 장난감들을 해체하고 조립하던 때까지 거슬러 올라간다. 더 구체적으로는 1968년 아버지 이병철의 회장 비서실에서 짧은 기간 견습 사원의 딱지를 뗀 뒤, 중앙일보·동양방송의 이사로 그룹에 첫발을 들여놓았을 때부터였다. 당시 그의 사무실을 찾은 사람들은 책상 위에 첨단 시계를 순서대로 모두 분해해 놓여 있는 것을 보고 놀랐다고 한다.

어쨌든 분위기는 처음부터 얼어붙어 있었다. 세계 일류 제품과 비교해 보았을 때 삼성의 제품은 너무나도 초라하게만 보였던 것이다.

침통한 분위기 속에서 마침내 이건희가 입을 열었다.

"…삼성은 지난 1986년에 망한 회사다. 나는 이미 15년 전부터 위기를 느껴왔다. 지금은 잘 해보자고 할 때가 아니라 죽느냐 사느냐 기로에 서 있는 때다. 우리 제품은 선진국을 따라잡기에는 아직 멀었다. 2등 정신을 버려라. 세계 제일이 아니면 앞으로 살아남을 수 없다…."

이날 비교 평가 회의는 9시간 동안이나 계속되었다. 아니 회의라기보다는 대부분 그의 질책으로 메워졌다.

이건희는 때로 고함을 내질렀다. 회의 중간에 삼성전자 미국 현지법인인 삼성미주전자의 임원 한 사람이 전체적인 상황 보고를 하면서, 한 해 전 수출 부진의 원인은 다른 계열사에 있다는 식으로 보고했다. 그러자 듣고 있던 그가 갑자기 버럭 소리를 내질렀다.

"당장 집어치우고, 나가시오!"

평소 말이 없던 회장이 고함을 내지르자 모두가 당황하여 어쩔 줄을 몰라 했다. 이건희는 그따위 보고는 들을 필요도 없다며 재차 고함을 내질렀다.

결국 그 임원은 중도에 그만 회의장 바깥으로 쫓겨나고 말았다. 변하지 않고는 살아남을 수 없다는 이건희의 개혁이 그 얼마나 절실한가를 보여주는 대목이었다.

"어떻게 이런 중역이 아직도 삼성에 있는가? 지금 우리 제품이 세계 각국의 제품과 피 말리는 싸움을 벌이고 있는데, 계열사와 협력을 해도 모자   랄 판에 어떻게 책임을 전가할 수 있는가?"

그 임원은 대기 발령을 받았다. 삼성 안에서는 구구한 억측이 돌았다. 심지어 경각심을 불러일으키기 위한 '의도적인 쇼'라는 해석까지 나왔다.

이날 이건희는 품질과 미국 수출 전략에 대해서도 쓴 소리를 마다하지 않았다.

"…왜 미국에 수출을 늘려나가야 하는가? 미국 시장에 수출하면서 20여 년 간 엄청난 결손을 보았다. 삼성TV, VCR은 싸구려의 대명사 같다. 품질문제는 삼성을 싸구려 대명사로 하기에 충분했다. 이번에 LA에 전자 사장, 임원들은 미국의 전자 제품 매장을 직접 둘러보고 그들이 우리 제품을 진열해 놓은 꼴을 보았다. 우리 상품이 얼마나 천덕꾸러기가 되어 있는지, 또 한쪽 귀퉁이에 얼마나 많은 먼지가 쌓여 있는지 똑똑히 보고 왔을 것이다. 2등은 현상 유지 밖에 안 되고, 못 큰다. 2등, 3등은 맨 날 바쁘다. 맨 날 그 모양 그 꼴이다. 내가 말 안 해도 사장이 벌써 가보았어야 하고, 회장보다 더 잘 알아야 하는데 회장이 제일 잘 안다…."

다음 달에는 장소를 일본 도쿄로 옮겼다. 삼성그룹의 사장단 46명이 대거 참석하여 그룹 경쟁력 제고를 위한 전략을 논의하기 위한 자리였다.

도쿄에서도 회의에 앞서 참석한 사장단과 함께 LA 회의 때와 마찬가지로 예의 전자 매장을 찾았다. 세계 전자 시장의 흐름을 한 눈에 살필 수 있다는 아키하바라 전자제품 매장이었다.

그리고 그곳에서도 LA 매장에서 보았던 풍경을 다시 보게 된다. 삼성의 제품이 일본 제품들에 밀려 천덕꾸러기 신세를 면치 못하고 있음을 목격한 것이다.

장소를 아키하바라에서 재래시장으로 옮겨보았다. 스키치 재래시장이나 라라포트 재래시장 역시 다르지 않은 풍경이었다.

도쿄 회의에서는 일본이 자랑하는 초일류 기업도 찾았다. 도시바, NEC, 후지쓰 등의 생산 현장과 연구소를 차례대로 둘러보았다.

"…우리 경제가 현재와 같은 상태를 3~4년간 지속한다면 국가적으로 엄청난 위기가 올 수밖에 없다. 삼성 사장단이 역사적 소명을 갖고 경쟁력 강화에 나서야 한다."

이건희는 분발을 촉구했다. 미국에서 삼성 제품의 실상과 현주소를 직접 확인케 한데 이어, 일본에서는 경쟁력의 원천을 현장에서 눈으로 확인시켜 이를 따라잡기 위한 현장회의를 연거푸 열었던 것이다.

'내일'을 위한 출사표

「삼성60년사」에서 1993년 이 해를 일컬어 '삼성에 있어서 매우 중요한 분기점'이라고 쓰고 있는 이유 가운데 하나가 LA와 도쿄에서의 역사적인 전략회의라면, 그 두 번째 이유는 3월에 열린 삼성 창립 55주년의 기념사였다. 이날 기념식장인 서울 올림픽공원 체조경기장에는 무려 1만 명이 넘는 삼성 임직원들로 가득 들어차 열기로 넘쳐났다.

이윽고 박수소리와 함성 속에 이건희가 기념사를 하기 위해 연단 앞으로 나섰다. 그리고 훗날 '내일을 위한 출사표'라는 이름으로 길이 남게 될 일찍이 볼 수 없었던 명연설을 시작했다. 기념사를 그대로 옮겨보기로 한다.

'친애하는 20만 삼성가족 여러분! 그리고 자리를 함께 해주신 협력업체 임직원 여러분!

오늘은 내가 '제2의 창업'을 선언한 지 5주년이 되는 날입니다. 나는 5년 전 바로 이 자리에서 '21세기 초일류기업'이라는 원대한 비전을 제시하였으며, 여러분들은 '위대한 내일'을 실현하기 위해 새롭게 태어날 것을 굳게 다짐한 바 있습니다.

제2의 창업은 우리 모두가 21세기를 자랑스럽게 맞이하기 위한 '영광의 선언'이요, 격변의 시대를 이겨내는 절대 절명의 '생존선언'인 동시에 국내 정상에서 세계 속의 일류로 도약하기 위한 '새 출발의 신호'였습니다.

앞서 경과보고도 있었지만, 지난 5년 동안 우리는 실로 많은 일들을 해왔습니다. 외형적으로 두 배 반의 성장을 이룩한 위에 국민으로부터 사랑받고 국가 사회에 봉사하는 '국민기업으로서의 삼성'의 모습을 한층 새롭게 하였습니다.

그러나 우리 모두가 기대했던 만족할 만한 성과는 결코 아니었다고 생각합니다. 세계가 급변하는 가운데 우리의 갈 길은 멀고 도전은 계속되고 있기 때문입니다. 21세기를 앞두고 남은 7년은 우리가 세계 초일류기업으로 살아남느냐, 또는 주저앉고 말 것인가를 결정하는 마지막 결단의 시기가 될 것입니다.

삼성가족 여러분, 나는 오늘을 기하여 '제2의 창업 제2기'가 새로이 시작됨을 엄숙히 선언합니다. 제2기의 과제는 실천과 성과를 위한 '혁신과 창조'입니다. '준비와 수련'의 5년 동안 싹튼 씨앗이 '혁신과 창조'의 과정을 통해 더욱 알찬 열매를 맺을 수 있도록 해야 합니다.

새로운 경제전쟁의 시대를 맞아 물리적인 국경의 개념은 이미 사라졌고, 국가 경쟁력 강화라는 이름 아래 경제 블록화와 기술 경쟁이 더욱 가속화되고 있습니다. 그런데도 우리의 산업 경쟁력은 꺼져가는 불씨처럼 안타까운 모습을 보이고 있습니다.

근면의 표상으로 우리 근로자들이 지켜왔던 산업현장이 점차 외국인 노동자들로 대체되어 가고 있고, 우리의 땀이 밴 수출상품은 세계시장의 진열대 위에서 먼지에 쌓여가고 있는 모습을 볼 때 나는 기업인의 한 사람으로서 참을 수 없는 분노에 앞서 서글픈 생각마저 듭니다. 이 부끄러운 현실을 더 이상 방치할 수 는 없습니다.

우리는 분명히 다시 시작해야 합니다. 때마침 국가적으로도 '변화와 혁신'의 새 바람이 불고 있습니다.

그러나 신한국 창조는 몇몇 사람의 노력이나 정부의 힘만으로 는 되는 것이 아닙니다. 정부는 정부의 할 일, 기업은 기업의 할 일, 국민 각자는 모두 제 할 일을 성실히 하는 삼위일체가 될 때 비로소 신한국 창조의 싹은 아름답게 피어날 것입니다.

국가 경쟁력은 정부와 기업, 그리고 국민이 한데 뭉친 총체적 에너지의 결정체이며, 기업은 모든 생산의 주체입니다. 지난 2 월 LA 회의가 우리 자신의 현주소를 확인하는 재확인의 모임이 었다면, 3월초의 동경 회의는 '이대로는 안 된다'는 위기의식으 로 새 출발의 결의를 다지는 자리였습니다.

친애하는 삼성가족 여러분, 이 세기말적 변화의 시기에 삼성이 해야 할 일은 너무나 분명합니다. 제2의 창업 제2기는 다음 세 가지를 실천하는 데서부터 출발해야 합니다.

첫째는 역사적 소명의식으로 재무장하는 일입니다.

둘째는 기술 우위를 확보하는 일입니다.

셋째는 낡은 관행과 제도를 과감히 청산하는 일입니다.

모든 삼성인은 희생과 봉사의 자세로 정체된 국가경제를 살려 선진 한국건설에 앞장서겠다는 각오를 새롭게 해야 합니다. 이것은 곧 오늘을 사는 우리 모두에게 주어진 역사적 사명인 동시에 그룹을 위하여, 나아가 국가와 국민을 위하며, 제2의 창업의 비전을 성취하는 길이기 때문입니다.

우리는 지난 반세기 동안 오직 '사업보국'의 일념으로 국가경제 발전에 앞장 서왔습니다. 우리에게 주어진 역사적 소명과 의무를 다하기 위해서는 우리의 마음가짐과 우리의 사고가 다시 한 번 새로워져야 합니다. 그리고 우리의 현 위치를 올바로 파악해야 하겠습니다. 우리의 강점과 약점이 무엇이며, 우리의 생존을 위협하는 것이 무엇인가를 분명히 알아차렸을 때, 우리는 이미 절반의 성취를 이루게 되는 것입니다.

다음으로 우리가 서둘러야 할 일차적 과제는 '기술 우위의 확보'입니다. 기술개발은 경쟁의 시대에 기업이 성공할 수 있는 최고의 가치이며 수단입니다. 반도체 칩 개발이 한 달 늦어짐으로써 수백억 원의 기회 손실이 발생할 수 있는 시대, 컴퓨터의 하드웨어를 만든 회사는 현상 유지 밖에 못하만 소프트웨어를 만드는 회사는 엄청난 부를 쌓아올릴 수 있는 시대, 기술과 지식과 정보야말로 진정한 경쟁력의 원천이 되는 시대입니다.

내가 회장으로 취임하면서 '기술 중시의 경영'을 경영 방침으로 천명하고, 기회 있을 때마다 기술의 중요성을 강조해 왔던 이유도 바로 여기에 있습니다. 우리는 선진 기업과의 기술 격차를 단시일 내에 만회할 수 있는 모든 수단과 방법을 강구하는 동시에, 기술개발 투자에 총력을 경주해 가야 합니다. 기술개발을 통한 새로움의 창조 없이는 세계 초일류기업은커녕 2류 기업군으로 전락하고 말 것입니다.

나는 또한 우리 조직의 풍토가 전면적으로 쇄신되지 않으면 안된다는 점을 강조하고자 합니다. 아직도 구시대의 인식과 발상에서 탈피하지 못하고 낡은 제도나 관습을 고집하고 있는 임직원이 있다면 안타까운 일이 아닐 수 없습니다. 나는 선의의 실수는 용납할 수 있지만, 부정과 변명은 용서할 수 없다고 누차 말해 왔습니다. 규율과 질서는 지키되 개인의 자율과 창의는 최대한 존중되어야 한다고 강조해 왔습니다.

그러나 우리 조직 내에는 아직도 실수를 두려워하고 권위를 앞세우는 보신주의가 사라지지 않고 있으며, 자율과 창의가 피어나지 못하고 있습니다. 단합과 시너지가 중요하다는 것을 잘 알고 있으면서도 개인과 부서의 이익만을 내세우는 집단 이기주의가 여전히 도사리고 있습니다.

무엇이 우리를 가로막고 있습니까? 제도에 문제가 있다면 제도를 고쳐나가야 합니다. 우리의 의식에 문제가 있다면 의식을 바로 잡아야 합니다.

오늘부터 나는 우리의 조직풍토 전체를 쇄신할 수 있는 '총제적인 의식과 행동의 혁신'이 있기를 강력히 희망하며, 이를 가로막는 어떠한 상황도 더 이상 존재할 수 없음을 분명히 밝혀두는 바입니다.

삼성가족 여러분!

삼성은 어떤 특정인의 소유가 아닙니다. 우리 모두가 바로 주인이며, 국민의 기업인 동시에 세계를 지향하는 기업입니다.

그러나 기업은 우리들의 힘만으로 발전할 수는 없습니다. 국민과 사회의 따뜻한 격려와 지원이 있어야 합니다. 그렇게 하기 위해서는 우리가 먼저 국민적 기업으로서의 위상을 튼튼히 다져나가야 합니다. 정부와 기업 그리고 국민은 더 이상 대립하고 반목하는 관계가 아니라 신한국 창조의 진정한 협조자요, 동반자라는 것을 확실히 보여주어야 합니다.

이를 위해 나는 솔선하여 '경영자로서의 책임'과 '기업인으로서 명예'를 지켜나가는데 혼신의 힘을 다할 것입니다. 또한 우리 삼성도 '국가의 대표기업'이라는 각오로 그에 따르는 모든 책임과 고통을 감내할 것입니다.

우리는 이러한 다짐의 징표로 지금까지 시행해온 공익사업의 양과 질을 더욱 확대하여 기업 이윤의 사회 환원 극대화에 힘쓸 것을 약속합니다. 여러분들도 이 같은 나의 충정을 깊이 이해하고 위대한 내일의 삼성을 창조해나가는 데에 한 사람의 낙오자도 없이 동참해주기를 바랍니다.

임직원 여러분! 그리고 협력업체 대표자 여러분!

이제 첨단 기업을 향한 대장정의 제2막이 올랐습니다. 우리 모두 꿈과 희망을 안고 새롭게 출발합시다. 우리는 단순한 이상주의자가 아니라 가장 위대한 실천가임을 행동으로 보여줍시다. 삼성이 초일류기업이 되는 날 모든 열매와 보람은 함께 땀 흘린 임직원들과 협력업체가 골고루 나누어가지게 될 것임을 다시 한 번 약속합니다. 먼 훗날 삼성의 역사에서 여러분과 내가 함께 이 시대를 빛낸 주인공으로 기록될 수 있기를 간절히 기대합니다. 감사합니다.'

'내일'을 위한 이건희의 출사표는 비장함과 자신감으로 넘쳐 났다. '모두 한 마음 한 뜻이 되어 역사적 대장정에 흔쾌히 참여'하자고 했던 신년사와 비교도 되지 않을 만큼 확신에 차있는 음성이었다. 그것은 무엇보다 '할 수 있다'는 이건희 자신의 내면에서 우러나온 힘에 의해서였다.

프랑크푸르트 선언, 다 바꾸자!

6월초가 되자 독일의 프랑크푸르트로 날아갔다. 프랑크푸르트에는 당시 삼성의 유럽 총본사가 자리 잡고 있었다.

그보다 사흘 전 이건희는 일본 도쿄의 오쿠라 호텔에 머물렀다. 이미 사흘 전부터 회장 비서실장 이수빈, 삼성전기 윤종용 사장, 회장 비서실 홍보팀장 배종렬, 삼성전자 디자인 고문 후쿠다 타미오 등 10여 명과 함께 전략 회의가 연이어지고 있었다.

전략 회의가 끝난 뒤 이건희는 후쿠다를 비롯한 서너 명의 일본인 고문과 별도의 자리를 마련했다. 그들의 눈에 비친 삼성전자를 허심탄회하게 듣고 싶었다.

대화는 밤새워 이어졌다. 그들의 눈에 비친 삼성전자의 문제점도 적나라하게 쏟아져 나왔다.

이 자리에서 후쿠다는 미리 준비한 문건을 그에게 내밀었다. '경영과 디자인'이라는 이른바 '후쿠다 보고서'로 불리는 문건이었다.

이건희는 다음날 독일 프랑크푸르트로 향하는 비행기 안에서 후쿠다의 보고서를 펴보았다. 자그마치 56쪽에 달하는 후쿠다의 보고서는 절실하기만 했다. 사표를 내겠다는 각오로 보고서를 쓰고 전달했다는 자신의 비장한 뜻도 밝혔다.

그러면서 삼성전자가 이 상태로 가면 결코 세계 톱 브랜드와의 경쟁에서 이길 수 없다고 단언했다. 때문에 지난 2?3년 사이 그 자신이 담당 책임자 에게 의견서를 내는 한편 수차례나 개선 방안을 제시해보았으나, 그때마다 번번이 묵살되었다고 밝힌다.

아울러 자신이 판단컨대 삼성전자의 지금 수준은 한마디로 수준 이하이며, 삼성전자의 고문으로 온 것을 후회한다고 적었다. 디자인 전문가로서 자신의 소회를 솔직하게 밝힌 보고서였다.

이건희는 후쿠다 보고서를 한동안 내려놓지 못했다. 그의 손끝은 가늘게 떨리고 있었다. 기가 막히고 화가 치밀어 올랐다. 몇 달이 지난 뒤 그는 이때의 감정을 이렇게 밝혔다.

'(LA 전략회의 이후)모두 잘 하겠다고 해서 잘 하는 줄로만 알았다. 그러다가 프랑크푸르트로 가는 비행기 안에서 일본인 산업디자인 고문(후쿠다)이 내 앞으로 올린 보고서를 우연히 보게 되었다. 그 보고서의 내용은 삼성전자가 이래 갖고는 안 된다는 경고장과 같았다. 그것을 사업본부장에게 수없이 올렸는데도 안 먹히니 마지막으로 물러날 각오를 하고 나에게 올렸다고 되어 있더라. 기가 막히고 화가 치밀었다.

　…비서실장이고, 본부장이고, 사장이고, 몽땅 나한테 거짓말을 했다. 모두가 나를 속인 것이다.

　…집안에 병균이 들어왔는데 5년, 10년 동안 나를 속여 왔다. 소위 측근이라는 사람들이 이 정도라면 나머지 사람들은 어느 정도였겠나?'

　삼성의 유럽 총본사가 자리한 독일 프랑크푸르트에 도착한 이건희는 삼성 의 사장단과 함께 임원들을 소집시켰다. 그리고 때론 초저녁에 시작해서 다음날 새벽까지 계속되는 회의와 강연을 강행했다.

　이 자리에는 비단 삼성 사장단 말고 눈에 띄는 얼굴들도 있었다. 이건희의 맏형 이맹희의 장남인 장조카 제일제당 상무 이재현(당시 33세), 이미 고인이 된 둘째형 이창희의 장남인 새한미디어 사장 이재관(30), 그리고 이건희 자신의 외아들인 이재용(25) 등이 그들이었다. 당시 이재용은 서울대 동양사학과를 졸업한 뒤, 삼성전자 일본 현지법인의 사원 신분으로 게이오대학에서 일본어 연수를 마친 뒤 경영전문대학원에 재학 중일 때였다.

'그저께 5일에 하네다 공항에서 비행기를 타기 전에 (삼성)사내 방송 팀이 비디오테이프 하나를 주었다. 그걸 여기 도착해서 틀어보니까, 내용이 참 기가 막혔다.

세탁기를 만드는데 치수가 맞지 않아 조립이 잘 되지 않자 그 자리에서 어설프게 응급조치를 한답시고 부품을 깎아서 억지로 끼워맞추는 장면이 있었다. 그래서 내가 여러분을 불렀다. 자, 이것이 내가 말하는 '질 경영'이냐? 내가 벌써 몇 년째 '질 경영'을 강조해 왔는데, 변한 게 고작 이것이냐?

감정의 표현에는 여러 가지가 있다. 쓸쓸함, 씁쓸함, 허무함, 화가 나는, 울화통 터지는, 한심한, 체념하는…. 가장 무서운 감정은 포기다.

나는 평생 두 번의 포기를 했다. 오늘 아침 한 번 더 하려 했다. 삼성전자에 문제가 발생했다. 전관, 코닝, 중공업, 물산, 모직, 제당도 아직 양으로 채워가고 있다. 완전 포기 상태다. 3년 전보다 더 허무하다. 이렇게 내 말을 못 알아듣나. 해도 너무한 거 아닌가. 내 자신이 개인의 부귀영화를 누리자는 것 아니다. 현재 내 재산은 충분하다. 명예 때문이다. 성취감이다. 성취감은 여러분, 삼성그룹, 우리 나라가 잘 되게 하는 것이다.

질을 키우면 양이 커진다. 질이 커지고 탄탄해지면 우리와 후

손들이 잘 되는 것이다. 나는 그동안 별별 어려움, 허무, 슬픔, 화, 울화통, 울고, 웃고 다 겪었다. 포기하기는 싫다. 한번 포기하면 회복 불가능이다.

…〈중략〉…

국제화시대에 경쟁력을 확보하려면 우리는 통합해야 한다. 전자, 중공업, 전관, 항공은 상법상 떨어져 있지만 모두 삼성이다. 이런 차원에서 유럽의 삼성 현지법인들을 모두 하나로 묶을 생각이다. 유럽부터 하나로 묶고 동남아, 중국, 미주 등 지역마다 통합을 해나가면 된다.

지금까지 우리는 스스로를 너무 속박해왔다. 스스로의 벽을 허물어야 한다. 모든 사업의 원리는 같다. 업業의 개념을 제대로 분석해야 한다. 모든 것은 근원을 물어야 한다. 인간과 동물의 차이는 근원과 기초를 찾는데 있다….'

그 다음날인 7일에 있었던 강연은 여느 때보다 비장했다. 비행기를 전세 내어 1,800여 명에 달하는 삼성의 사장단과 임원들이 프랑크푸르트 켐핀스키 팔켄스타인 호텔에 운집한 가운데 그는 이른바 '프랑크푸르트 선언'으로 불리는 '신경영'을 선언한 것이다. '나부터 변하자, 마누라 자식 빼고 다 바꾸자, 양을 버리고 질 위주로 가자'는 이 신경영의 선언은 삼성의 체질에 대대적인 변화의 수술을 가하는 첫 신호탄, 위대한 도전의 서막이었다.

'…제대로 하자. 하루 2~3시간 일해도 된다. 나머지는 집에 누워도 좋다. 마누라, 자식 빼고 다 바꾸자. 내가 회장 자리에 앉아보자는 생각을 가져보자. 작은 것부터, 우선 나, 마누라, 자식을 부탁하든 협박하든 변화시켜야 한다. 나 자신 먼저 변하자. 실천하지 않는 발상은 필요 없다.

…〈중략〉…

삼성은 2류다. 삼성전자는 3만 명이 만든 물건을 6,000명이 하루에 2만번씩 고치러 다닌다. 이런 비효율 낭비적 집단은 지구상에 없다. 이걸 못 고친다면 구멍가게도 안 된다. 질을 위해서는 한 달이고 두 달이고 공장을 무조건 세우게 할 거다. 회의 방식에서 보고, 목표, 관리, 평가에 이르는 모든 회사의 일을 질 중시로 전환한다. 형식보다 본질과 원리, 원칙을 중요시하는 것으로, 질 없는 양은 알맹이 없는 빈 껍질일 뿐이다. 질을 높이면 저절로 양을 넘어 스케일이 나온다. 제품 가격이 높아지고, 재고가 없어지고, 판매가 확대된다. 근무 시간도 줄어든다. 이는 삼성인 모두의 삶의 질을 높   일것이다.'

그는 이 '프랑크푸르트 선언'에 즈음하여 훗날 월간 〈말〉 지와의 인터뷰에서 자신의 생각을 이렇게 밝혔다.

'…상황의 일대 반전을 위하여 나는 프랑크푸르트 선언, 소위 '신경영 선언'을 했다. 선언은 계획에 없던 것이었고 임원진 회의의 결과도 아니었다. 신경영을 선언하였을 때 변화의 소용돌이 가운데 혼자서 거대한 책임의 산 앞에 서 있는 것 같은 절대 고독을 느꼈다. 동시에 위기 상황에 대한 책임감이 강해졌다.

나는 바로 그 날 이것의 성공을 위하여 나의 명예와 생명을 걸 것임을 전 삼성 임직원 앞에 엄숙히 약속했다. 또한 나는 '마누라와 자식만 빼고 모든 것을 다 바꾸자'고 변화를 주장하였으며, 내가 변화 대열의 최선봉에 서서 실천할 것도 약속했다. 이 선언은 물론 한국사회 내부의 조그만 한 목소리에 불과할지도 모르지만 당사자인 우리에게 있어서는 150년 전의 '공산당 선언' 못지않은 의의를 갖는 것이었다. 항상 각 시대는 자신의 상황에 알맞은 선언을 갖는 법이다. 그런 의미에서 '신경영' 선언은 우리 시대의 이상적 경영상을 반영한 것이다.

나는 완전히 배수진을 쳤다. 다른 그룹은 회장이 이렇게 앞장서서 일선에 나오지는 않는다. 내 성격, 내 스타일로는 특히 그렇다….'

이건희는 모두 100여 일이 넘는 1993년의 대장정에서 총 48회에 걸친 강연을 통해 1,800여 명의 삼성의 임직원들에게 자신의 생각을 밝혔다. 지금 세계는 어떻게 변해가고 있는지, 그러한 세계무대에서 삼성은 과연 어떤 위치에 서 있는지를 눈으로 직접 보여주면서, 미래의 삼성이 가져야 할 비전을 강조했다.

평균 8시간씩 강행된 사장단과의 회의 또한 수십 차례였다. 이

기간 동안 삼성 사장단 회의는 총 800여 시간에 걸쳐 이루어졌는데, 어떤 때는 이틀 밤을 꼬박 지새우며 새벽까지 이어지는 날도 없지 않았다. 이건희 자신이 '더러 24시간 잠을 안자며 구상할 때도 있었지만, 48시간 꼬박 안잔 것은 이번이 처음이다'고 밝혔을 정도다.

그의 일면을 보여주는 언급도 이 기간 중에 있었다.

"…나는 일본의 역사를 알기 위해 45분짜리 비디오테이프 45개를 수십번 반복해서 보았다."

이건희의 집중력은 상상을 초월했다. 프랑크푸르트에서 전략회의가 시작되었을 때부터 이미 모두가 목격한 그대로였다.

그는 밤을 새워가며 책을 읽는 경우도 많았다. 김영삼 정권 시절 스페인 국왕이 방한했을 때 다음날 청와대에서 접견행사가 있었는데, 밤을 새워 책을 읽고 눈이 벌개져서 청와대에 간 적도 있었다.

사실 신임 회장 이건희의 경영 성과는 이미 합격점을 받아놓은 터였다. 선대 회장에 이어 그가 2대 회장으로 취임한 이후에도 삼성은 상당한 경영 성과를 내고 있었다.

이건희의 취임 첫해인 1988년 삼성그룹의 총 매출은 20조 1,000억원, 순이익은 3,411억원이었다. 선대 회장이 이끌었던 전년도에 비해 매출은 2조 7,000억원이 늘어났고, 순이익은 1,200억원이 늘었다.

그가 친정체제를 제대로 구축하기 시작한 1992년에는 경영 성과가 더욱 좋았다. 삼성의 총 매출액은 38조 2,100억원으로 회장 취임 첫해였던 1988년보다 두 배 가까이 늘어났으며, 수출에 있어서도 1987년 11억2,500만 달러에서 1992년에는 18억 6,000억 달러로 꾸준히 늘어났다.

한데도 이건희는 한사코 왜 삼성을 바꾸어야만 한다고 노심초사하는 것이었을까? 로스앤젤레스로, 도쿄로, 프랑크푸르트로 장소를 번갈아 옮겨가며 그같이 '변해야 살아남는다'고 비장하게 외쳐댔던 것일까?

그는 자신이 왜 '프랑크푸르트 선언'을 할 수밖에 없었고, 그때 당시 주변 상황이 어떠했으며, 때문에 자신이 어떤 고통을 받았는지, 그가 쓴 에세이집 「생각 좀 하며 세상을 보자」에서 이렇게 고백하고 있다.

'87년 회장에 취임하고 나니 막막하기만 했다. '79년에 부회장이 된 이 후 경영에 부분적으로 관여해왔지만 그 때는 '선친'이라는 든든한 울타리가 있었다. 이제는 내가 모든 걸 짊어져야 하는데, 세계 경제는 저성장의 기미가 보이고 있었고 국내 경제는 3저 호황 뒤의 그늘이 짙게 드리우고 있었다.

이런 상황인데도 삼성 내부는 긴장감이 없고 '내가 제일이다'라는 착각에서 벗어나지 못하고 있었다. 조직 전체에 위기의식을 불어넣는 것이 필요했다. 이듬해 제2의 창업을 선언하고 '변화와 개혁'을 강조했다. 매년 초에 열리는 경영자 세미나에 참석해서 위기의식을 갖자고 수없이 얘기했다.

그러나 몇 년이 지나도 달라지는 것이 없었다. 50년 동안 굳어진 체질이 너무도 단단했다. 경영자들은 변하지 않고 회사간, 부서간 이기주의는 눈에 보일 정도가 되어 소모적 경쟁을 부채질하고 있었다. 이런 삼성의 현실과 세기말적 변화에 대한 위기감에 등골이 오싹해질 때가 많았다.

···〈중략〉···

이런 고민의 일단을 나는 이듬해 신년사에서 '대나무도 매듭이 있어야 잘 자라듯, 삼성의 미래를 위해서도 반성과 평가를 통한 새로운 결단이 있어야 한다' 라고 밝혔다. 그리고 2월에 로스앤젤레스, 3월에 도쿄에서 사장단 회의를 가졌다.

로스앤젤레스에서는 세계 일류 제품과 삼성 제품을 비교했다. 세계 시장에서 우리가 얼마나 미미한 존재인가를 눈으로 확인하기 위해서였다. 그 자리에서 나는 삼성의 수준에 대해 변명하는 임원을 퇴장시켰다. 분위기가 몹시 긴장되긴 했지만 그렇게 해서라도 경각심을 줄 필요가 있었다. 자그마치 9시간 가까이 회의를 계속했다.

회의 전에 사장들과 함께 전자제품 판매장에 들렀을 때 삼성 TV가 매장 구석에서 먼지를 뒤집어쓴 채 처박혀 있는 것을 보았다. 이것은 물건이 팔리고 안 팔리고의 문제가 아니라 우리 종업원, 주주, 나아가 국민과 나라를 기만하는 행위라고 생각했다.

3월에 도쿄에서 사장단 회의를 다시 열었다. 사장들과 함께 일본의 경쟁력을 상징하는 도쿄 도청都廳, 아키하바라 전자시장을 둘러보고 12시간 동안 토론했다. 무엇이 선진 수준인가를 찾아내는 자리였다. 여기서 얻은 결론은 국민과 정부, 기업이 서로 협력해야 21세기에 선진국, 선진 기업이 될 수 있다는 것이었다.

미국, 일본에서 회의를 갖고 그 나라를 둘러보면서, 나는 '국가도 기업도 개인도 변하지 않으면 살아남지 못한다'는 결론을 얻었다. 그러기 위해 우선 회장인 나부터 변해야겠다고 결심했다.

이런 나의 결심을 '93년 6월 7일 '나부터 변해야 한다'고 프랑크푸르트에서 선언하고, 삼성의 신경영을 출범시켰다.'

이때부터 이른바 '이건희 신드롬'으로 불리며 그는 국내 경제계에 큰 반향을 일으킨다. 그동안의 은둔자의 모습에서 벗어나 단연 새로운 아이콘으로 주목받기 시작했다.

하지만 이건희는 좀처럼 귀국하지 않았다. 자신의 '신경영'을 위한 해외 출장은 '프랑크푸르트 선언'이 있은 뒤에도 68일 간이나 더 지속되었다.

그는 프랑크푸르트에서 베를린으로 향했다. 삼성전관이 인수한 베를린의 WF 사를 현지 방문한 뒤, 다시 프랑크푸르트로 돌아왔다.

이틀 후에는 스위스 로잔으로 날아갔다. 임원들을 중심으로 한 특강과 전략회의가 로잔에서 열렸다.

다시 영국으로 날아갔다. 영국에선 빌링햄의 삼성전자 컬러 TV 공장을 방문한데 이어, 한 달 가까이 주재원들을 대상으로 전략회의도 하고 질 경영을 위한 특강도 했다.

이어 청와대 경제인 모임에 참석하기 위해 잠시 귀국했다가 다시 도쿄로 날아갔다. 잠들어 있는 삼성을 흔들어 깨우기 위한 이건희의 포석은 또다시 도쿄에서부터 이어져 나갔다. 아버지 이병철을 넘어 세계 초일류기업으로의 새로운 삼성을 만들기 위한 그의 잰걸음이 분주하게 움직이고 있었던 것이다.

제 3 부

초고속
성장 제국
'삼성전자'

1. 글로벌 시장의 낯선 도전자, 삼성

잠들어 있는 삼성을 뒤흔들어 깨우기

프랑크푸르트에서 이건희가 '신경영'을 선언한 이후 삼성이 가장 먼저 실천에 들어간 작업은 다름 아닌 세계 초일류 기업에 대한 벤치마킹이었다. 국내 1위의 안주에서 벗어나 세계 속의 삼성을 재건설해나가는 데는 초일류 기업에서 먼저 배우는 길밖엔 없다고 결론지은 것이다.

사실 삼성에게 벤치마킹은 결코 낯선 선택이 아니었다. 이미 선대 회장 이병철 때부터 삼성이 도약할 때마다 사용해온 남다른 도구였다.

하지만 이번에는 선대 회장 때와 같이 비단 일본에만 한정하지 않았다. 일본을 넘어 미국 등지의 세계 초일류 기업이 총망라된, 일찍이 그 유례를 찾아볼 수 없는 대대적이고 전폭적인 벤치마킹이었다.

이윽고 2년여의 작업 끝에 전자, 중공업, 섬유 등의 산업부문에서부터 마케팅, 재고관리, 고객서비스, 생산 및 작업관리, 구매 및 조달, 품질관리, 판매관리, 물류시스템, 신제품 개발 등의 경영 기법에 이르기까지 각 분야에 걸쳐 세계 초일류 기업이 선정되었다.

예컨대 산업부문에서 전자는 SONY와 마쓰시타가, 중공업은 미쓰비시가, 섬유는 도레이 등이 결정되었다. 경영 기법에 대한 벤치마킹 대상 기업으로는 마케팅에서 마이크로소프트 헨렌커티스 리미티드가, 재고관리는 웨스팅하우스 애플 페더럴익스프레스가, 고객서비스는 제록스 노드스트롬가, 생산 및 작업관리는 휴렛패커드 필립모리스가, 구매 및 조달은 혼다 제록스 NCR가, 품질관리는 웨스팅하우스 제록스가, 판매관리는 IBM P&G가, 물류시스템은 허시 메리케이 코스메틱이, 신제품 개발은 모토로라 소니 3M 등이 광범위하게 선정되었다.

곧이어 이건희는 다음 포석에 들어갔다. 질 경영을 위한 세계 초일류 기업의 벤치마킹에 그치지 아니하고, 잠들어 있는 삼성을 뒤흔들어 깨워 온몸으로 직접 느끼게 해줄 필요가 있다고 생각했다.

그것이 이른바 '7~4제'였다. 세계 속에서 삼성을 돌아보게 하는 질 경영의 각성에 이어, 곧 그러한 자각을 행동으로 옮겨 직접 실천하는 물리적인 방법이었다.

회장 비서실은 곧바로 태스크포스 팀을 구성했다. 회장이 제시하고 나선 질 경영을 구현하기 위한 여러 가지 방안이 논의되었다.

그렇게 나온 것이 '7~4제'였다. 오전 7시에 출근하고 오후 4시에 퇴근하는 제도였다.

이건희는 회장 비서실 차장 이학수에게 지시했다. 스위스 로잔에서 임원들을 위한 특강과 전략회의를 마친 뒤, 다음 일정을 위해 영국으로 향하던 중에 공항에서 전화를 걸었다. 7~4제를 곧바로 시행하라는 거였다.

닷새 뒤, 이 제도는 공식적으로 의결되었다. 태평로 삼성 본관 대회의실에서 삼성전자 강진구 회장 주재로 사장단 주례 회의가 열린 자리에서였다.

처음에는 이런저런 말들이 없지 않았다. 일찍이 유례를 찾아볼 수 없는 파격 앞에 당황하는 기색이 역력했다. 출근시간이 2시간이나 빨라진데 대해 불평불만이 쏟아졌는가 하면, 직원들이 일찍 퇴근했다가 저녁을 먹은 뒤에 다시 회사로 돌아와서 일하는 풍경마저 없지 않았다.

몇 달 뒤 장기 해외 출장을 마치고 귀국한 이건희는 7~4제가 제대로 시행되고 있는지 조사해보라고 회장 비서실에 지시했다. 고삐를 더욱 바싹 잡아당긴 것이다.

'…7시에 출근해서 4시에 모든 일과를 끝내 봐라. 퇴근 후에는 운동을 하든지, 친구를 만나든지, 어학공부를 더 하고 6시30분쯤 집에 들어가라. 회사가 스케줄을 그렇게 만들어주면 자연히 가정적인 사람이 된다. 4~5시에 회사에서 퇴근할 수 있게 되어 밤늦게 친구 안 만나면 가족 불러내서 저녁을 먹게 되고, 이런 게 일주일에 두어 번은 될 것이다. …6시 넘어서까지 무엇 하러 회사에 앉아 있나. 그 대신 아침에 일찍 오자. 교통 막히니 7까지 출근하자. 대신 과장급 이하는 4시에 다 퇴근하고, 과장에서 부장까지는 5시까지는 정리하고 다 나가라. 이건 명령이다. 윗사람이 퇴근해야 나도 한다는 발상은 안 된다. 안 나가는 사람이 나쁜 사람이다. 만약 안 나가면 부서장이 책임져야 한다.'

이건희는 콘크리트처럼 단단히 굳어져 있는 발상을 전환시키고 싶었다. 잠에서 덜 깬 삼성의 임직원들에게 의식개혁을 온몸으로 느낄 수 있도록 해주었던 것이다.

1993년부터 실시된 삼성의 7~4제는 이후 10년 가까이 지속되다 2002년 들어 개정되었다. 의식을 개혁하기 위해서는 더할 나위없는 파격이었으나, 문제는 야간 근무였다. 일부 부서에서 생산성이 떨어지면서 야근이 불가피했다. 또한 외부 협력사들과 긴밀하게 연락을 주고받아야 하는 부서 또한 부작용이 따랐다.

결국 삼성의 7~4제는 당초 목표한 의식개혁이 이뤄졌다는 판단에 따라 부작용을 고려해서 폐지하기로 했다. 계열사 별로 환경에 맞도록 운용키로 한 것이다.

예컨대 일반 부서는 오전 9시에 출근해서 오후 5시 퇴근으로 돌아갔다. 해외 관련 부서는 오후 2시에 출근해서 저녁 10시까지 근무한다.

2012년부터는 '하루 4시간 근무제'도 도입되었다. 하루 8시간 근무를 기준으로 주당 40시간을 채우면, 일주일 중 하루는 4시간만 근무해도 되는 방식으로 탄력을 갖게 된 것이다.

그렇다하더라도 7~4제는 분명 잠들어 있는 삼성을 뒤흔들어 깨우기 위한 변화와 개혁의 전주곡이었다. 전에 없는 새로운 근육을 키워낼 수 있었음을 누구도 부인치 못한다.

우선 가시적인 경영의 성과와 정신적인 측면에서 뿐만 아니라, 삼성의 전체 역량까지도 한 단계 끌어올렸다는 평가다. 겉으로 드러난 것만 해도 7~4제 이전과 비교해 외국어 자격 취득자는 1만4,200명에서 3만500명으로 2배 이상 늘었고, 정보화 자격은 1,900명에서 3만5,000명으로 18배 상승한 것으로 나타났다.

다음으로 눈에 띄는 건 '토픽스TOPICS'였다. 출퇴근 시간을 파격적으로 운용한 7~4제가 다름 아닌 의식 개혁을 온몸으로 느낄 수 있도록 한 것이라면, 사내 인트라넷 시스템인 토픽스는 임직원 간의 정보를 공유하기 위한 정보공개 망이었다. 그동안 이건희가 수없이 강조해온 정보의 중요성과 가치를 일깨워주기 위한 조치였다.

그는 뒤이어 열린 도쿄 전략회의에서 삼성의 모든 정보를 하나로 모아 새로운 부가가치를 창조하자고 주문했다. 종합적인 사고방식과 시야를 넓히기 위해서는 각 계열사에서 벌어지고 있는 다양한 상황을 그룹 전체가 공유해야 한다는 생각에서였다.

'…지나간 정보는 쓰레기고, 살아 있는 정보가 참 정보다. 정보는 돈과 직결된다. 평소 사소한 정보라도 축적하고, PC에 넣어 한 곳에 모아 정보 공유도 해야 한다. 아무리 사소한 정보라도 모으면 큰 정보가 된다고 수없이 얘기했다.'

그 다음에는 인사 개혁으로 숨 가쁘게 이어졌다. 새 술은 새 부대에 담아야 한다는 소신에서였다. 한데 삼성은 방법이 남달랐다.

1993년 가을, 삼성은 임원들을 대상으로 '21세기 최고경영자과정'을 개설하고 1차로 50여 명을 용인의 그룹 연수원에 입소시켰다. 경영의 안목을 넓힐 수 있도록 하기 위해 일선 업무에서 벗어나 6개월 동안 국내외를 돌며 교육을 받도록 하는 제도였다.

그러나 교육에 들어가는 순간 이들의 일선 직책은 자동적으로 사라졌다. 대신 그 자리에는 그 아래 직급이었던 젊은 임원들이 새로이 자리를 차지하고 들어갔다. 그야말로 소리 나지 않는 대대적인 인사 숙청 작업이 아닐 수 없었다.

따라서 총 6차에 걸쳐 모두 193명이 교육에 참여하였으나, 살아 돌아온 임원은 그리 많지 않았다. 그만 삼성을 떠날 수밖에는 없었다.

특히 같은 시기 인사 개혁에서 빼놓을 수 없었던 건 회장 비서실의 전폭적인 개편이었다. 잠들어 있는 삼성을 뒤흔들어 깨우는 자신의 '신경영'을 보다 체계적으로 실천해가기 위해 회장 비서실을 축소 통합하고, 산하에 '신경영실천사무국'을 신설했다.

그 내용을 들여다보면 기존의 11개 팀을 8개 팀으로 축소하고, 인원도 100명으로 소수 정예화 했다. 또 각 팀의 책임 임원을 기존의 전무급에서 글로벌 감각을 가진 이사급으로 대폭 교체시키면서 회장 비서실을 보다 젊게 만들었다.

회장 비서실장 또한 이수빈에서 현명관(삼성시계 사장→삼성종합건설 사장)으로 전격 교체되었다. 회장 비서실장의 교체는 이미 예견된 것이었다.

이건희는 회장 취임 이후 질 경영을 외치면서 제품의 품질에 줄곧 방점을 두어왔다. 한데 자신이 말한 품질경영이 더디게 전개되고 있다고 질책했을 때 회장 비서실장 이수빈은 이렇게 대답한다.

"회사의 생산 캐파를 채우려면 양을 무시할 수 없습니다. 그래도 이제는 질과 양의 비율을 50대 50으로 맞췄습니다. 내년에는 질의 비중을 60%로늘릴 것입니다."

이수빈은 자타가 공인하는 삼성의 철벽 수비수였다. 하지만 철벽 수비수를 앞세워 잠들어 있는 삼성을 깨우는 개혁으로 실천해가기에는 어려웠다. 더구나 자신의 수족과도 같아야 할 개혁의 최고수뇌부이자 그룹의 핵심 부서장으로는 맞지 않았던 것이다.

훗날 회장 비서실장 현명관은 당시의 상황을 〈헤럴드경제〉 기자와의 인터뷰에서 이렇게 밝히고 있다.

기자 - '93년 비서실장으로 발탁된 직후 이 회장으로부터 받은 지시 사항은 어떤 것인가?

비서실장 - 강력한 개혁이었다. 제도나 관행에 구애받지 말라는 것이었다. 회장 눈치도 보지 말고 소신껏 일하라는 당부도 있었다.

기자 - 당시 비서실 조직의 대폭 축소는 이 회장의 의사였는가?

현명관 - 회장께서 나부터 바꾸겠다고 여러 차례 사장단에 강조했고 비서실도 변해야 한다고 주문했다. 중요한 의사 결정에 비서실이 관여하니까 계열사 임직원들의 창의적인 사고가 사라지고 있다고 우려한 적도 있었다.

기자 - 그룹운영위원회 신설은 어떤 의미였는가?

현명관 - 신경영 추진은 비서실 산하 신경영실천사무국이 주도하고, 그룹 경영의 전반적인 사항은 운영위원회에서 논의해 결정토록 했다.

잠들어 있는 삼성을 뒤흔들어 깨우기 위한 이건희의 개혁은 1993년 일년 내내 지속되었다. 그 해 겨울에는 그동안의 개혁을 마지막으로 마무리 짓는 정례 임원 인사가 있었다.

　한데 이 임원 인사에서도 예의 전에 없는 몇 가지 이례적인 풍경이 눈에 띄었다. 다음은 이 해를 일컬어 '삼성에 있어서 매우 중요한 분기점'이라고 한 「삼성60년사」가 본 임원 인사 개혁에 대한 평가다.

　첫째, 관리보다는 기술 부문에 경험이 많은 사람을 우대하는 경향을 보였다. 대표이사와 전무를 포함하여 대표이사로 12명 가운데 7명이 이공계 대학 출신이었다….

　둘째, 젊은 층의 발탁 승진을 통해 조직 내에 신선한 변화 기운을 불어넣었다. 임원 전체 승진자 265명 가운데 10퍼센트 선인 24명이 해당 직위 1?2년 차에서 전격 발탁되었다….

　셋째, 고졸 출신 및 여성 임원을 배출함으로써 열린 인사를 시도했다. …이는 삼성의 인사에서 더 이상 성별이나 학력 차별이 없다는 것을 대내외적으로 크게 알리는 계기가 되었다.

불량 제품은 무조건 새 제품으로 바꿔줘라!

시점을 조금 거슬러 올라가 그 해 여름이었다. 금성사(지금의 LG) 창원 냉 장고 공장에 삼성전자 직원 2명과 금성사 납품업체 직원 2명이 가짜 명함을 들고 몰래 잠입해 들어간 사건이 있었다.

그들은 금성사의 히트 상품이었던 '김치독 냉장고' 생산 라인을 훔쳐보러 들어갔다. 그들은 1시간여 동안이나 공정 과정을 살펴보다 붙잡혀 경찰에 넘겨진 사건이었다.

이건희는 일본 후쿠오카에 머물고 있었다. 사건 보고를 받은 건 만 하루가 지난 늦은 저녁 시각이었다.

이날 저녁 그는 삼성 계열사 임원 및 차장급 이상 간부 100여 명과 함께 밤 10시부터 마지막 현지 전략회의를 갖기로 되어 있었다. 바로 그 직전에 보고를 받게 된 것이다.

전략회의에서 그는 이례적으로 3번씩이나 이 문제를 언급했다. 결코 간단히 보아 넘길 사안이 아니라고 생각한 것이다.

4시간에 걸친 전략회의가 모두 끝나자 새벽 2시경이었다. 이건희는 뉴오타니 호텔 14층에 자리한 자신의 방에서 긴급 임원 회의를 소집했다.

임원들은 잘못을 인정하지 않았다. 경쟁 기업 간에 흔히 있을 수 있는 일쯤으로 치부하고 말았다.

혹은 경쟁사 제품과 항상 품질 비교를 하며 우위에 서야 한다

는 강박관념이 삼성인들에겐 오래 전부터 있었다는 변명을 늘어
놓기도 했다. 분명히 도덕적 잘못을 저질러놓고도 결코 인정하
려 들지 않는 도덕적 불감증에 가까운 모습들이었다.

이건희는 대노했다. 명백한 도둑질임에도 좀처럼 인정하지 않
으려는 그들을 향해 음성을 높였다.

'기술을 도둑질해 어떻게 초일류가 되겠는가? 돈을 주고 외국
에서 사오라는 기술은 사오지 않고 이게 무슨 짓인가? 삼성을
위해선 미안한 얘기지만, 이번 사건은 어쩌면 잘 터진 사건이다.
모두가 파악력이 부족하다. 위기의식이 없으니까 상황 인식이
안 되는 거다. 15만 명의 종업원이 있으면 언제, 어떤 사고가 생
길지 모른다. 사건 자체도 문제가 되지만, 사건의 본질이 무엇인
지를 통찰해 근원을 해결하는 것이 더 중요하다. 보고 배울 수
있는 기술이라면 그건 기술이 아니다. 그런 단순한 기술은 이제
못 써먹는다. 도덕적 불감증이 더 문제다. 비싼 값에라도 기술을
사와서 우리가 개량하면 비싼 게 결코 아니다. 남이 다 개발해놓
은 기술에 어렵게 매달릴 필요가 없다….'

삼성은 상대 경쟁사에 잘못을 인정하기로 결정했다. 즉시 상황
실을 설치하고 창원 현지에 회사 간부를 파견하여 금성사에 진
정으로 사과했다.

이 사건에서도 볼 수 있는 것처럼 그가 일 년 가까이 지구촌을

종횡무진하며 변화와 개혁을 부르짖고 있었지만 질 경영은 아직도 요원해보이기만 했다. 바로 그 같은 무렵에 또다시 발생한 사건이 다름 아닌 '휴대폰 화형식'과 같은 충격요법이었다.

이건희는 그동안 질 경영을 강조하며 불량 제품은 곧 암 덩어리라고까지 일컬었다. 품질경영을 위해서라면 라인 가동을 중단해도 좋고, 시장 점유율이 일시적으로 떨어져도 좋으며, 적자가 나도 상관치 않겠다고 해왔다.

3만 명이 만들어낸 제품을 6천 명이 수리하러 다니는 게 서비스 잘한다고 자랑할 만한 일이냐고 통탄했다. 그런 낭비가 또 어디에 있느냐고 질책해왔었다.

사실 삼성전자의 휴대폰 출시는 비교적 빨랐다. 5년 전인 1988년에 첫 휴대폰이 시장에 선을 보였다.

물론 당시 휴대폰은 모토로라가 세계시장을 장악하고 있을 때였다. 국내 시장도 사정은 다르지 않았다. 삼성전자 무선사업부는 '애니콜'이라는 브랜드로 그런 모토로라에 맞섰다.

한데 시장 점유율에 쫓기고 있던 삼성전자 무선사업부는 무리하게 제품 출시를 서둘렀다. 품질은 돌아볼 겨를이 없었다. 모토로라가 점유하고 있는 시장에서 살아남기 위해서는 당장 신제품 투입이 시급한 정황이었다.

이 해 삼성전자의 휴대폰 불량률은 11.8%까지 치솟았다. 명예 회복을 위해 5개 모델 가운데 4개 모델의 생산을 중단키로 하고, 유형별 원인 분석에 나섰으나 효과가 없었다.

그동안 질 경영을 그토록 외쳐댔건만 일부를 제외하면 아직도 여전히 질은 무시되고 있었다. 양적 실적만을 추구하는 관습에서 벗어나지 못했던 것이다.

이건희는 불량 제품을 무조건 새 제품으로 바꿔주라고 지시했다. 당시만 해도 휴대폰 한 대 가격이 150만원에서 200만원을 호가하던 때였다.

회사의 손실이 눈덩이처럼 커질 수밖에 없었다. 어떤 특단의 처방이 필요한 시점이었다.

몇 달 뒤 이건희는 구미 공장을 방문하는 길에 휴대폰을 공장 운동장에 쌓으라고 지시했다. '품질은 나의 인격이요, 자존심!'이라고 쓰여 있는 현수막 아래 삼성전자 무선사업부 임원들이 자리를 잡은 가운데 나머지 2,000여 직원들 또한 운동장에 모두 모였다.

운동장 한복판에는 휴대폰, 팩시밀리 등 15만 대나 되는 제품들이 산더미처럼 쌓여 있었다. 자그마치 500억 원 어치에 달했다.

이윽고 대형 해머를 든 10여 명이 산더미처럼 쌓여 있는 제품들을 마구 박살내기 시작했다. 박살이 난 제품들에 불길이 타올랐다. 화염 속에 제품들이 화염 속에 사라져갔다.

당시 무선사업부 이사로 현장에 참석했던 이기태(훗날 삼성전자 휴대폰 부문 사장)는 그 날의 풍경을 보고 이런 심경을 남겼다.

'내 혼이 들어간 제품이 불에 타는 것을 보니 말로는 표현할 수 없는 감정이 교차하더라. 그런데 이상하게도 타고 남은 재를 불도저로 밀고 갈 때쯤 갑자기 각오랄까, 결연함이 생기더라. 그 불길은 과거와의 단절을 상징한 거였다.'

이기태의 심경처럼 이 날의 휴대폰 화형식은 과거와의 단절을 의미했던 것일까? 휴대폰 화형식의 충격요법은 잠든 삼성을 깨우는 신호탄이었다.

같은 해 국내 4위에 그쳤던 삼성전자 휴대폰은 이듬해 곧바로 시장 점유율 19%까지 수직 상승하며 모토로라를 턱밑까지 바짝 추격했다. 그리고 그 이듬해엔 국내 시장 정상에 기어이 올라선 삼성전자 휴대폰은, 2007년엔 마침내 모토로라마저 제치고 노키아에 이어 세계 2위 자리로 올라서는 기적 같은 현실을 연출해냈다. 곧바로 이어진 스마트폰 세계 정상의 시대를 열어 가는 데 근육과 테크닉을 그때 길러낸 것이다.

유럽의 일류문화를 온몸으로 육화시켜라

해외 출장에 나설 때면 이건희는 먼저 그 나라와 방문 지역의 인프라를 비롯하여 문화를 이해하려 애썼다. 출장길에 오르기

전 그는 회장 비서실을 통해 해당 국가와 방문 지역에 대한 거의 모든 자료를 건네받았다. 그 나라와 방문 지역의 역사적 배경에 서부터 주변국가와의 관계, 정치 경제 동향 등 총괄적인 자료를 사전에 학습했다.

유명 명소라면 해마다 몇 명이 찾는지, 어떤 역사적 문화사적 의미가 있는지. 심지어 경제 효과에 미치는 영향에 이르기까지 구석구석 놓치는 법이 없었다.

현지에 도착하기 전에 그 나라와 방문 지역의 문화를 속속들이 꿰고 있을 정도였다. 현지를 보다 깊이 이해하고 스스로 육화시키기 위한 그만의 문법이었다.

독일 프랑크푸르트에서 신경영을 선언하기 한 해 전의 일이었다. 유럽을 방문하기 위해 이건희는 수행 중인 임원들과 함께 스위스 취리히에 기착했다.

호텔에 도착하여 여장을 풀자마자, 그는 수행 중인 임원들을 자신의 방으로 불렀다. 회장 비서실 재무팀장 이학수, 비서팀장 김순택, 삼성물산 프랑크푸르트 지사장 양해경 등이었다.

그는 창밖을 바라보다 말고 수행 임원들을 돌아보며 불쑥 입을 열었다.

"나 혼자 쉬고 있을 테니. 여러분은 유럽의 독종과 생존, 그리고 일류 문화를 경험해보도록 하세요."

전연 예상치 못한 소리에 수행 임원들은 잠시 영문을 몰라 했다. 더욱이 '독종'이니 '생존' 따위의 낯선 단어에 짐짓 놀란 표정을 지었다.

그제야 그는 '짧은 휴가'라고 덧붙였다. 국민소득이 3만 달러에 이르면서도 로마 교황청의 근위병으로 용병까지 파견하여 외화를 벌어들이고 있는 스위스의 '독종 근성'이며, 독일이라는 강대국에 눌려있으면서도 Bang & Olufsen 등과 같은 경쟁력 있는 대기업이 존재하는 덴마크의 '생존 본능', 그리고 국가경제를 대기업 없이 오로지 관광산업에만 의존하고 있는 오스트리아와 같은 작은 국가들의 '타석지석'을 직접 몸으로 느껴보라는 것이었다.

수행 임원들은 곧바로 2박3일간의 일정에 들어갔다. 유럽의 작은 국가들 의 '생존을 위한 독종'을 직접 몸으로 느끼기 위한 인프라 기행에 들어갔다.

사실 해외 출장을 떠난다하더라도 으레 거래선과의 비즈니스가 끝나면 곧바로 다음 행선지로 떠나기 십상이었다. 여행이라기보다는 업무의 연속이기 일쑤였다. 애초 출발 전부터 일정이 그렇게 짜여지기 마련이었다.

이건희의 이날 '짧은 휴가'는 그 같은 통념을 깬 것이었다. 해외 출장을 많이 간 '수박 겉핥기' 식이 국제화가 아니라, 해외 출장을 간 나라의 인프라와 문화를 직접 '깊이 체험'하는 것이 곧 국제화라는 새로운 개념이었다.

그 날의 '깊이 체험' 이후 삼성 임원들의 해외 출장 풍경은 크게 달라졌다. 해외 출장 비즈니스를 끝낸 뒤에는 으레 2~3일 동안의 인프라와 문화 깊이 체험을 의무적으로 하게 되었다.

1993년 새해 벽두부터 도쿄, LA, 프랑크푸르트, 스위스, 영국 등지로 이어진 전략회의에서 수백 명에 이르는 임원들을 굳이 해외로까지 불러냈던 것도 그 같은 이유에서였다. 세계 초일류 기업으로 가기 위한 임원들의 국제화를 가속화시키기 위해서였던 것이다.

이를 계기로 그룹 전체에 저변을 확대시킨 것이 '지역전문가 제도'였다. 3년차 이상의 사원, 대리급 인력을 1년 동안 해외 각국으로 보내 자신이 직접 짠 자율 프로그램에 따라 해당 국가의 언어와 문화를 '깊이 체험'케 했다.

'…미래를 내다봐야 한다. 우리가 잘 쓰지 않는 작은 국가의 언어는 1년안에 배우기 어려운 경우가 많다. 이런 지역은 지역전문가 기간을 2년으로 늘려 충분히 해당 국가의 언어와 문화를 익히게 해야 한다. 앞으로는 그런 차이가 기업 경쟁력의 차이로 나타난다.'

국제화를 위한 삼성의 근육 키우기는 이후 20년간이나 부단히 지속되었다. 지구촌 대부분의 나라에서 4,400여 명의 지역전문가를 양성했다. 최근에는 전략 국가로 발돋움할 만한 나라를 선별 예측해 인력을 보내고 있다.

1995년부터 실시해오고 있는 '테크노 MBA' 제도 역시 눈에 띄는 국제화 전략 가운데 하나였다. 이 제도를 통해 해외 우수 대학 출신 460여 명의 글로벌 인재를 길러냈다.

또한 국제화에 더욱 동력을 불어넣기 위해 국내 인력의 해외 체험 기회 확대와 더불어, 해외 인력을 과감히 채용하고 육성하여 국내에서의 국제화 전략과 병행시켜나갔다.

그 대표적인 조직이 1993년 순수 외국인으로만 구성되어 출범한 미래전략그룹이다. 매우 특수한 성격의 이 미래전략그룹에는 20여 명의 외국 우수대학 MBA와 박사급 인력이, 인-하우스 컨설팅 업무를 하면서 삼성의 미래 글로벌 경영인을 육성해나가기 위해 만들어졌다.

물론 지금은 외국인 직원이 수천 명에 달하며, 삼성의 해외 생산 진출과 복합화까지 합하면 그 수효는 수만 명에 달한다. 이들 모두가 일선 현장에서 국제화를 앞당기는 첨병 역할을 하고 있는 것이다.

이러한 국제화 전략과 더불어 이건희가 못내 고심한 부분은 다름 아닌 '전문기술 중심체제'로의 구축이었다. 이를 위해 삼성 전자는 해외 선진기업과의 전략적 제휴를 통해 신규 사업에 진출하거나, 기존 사업을 강화해 나갔다.

더욱이 이 같은 전략적 제휴는 과거의 기술적 열세를 만회하기 위한 기술 도입의 차원을 훨씬 뛰어넘는 것이었다. 대등한 위치에서 기술을 공유하거나 공동 발전을 도모키 위한 협력관계였다.

그것은 삼성전자의 반도체 힘이었다. 1992년 반도체 D램의 세계 정상에 오른데 이어, 이듬해에는 메모리 반도체 전체 부문에서 세계 정상에 오른 삼성전자의 달라진 위상을 실감케 하는 사례였다.

이윽고 1993년 미국의 GI(General Instrument) 사와 HDTV와 반도체의 라이선스 및 공동 개발을 시작으로, 위성방송 및 CATV 사업 공동 참여 등 광범위한 협력으로 확대해나가는 전략적 제휴 방안에 합의했다.

또 같은 해 여름에는 위성통신 관련 전문회사인 미국의 컴퀘스트Comm Quest 사와 포괄적인 제휴관계를 맺고, DSB(직접 위성방송)용 관련 세트인 TV 셋톱박스 등의 핵심 반도체 칩셋을 개발했다.

이어 마이컴 시장을 공동으로 개척하기 위해 일본의 NEC와 기술제휴 계약을 체결하고 NEC의 마이컴 핵심기술을 이용하여 동일 구조의 16비트 제품을 공동으로 개발하기도 했으며, 일본의 미쓰비시와 4메가 캐쉬드 D램에 관한 제품 규격을 일치시키고, 차세대 캐쉬드 D램 개발과 시장 확대를 위해 지속적인 공동 노력을 기울여나가기로 합의했다.

그와 함께 마쓰시타(파나소닉)와 방송기기의 핵심 제품인 방송용 VCR의 개발·생산·판매를 전제로 한 광범위 기술협력을 체결하고, 마쓰시타로부터 핵심부품 기술을 이전받아 전량 수입에 의존하고 있던 방송용 장비의 국산화를 실현했다.

특히 삼성전자는 오래 전부터 협력관계를 맺어온 일본의 도시바와 많은 전략적 제휴를 맺었다. 액정 디스플레이 드라이브 IC 분야의 공동 개발을 위한 계약을 체결한데 이어, 가전용 반도체 분야에 대한 핵심 공정과 관련 제품 개발에 상호 협력하기로 전략적 제휴를 맺었다. 도시바에 메모리 제품과 기술을 제공하고, 도시바는 삼성전자에 비메모리 제품을 생산하는데 중요한 공정기술인 바이폴라 공정관련 제품인 고화질 TV용 원칩 IC에 대한 기술을 제공키로 한 것이다.

이렇듯 삼성전자는 그동안 기술 이전을 기피해오던 일본의 선진기업들과 기술공유 및 사업공동 추진을 위한 전략적 제휴를 맺었다. 어느덧 삼성전자는 그들로부터 첨단 기술력을 간접적으로 인정받은 셈이었다.

이밖에도 삼성전자는 차세대 휴대용 정보단말기로 주목받고 있던 개인 휴대 단말기인 PDA의 공동 개발을 위해 미국 모토롤라와 전략적 제휴를 맺었으며, 또한 미국의 VOD(주문형 비디오) 사업에 참여하기 위해 미국의 USA비디오와 대화형 단말기의 개발·생산·판매에 대한 광범위한 기술협력 계 약을 체결했다.

이어 프랑스의 SGS톰슨과도 손을 잡았다. 16비트급 DSP(디지털 신호처리) 칩과 32비트 마이컴을 공동 개발하기로 했다.

그런가하면 오디오 사업을 강화하기 위해 세계 최고의 마니아용 하이파이 오디오 전문업체인 미국의 마드리갈과 하이파이 오디오에 관한 기술협력 계약을 체결했다. 미국의 헤일즈디자인

그룹과는 스피커 분야의 기술제휴를 체결, 마니아용 최고급 스피커를 공동 개발해 하이파이 오디오 시장에까지 속속 진출을 꾀하고 나섰다.

IMF 위기 속의 '더 강한 삼성전자'

프랑크푸르트 선언으로 시작된 이건희의 신경영은 잠들어 있던 삼성을 놀랍게 변모시켰다. 그가 회장으로 취임하던 해인 1987년 삼성그룹의 총 매출액은 17조였다. 이후 신경영이 한창 무르익어 가던 1992년에는 38조, 신경영이 마무리되어 갈 즈음인 1996에는 무려 72조에 달했다. 같은 시기 국민 총생산은 연평균 8%의 성장률을 기록한데 반해. 삼성은 2배가 넘는 17%의 성장률을 기록했다.

삼성의 자본금 또한 비약적인 성장을 이뤘다. 그가 회장으로 취임하던 해인 1987년 삼성그룹의 총 자본금 6,310억 원에서 신경영이 마무리되어 갈 즈음인 1996년에는 무려 3조 6,363억 원에 달했다. 신경영 10년 사이 6배 가까이 세력을 키운 것이다.

종업원 수 또한 대폭 확장되었다. 1987년 16만 명에서 1996년에는 26만 명으로 늘어났다.

같은 기간 수출은 11억 2,500만 달러에서 무려 36억 1,000만 달러로 늘었다. 경상이익 역시 같은 기간 2,688억 원에서 1995년에는 무려 3조 5,400억 원으로 크게 늘었다.

무엇보다 이 시기 삼성은 한국기업사에 영원히 남을 의미 있는 기록을 세우게 된다. 1994년에 그룹의 경상이익이 처음으로 1조 원을 돌파하는 1조 6,800억 원이었다. 이듬해에는 자그마치 3조 5,400억 원을 기록하면서 세상을 깜짝 놀라게 만들었다.

그러나 이러한 실적은 단순히 숫자를 넘어 기업으로서 무한한 가능성을 열어주었다는 점에서 의미가 컸다. 그동안 외형적인 성장에만 치우쳐 왔던 우리 나라의 기업도 이제는 질적 성취를 이룰 수 있음을 입증해보였다는 점에서 일대 사건이 아닐 수 없었다.

낭보는 연이어졌다. 제품도 품질도 크게 나아졌다는 수치가 등장했다. 선진국의 일류 제품 대비 불량률도 1993년 3.3배에서 1996년에는 1.1배까지 좁혀졌으며, 설문 작업을 통해서 확인한 고객이 느끼는 서비스 점수도 1993년 64점에서 1996년에는 74.8점까지 치솟았다.

이같이 놀라운 성과는 이윽고 찬사로 이어졌다. 1997년 11월 7일자 홍콩의 영자 시사지 〈아시아위크〉는 이건희 회장을 '아시아 경쟁력의 밑바탕인 기술 분야에서의 창의와 혁신 등의 활약상'을 높이 평가한다면서, 명예의 전당에 올린다고 발표했다.

또한 미국의 〈비즈니스위크〉도 1998년 신년호에서 삼성의 이건희 회장을 AT&T의 CEO 마이클 암스트롱, 코카콜라의 CEO 더글라스 이베스터, 애플컴퓨터의 CEO 스티브 잡스 등과 함께 '1998년 세계가 주목하는 62명의 경영인'으로 선정했다고 발표한다. 삼성의 역동적인 힘을 처음으로 인정했다.

재미있는 건 이때 이건희와 함께 선정된 AT&T 사다. AT&T 사라면 일찍이 전기밥솥이나 만들던 일본의 SONY가 당시로선 천문학적 거액인 2만 5,000달러를 들여 트랜지스터 특허 기술을 사온 바로 그 미국의 통신회사가 아닌가. 이건희가 코흘리개 초등학생 시절 일본으로 유학을 갔을 때, 그 트랜지스터 기술을 이용하여 만든 SONY의 손바닥 크기 만 한 휴대용 라디오가 신기해 40달러나 주고 사다 뜯어보았던 기억이 새롭기만 했다. 그같이 오래된 기억의 인연이 그렇듯 다시금 서로 만나게 된 셈이었다.

어쨌든 신경영이 마무리되어 가는 이 기간 동안 삼성의 비약적인 성장 속에는 그가 주도했던 신경영이 있었다. 그의 노력이 성공적이었음을 결과가 확인해주었다.

그가 앞장서 이끌었던 삼성의 10년은 '삼성의 체질을 완전히 바꾸어 놓았다. 그리하여 국내 1등 기업에서 세계 일류기업으로의 면모를 갖추는데 성공했다'는 평가를 받았다.

무엇보다 메모리 반도체의 진화, 성장이 눈부셨다. 메모리 반도체 세계 1위를 기록하며 엄청난 외화를 수년째 벌어들이게 되자 조금은 들뜬 축제 분위기였던 것도 사실이다.

뿐만 아니라 나머지 전자 부문에서도 이제 세계 정상이 멀지 않은 것처럼 보였다. 삼성 내부에서 처음으로 '위기'라는 말이 사라질 정도였다.

그러나 이건희는 거기에 만족하지 않았다. 그룹 안팎의 높은 경영 성과와 국제적인 찬사에도 아직 가야할 길이 멀다며 긴장의 끈을 결코 놓지 않았다.

'…삼성은 신경영 실천의 원년을 맞아 변화와 개혁을 위해 새롭게 태어나는 고통과 갈등을 겪었다. 그러나 과거의 낡은 생각과 관행을 털어버리고 새로운 사고와 제도의 틀을 마련해나가는 과정에서 우리는 모두 변할 수 있다는 자신감과 함께 국가와 사회의 변화에도 하나의 자극제가 되었다는 자부심을 가질 수 있게 되었다. 세계 최초의 256메가 D램 개발을 통해 21세기 초일류기업의 가능성을 확인했다.

…금년은 신경영 정착의 자신감을 바탕으로 이를 더욱 발전시키는 '신경영 확산의 해'가 되어 21세기를 향한 도약의 기틀을 마련해야 할 중요한 해이다.

… '이만하면 됐다'는 개혁의 매너리즘에 빠져서는 안 되며, 발전적 변화에 동참하는 것을 망설이거나 방관자적 자세로 바라보지 말고 능동적으로 뛰어들어야 한다.'

같은 시기, 멕시코 티후아나 전자 복합 단지를 방문한 이건희는 장소를 미국 샌디에이고로 옮기면서 긴급 사장단 회의를 소집했다. 영문도 모른 채 미국행 비행기에 올랐던 사장단을 기다리고 있었던 건 이건희의 우려 섞인 질타였다.

'…반도체가 조금 팔려서 이익이 난다니까 자기가 서 있는 위치가 어디인지도 모르고 그저 자만에 빠져 있다. 수년간 반도체 사업의 호황으로 투자 경비가 과다 지출되는 등 경영상의 거품이 가득하다.

…우리는 지금 땅에서 10cm 정도 떠있다. 땅을 짚어야 한다.'

그랬다. 메모리 반도체를 제외하면 나머지 전자 부문 전체에서 삼성전자는 아직 일본과 미국에 비해 한참 뒤쳐져 있었다. 이건희는 메모리 반도체의 성공에 한껏 취해 있던 사장단에게 원가 및 경비 절감 방안을 당장 마련하라고 지시했다.

그렇게 시작된 것이 '경비 330운동'이었다. 향후 3년 동안 전체 경비의 30%를 절감한다는 자린고비 목표로 비상경영에 돌입했다. 세계 1등 달성이 불가능한 사업은 과감히 정리하고 차세대 사업에 집중하는 내부 단속에 들어갔다.

그러자 모두 의아한 눈초리로 바라보았다. 그룹 안팎에서 말들이 적지 않았다. 수년 동안이나 호황을 누리고 있을 때 적극적인 사업 확대로 나아가지 않고, 되레 허리띠를 졸라매는 비상경영으로 뒷걸음질이나 친다는 식이었다.

그러나 이때 삼성의 비상경영은 앞으로 닥칠 시련과 고통에 대한 예방주사였다. 허리띠를 졸라매면서 시련과 고통에 대한 면역력을 기른 지 불과 그 이듬해, 뜻하지 않은 (1997)IMF 외환위기가 온 나라를 뒤덮었다. 국가 부도 직면이라는 믿기지 않는 사태가 벌어졌다. 누구도 예상치 못한 국가 전체의 위기였다.

사실 이건희는 프랑크푸르트에서의 신경영을 선언한 이후부터 줄곧 "2000년이 오기 전에 뭔가 일어날 것 같다"며, 위기감을 자주 언급하면서 혼자 불안해했다. 때문에 삼성의 회장 비서실은 1996년 KDI(한국개발연구원) 등에 환율 전망에 관한 용역을 의뢰했다.

KDI의 용역 결과는 이건희의 불안과 다르지 않았다. 정적 환율은 900원대 초반이었지만, 당시 환율은 그보다 훨씬 못 미치는 800원대 초반이었다. 이미 원화가 강세를 보이면서 수출이 꺾이기 시작한 것이다.

수년째 호황을 누려오던 삼성에도 당장 여파가 미쳤다. 삼성 계열사 가운데 반도체를 제외하면 나머지 모든 업종에서 하향 곡선을 그리고 있었다.

그 해 세밑, 이건희는 삼성 사장단 인사로 비상경영 체제의 전열을 가다듬었다. 성장형 CEO들을 고문역으로 돌려 일선에서 물러나게 한 뒤, 대신 위기관리형 CEO들을 사장으로 전면 포진시키는 전술을 폈다.

무엇보다 회장 비서실과 삼성전자에 방점을 두었다. 그동안 그룹 내부 살림을 도맡아 왔던 회장 비서실 차장 이학수를 비서실장로 승진시켜 저수익 위주의 내실경영을 진두지휘케 했다. 이어 삼성전자 사장에는 현장성이 강한 기술관리형 CEO인 윤종용을 발탁했다.

한데도 국가 부도 직면이라는 쓰나미는 모든 걸 초월했다. 끝내 전대미문의 IMF 사태가 현실로 나타나고야 만 것이다.

1997년 새해가 밝아오자마자 가장 먼저 한보철강이 무너졌다. 이어 한보그룹이 최종 부도 처리된다. 뒤따라 삼미그룹, 진로그룹, 기아그룹, 쌍방울그룹 등이 줄줄이 도산해나갔다.

10월 27일, 세계적인 투자사 모건스탠리증권이 결국 한국에서 발을 뺐다. 투자자들에게 아시아 지역에 투자된 자금을 모두 회수하라고 긴급 전문을 타진했다. 10월 한 달에만 자그마치 1조 원 이상의 외국 자본이 썰물처럼 빠져나가면서 한국경제는 사실상 국가 부도직면이라는 초유의 사태에 빠져들고 만 것이다.

한데도 김영삼 정권의 경제 수장인 경제부총리 강경식은 임창렬로 교체되기 전까지도 '한국경제의 펀더멘털fundamental(나라 경제가 얼마나 건실한가를 나타내는 경제의 기초 조건)을 굳게 믿는다' 는 말만 되풀이했다. 그는 나중에 '솔직히 말해 외국 자본은 생리상 국가경제의 펀더멘털을 보기보다는 단기 수익에 더 집착한다는 사실을 그땐 잘 몰랐던 것은 사실이다'고 솔직히 자신의 실책을 고백했다.

다행히 운이 따라주었던 것일까? 아니면 세계 경제를 꾸준히 주시하며 연구해온 남다른 결과에서였던 것일까? IMF가 터지기 한 해 전부터 비상경영 체제로 미리 예방주사를 맞은 삼성에게도 외환 위기의 파고는 넘기 힘든 쓰나미였다.

11월 21일, 김영삼 정권은 결국 무릎을 꿇었다. 정부가 IMF 체제로 간다는 공식 발표가 있은 직후 삼성의 사장단은 신라호텔로 속속 모여들었다. 외환 위기를 어떻게 극복할 것인지 논의하기 위해서였다.

이 자리에서 삼성은 삼성생명 회장 이수빈을 위원장으로 하는 '구조조정위원회'를 만들기로 합의한데 이어, '경영체질 혁신' 방안을 내놓았다. 주요 내용은 조직 30% 감축, 전체 비용 50% 절감, 임원 급여 10% 삭감, 투자 규모 30% 축소 등이었다.

12월에는 이건희가 집무실로 쓰고 있는 이태원동 승지원에 세계적인 투자사인 골드먼삭스 회장 존 코자인 일행이 벌써 며칠째 드나들고 있었다. 삼성이 마련한 구조조정 안에 보다 효율성을 기하기 위해서였다.

"삼성전자와 핵심 전자 계열사, 삼성생명을 제외하고 그 어떤 회사를 처분해도 좋습니다."

무거운 침묵 끝에 이건희가 입을 열었다. 전자와 생명을 제외하곤 모든 것을 다 버릴 수 있다는 파격적인 제안에 코자인 회장은 다짐처럼 물었다.

"어디까지 우리가 해야 하는 겁니까?"

"우리 회사를 분석하고 값을 매겨 원매자를 찾아서 처분까지

해주는 것이요. 그 모든 것을 위임합니다."

세간에선 이건희의 이 같은 구조조정 방식을 두고 '선상투하船上投下'라고 일컬었다. 재무구조 개선에 방점을 둔 방식으로 이익과 경쟁력이라는 원칙에서 벗어나면 모두 구조조정 대상이 될 수 있다는 뜻이었다. '해서는 안 될 사업, 하지 않아도 되는 사업은 포기할 줄 아는 용기와 결단이 필요하다'는 게 그의 메시지였다.

따라서 IMF 이후 처음으로 맞이하는 1998년의 신년사는 그 여느 때보다 비장할 수밖에 없었다.

'…한 달 전 우리는 나라의 경제주권을 저당 잡히면서 IMF 구제 금융을 받았다. 이로 인해 나라의 체면과 정부의 권위는 땅에 떨어지고, 우리의 자존심 또한 지을 수 없는 큰 상처를 입었다. 구제 금융으로 발등의 급한 불은 끌 수 있었지만. 나라의 근간이 되는 경제 기반이 뿌리째 흔들리면서, 앞으로의 성장 잠재력마저 잠식당할 절박한 상황에 처해 있다….'

1997년 12월부터 도산과 폐업, 실직과 자살이 연이어 속출하면서 우울했다. 새로이 김대중 정권이 들어선 2001년 3월 비로소 지긋지긋한 IMF의 터널을 벗어날 수 있게 될 때까지 모두에게 고행의 연속이었다.

그러나 IMF는 삼성에게 위기이자 곧 기회이기도 했다. 무엇보다 새로운 영토 확장에 나섰다가 딜레마에 빠지고 만 자동차 사업을 구조조정으로 정리할 수 있었다.

자동차 사업은 그가 미국 유학 시절부터 꿈꿔왔던 오랜 숙원이었다. 만일 IMF가 아니었더라면 이건희는 틀림없이 자동차 사업이라는 새 영토 확장에 그룹의 전체 역량을 쏟아 부었을 것이다.

그랬을 경우 삼성 전체 경영이 커다란 어려움에 빠질 수가 있었다. 선대 회장 때부터 목숨처럼 지켜온 선택과 집중이라는 오랜 덕목을 자칫 잊고서 깊은 수렁에 빠져들고 말 뻔했던 것이다.

한데 그는 자신의 오랜 숙원이기도 했던 자동차 사업이라는 새로운 영토 확장을 IMF 외환 위기 속에서 미련 없이 단념할 수 있게 되었다. 미국의 〈뉴스위크〉는 이런 삼성을 두고 'IMF 외환 위기를 무사히 넘긴 유일한 재벌이었다'고 평가했다.

삼성은 인재의 보물창고

IMF 외환 위기 속에서 삼성이 확인한 것은 한 가지가 더 있었다. 그룹 안에서 이건희의 유일체제 리더십을 더욱 공고하게 다질 수 있게 되었다는 점이다.

또 그런 결과 삼성은 더욱 강해졌다. 삼성전자는 1998년에 세계 최초로 256메가 D램을 생산한데 이어, 다시 128메가 S램을 세계 최초로 개발했다. 이듬해에는 256메가 D램을 세계 최초로 출하하고, 곧이어 MP3 플레이어 휴대전화를 세계 최초로 개발했다.

더욱 강해진 삼성은 새 천년에 들어서도 도약을 멈추지 않았다. 2000년에는 삼성전자가 컬러TV 1억대 생산을 돌파했다.

2001년에는 삼성전자가 휴대폰 생산 5,000만 대를 돌파하고, 삼성중공업이 국내 최초로 대형 여객선을 성공적으로 건조했다. 또 같은 해 가을에는 삼성전자가 300mm 웨이퍼의 양산 체제에 들어가는 개가를 올렸다.

2002년 삼성의 순이익은 사상 최대인 11조 5,000억 원이었다. '97년 IMF 외환 위기 때 366%에 달하던 부채 비율이, 2003년에는 50%대로 떨어지면서 삼성은 초우량기업에 필적하는 수준까지 올라섰다.

더욱이 2002년은 삼성전자에게 있어 매우 뜻 깊은 해였다. 자본시장에서 평가한 기업의 시장가치에서 그동안 지구촌의 전자업계를 지배해오며 세계 최고의 메이커로 평가받던 SONY를 삼성전자가 처음으로 추월하기 시작한 해였던 것이다.

불과 2년 전인 2000년만 하여도 SONY는 도저히 따라잡을 수 없는 최강이었다. 이때까지의 시장 가치는 삼성전자의 무려 4배에 달했다.

하지만 2002년에 삼성전자가 세계 최강 SONY를 앞서나가기 시작한 것이다. 그리고 이후 두 기업 간의 격차는 점점 더 벌어져가고 있는 추세다.

이처럼 IMF 외환 위기를 딛고 일어나 실로 기적과도 같은 놀라운 실적을 일궈낸 성과를 바탕으로, 2003년 신년사에서 이건희는 '제2의 신경영'을 제안한다. 이 해는 삼성이 창업한지 65주년이었으며, 제2의 창업 15주년이었다. 그리고 프랑크푸르트 선언으로 시작된 신경영 10주년이 되는 해이기도 했다.

'…2003년은 이런 의미에서 기회와 위협, 희망과 불안이 함께하는 전환의 시대라고 할 수 있다. 그러므로 올 한 해의 노력과 투자가 앞으로 10년, 100년 후 우리의 장래를 결정짓게 될 지도 모른다.

…오늘 이 자리에서 나는 삼성가족 여러분에게 앞으로 5년 후, 우리 삼성을 세계 초일류기업의 대열에 올려놓을 것을 제안한다.'

이건희가 신년사에서 제2의 신경영을 선언하면서 동시에 제안한 5년 후라면 2008년이 된다. 과연 그가 다짐한 2008년의 삼성은 어떤 모습으로 변모해 있을 것인가. 세계 초일류기업이 될 수 있을 것인가.

여기서 한 가지 의문이 남는다. IMF 외환 위기 이후 삼성이 그렇듯 짧은 기간 안에 놀랍도록 비약적인 성장을 할 수 있었던 힘은 과연 어디서 나온 것이란 말인가? 앞서 밝힌 대로 자동차 사업을 구조조정으로 단념하고, 이건희로의 유일 체제를 굳힌 것만으로 가능했던 것일까? 과연 더욱 강해진 삼성이 될 수 있었던 건, 아니 어느덧 IMF 외환 위기를 딛고 일어나 5년 후 세계 초일류기업을 제안케 되었던 건 또 다른 숨은 저력이 있었기 때문이 아니었을까?

이 같은 의문을 풀기 위해서는 아무래도 1982년까지 거슬러 올라갈 필요가 있다. 그 해 아버지 이병철은 미국 보스턴대학에서 명예박사 학위를 수여받았다.

한데 아버지 이병철은 이 자리에서 매우 인상 깊은 기념 강연을 한다. '삼성이 인재의 보물창고라는 말보다 자신을 더 즐겁게 하는 것은 없다'고 한 것이다.

사실 아버지 이병철은 '인재 제일'을 사훈으로 삼았을 만큼 인재경영을 중시했다. 삼성의 더 강한 힘은 그러한 인재경영에서 비롯되었던 것이다.

또 그런 인재들을 길러내기 위한 대표적인 산실이 다름 아닌 삼성종합연수원이었다. 사실상 아버지 이병철의 마지막 작품이기도 했다.

삼성종합연수원은 1986년 설립 이후 지금껏 연수원장이 줄곧 공석으로 남아 있다. 삼성의 인재 양성 최고 책임자는 다른 누구도 아닌 그룹의 회장임을 상징적으로 보여주기 위한 것이라고 한다. 그만큼 인재 양성의 심혈을 기울인다는 얘기다.

이건희의 인재경영은 여기서 한 걸음 더 나아간다. 아버지 이병철 못잖게 그 중요성을 누누이 강조해온 것을 넘어, 기업의 자산 가운데 인적 자산을 가장 맨 앞에 두고 있다.

그는 인재경영에 대해 이런 글을 쓴 적이 있다. 기업이 인재를 양성하지 않는 것은 일종의 죄악이며, 양질의 인재를 활용하지 못하고 내보내는 것은 경영의 큰 손실이다.

그렇다면 이건희가 바라는 인재는 어떤 것일까? 그의 신경영에 적합한 인재상이란 어떤 조건과 역량을 가진 모습일까?

이건희는 이른바 'T자형 인재'를 꼽았다. 'I자형 인재'가 한 가지 전문 분야에만 정통하고 다른 분야는 아무 것도 모르는 인재를 말한다면, T자형 인재는 자기 전문 분야는 물론이고 다른 분야까지 폭 넓게 알고 있는 종합적인 사고 능력을 갖춘 인재라고 말했다.

'지금까지는 I자형 인재가 그런대로 인정을 받아왔다. 앞으로는 I자형 인재보다 T자형 인재가 훨씬 더 인정받는 시대가 될 것이다. 그 이유를 세 가지만 들어보기로 하자.

첫째, T자형 인재는 폭넓은 지식, 입체적인 사고, 전체를 꿰뚫어보는 통찰력 등을 갖추고 있어서 어떤 임무가 주어지든 I자형 인재보다 훨씬 뛰어난 업무 능력을 발휘한다. 또한 I자형 인재는 주변 동료의 잘못에 대해 적절히 충고할 만한 능력이 없는 사람이라면, T자형 인재는 리더십도 갖춘 사람이다.

둘째, 앞으로는 서로 다른 기술이나 산업이 결합하여 새로운 분야가 창조되는 복합의 시대가 될 것이기 때문에 T자형 인재 같은 종합 기술자의 중요성이 더욱 강조된다.

셋째, 불황인 요즘, 80년대부터 시작된 경영 합리화와 한계사업 정리가 거의 모든 기업으로 확산되고 있다. 이는 필연적으로 인력 감축을 부르게 된다. 이런 상황에서 여러 분야의 직무를 무리 없이 감당해낼 수 있는 T자형 인재는 설 땅이 있지만, 한 가지 직무 밖에 모르는 I자형 인재는 쓸모가 없게 된다.'

새 천년을 여는 2000년의 신년사에서도 그는 인재경영에 방점을 둔다. 디지털 시대에는 총칼이 아닌 사람의 머리로 싸우는 '두뇌전쟁' 시대라고 정의하면서, 뛰어난 인재가 국가의 경쟁력을 좌우하게 될 것이라고 전제한다.

그런 만큼 디지털 시대를 이끌어갈 경영 인력, 기술 인력을 체계적으로 육성해나가는 한편, 그런 인재들이 창조적 능력을 마음껏 발휘할 수 있는 '두뇌천국'을 만들자고 역설했다. T자형 인재에서 두뇌전쟁의 시대를 이끌어나갈 경영 인력, 곧 두뇌천국을 만들어나가자고 한 걸음 더 나아간 것이다. 그리고 같은 해 연말, 그는 계열사 사장단 회의에서 매우 의미심장한 지시를 내린다. 앞으로 5~10년 후 무엇을 먹고 살 것인지 6개월 간 연구해서 보고서를 제출하라는 것이었다.

계열사 사장들은 6개월 동안 고뇌했다. 조사와 연구를 거듭하고 매만진 끝에 저마다 보고서를 제출했다.

그 가운데는 차세대 반도체산업을 연구해야 한달지, 차세대 디스플레이 사업이 향후 삼성의 미래 사업이 될 것이랄지 하는 등의, 단박에 눈길을 끄는 의견 제시가 없지 않았다. 또 그 같은 아이템에 대한 시장 가능성이며, 사업 전개 방향 등까지 꼼꼼히 뒤따랐음은 물론이다.

이건희는 계열사 사장들이 제출한 보고서를 일일이 검토했다. 그런 뒤 보고서를 제출한 계열사 사장들에게 다음과 같은 메시지를 보낸다.

'내가 원하는 정답을 제시하고 있는 사장은 없다. 1년 앞을 내다보기 힘들 정도로 빠르게 변하는 현실에서 5?10년 후를 예측하는 것은 불가능한 일이다. 결국 정답은 이 같은 변화에 능동적으로 대처할 수 있는 '인재'를 구하고 키우는 것이 아니겠는가.'

이건희의 생각은 명료했다. 5~10년 후의 미래 산업은 조사하고 연구해서 찾아지는 것이 아니라고 믿었다. 그 같은 미래 산업을 개척해나갈 뛰어난 인재가 필요하다는 점을 사장들에게 강조하고 싶었다. 다시 말해 삼성의 미래를 결정짓는 것은 어떤 특정 산업이 아니라 결국 인재라고 본 것이다.

2003년 여름, 프랑크푸르트에서의 신경영 선언 10주년을 기념하는 계열사 사장단 회의를 신라호텔에서 가졌다. 이날 회의에서 삼성은 신경영의 성공을 자축하는 한편, 거기에 머물지 않고 보다 더 높이 도약하기 위한 결의를 다졌다. 이건희가 이미 신년사에서 밝힌 '제2의 신경영'의 구체적인 비전을 밝혔다.

우선 오는 2010년까지 삼성의 브랜드 가치를 700억 달러로 높이기로 했다. 또한 세계 1등 제품을 50개 이상 확보할 것과 세계에서 가장 존경받는 기업으로 성장하겠다는 중장기 비전을 확정 발표했다. 이날 확정한 '제2의 신경영'의 비전은 삼성이 월드베스트 전략으로 나아가 세계 초일류기업으로 도약하겠다는 의지를 온 세상에 천명한 것이었다.

그리고 제2의 신경영 선언에서 이건희는 '천재경영'을 화두로 내세웠다. 삼성이 세계 초일류기업으로 발돋움하기 위해서는 천재를 어디서 초빙해오든가, 아니면 길러내든가 하여 그들로 하여금 세계 초일류 제품을 만들도록 하자고 했다.

'…외부에서는 신경영이 질 위주의 경영이었다면 제2의 신경영은 무엇이냐고 궁금해들 하고 있다. 그에 대한 답은 바로 나라를 위한 천재 키우기라고 할 수 있다. 21세기는 경쟁에 극한 수준으로 치달아 소수의 창조적 인재가 승패를 좌우하게 된다. 과거에는 10만 명, 20만 명이 군주와 왕족을 먹여 살렸지만, 앞으로는 천재 한 사람이 10만 명, 20만 명을 먹여 살리는 시대가 될 것이다.

…20세기에는 컨베이어 벨트가 제품을 만들었으나, 21세기에

는 천재급 인력 한 명이 제조공정 전체를 대신할 수 있다. 예를 들어 반도체 라인 1개를 만들려면 30억 달러 정도가 들어가는데, 누군가 회로 선폭을 반만 줄이면 생산성이 높아져 30억 달러에 버금가는 효과를 거두게 된다. 천재들을 키워 5년이나 10년 후 미래 산업에서 선진국과 경쟁해 이기는 방법을 얘기하는 거다.'

삼성이 정하고 있는 미래 주력 산업은 모두 10가지다. 먼저 정보 기술 분야의 SOC(System On Chip)와 탄소나노튜브, 그리고 전자종이, 서비스 로봇, 에이전트 소프트웨어, 에드호크 네트워크, 양자 암호, 연료전지, 또한 바이오 분야에서의 프로테오믹스, 인공장기 등이 그것이다.

이건희가 그같이 천재경영을 화두로 내세웠던 것도 바로 이 같은 삼성의 미래 주력 산업과도 무관치 않아 보인다. 미래 주력 산업이 하루가 다르게 기술 중심으로 빠르게 재편되고 있기 때문이었다.

어쨌든 뛰어난 인재 1명이 10만 명을 먹여 살린다는 이건희의 천명에 따라 삼성은 우수 인력 확보가 당면 과제로 떠올랐다. 삼성전자의 인사팀은 미 국과 유럽 등지를 샅샅이 누비며 고급 인력을 스카우트하기 위해 대상자 물색에 들어갔다.

그렇게 해서 삼성패밀리가 된 우수 인력은 스튜어트 배리, 데이비디 스틸 등을 들 수 있다. 배리는 삼성SDS의 글로벌 신규 사업인 UC(Utility Computing) 사업을 총괄하고 있다. UC 제품에 휴렛패커드의 이메일 기술인 오픈 매일을 기반으로 제작한 기술을 각종 모바일 데이터 교환 기술과 연동시켜 새로운 부가가치를 창출하는 업무를 담당하고 있다.

스틸은 MIT 물리학박사 학위와 시카고대학 MBA를 받은 후 삼성의 미래전략그룹에 입사했다. 그가 맡은 업무는 디지털 미디어 부문의 신규 사업팀이다.

삼성이 주목하고 있는 해외 우수 대학은 하버드대학, 펜실베이니아 와튼 비즈니스 스쿨 등 미국의 상위 8개 대학 MBA과정이다. 그리고 런던 비즈니스 스쿨, 프랑스의 인시아드 등 세계 10대 MBA 과정에서 공부하는 우수 두뇌들이다.

그밖에도 우수 인재를 확보하기가 비교적 용이한 중국, 러시아, 베트남 등지에서 일류대학을 갓 졸업한 천재급 인력을 조기에 발굴하여 해외 유학비를 지원하고 있다.

삼성은 국내 우수 대학과 공동으로 석 · 박사 과정을 운영하고 있기도 하다. 연세대학과는 디지털 석 · 박사 과정을, 고려대학과는 통신 석 · 박사 과정을, 성균관대학과는 반도체 석 · 박사 과정을, 한양대학과는 소프트웨어 석 · 박사 과정을, 경북대학과는 전자공학 석 · 박사 과정을 연계하여 우수 인재를 확보해나가고 있다.

그런가하면 삼성은 연구, 개발, 정보기술 등 경영의 모든 분야에서 석 · 박사 인력을 매년 1,000명씩 늘려나가기로 결정했다.

'…한마디로 마이크로 소프트 사의 빌 게이츠 같은 사람, 그런 천재 3명만 나오면 우리 경제의 차원이 달라진다. 그런 천재 3명을 찾겠다는 것이 나의 목표이다.'

이건희의 천재경영은 지구촌을 다 뒤져서라도 뛰어난 인재를 찾겠다는 선언이었다. 또한 그의 목표이기도 했던 것이다.

현재 삼성의 대표 계열사인 삼성전자의 경우 임직원 수가 (2014년 기준)28만 6,284명이다. 이 가운데 박사급이 5,771명이고, 글로벌 연구개발 직원 수는 6만9,000여 명에 달한다. 가히 두뇌집단이요, 인재의 보물창고라고 일컫지 않을 수 없다.

제품의 성공 여부는 0.6초의 디자인혁명

지식과 정보의 시대를 넘어 창조 기반의 시대로 진화해가고 있는 오늘날 기업경영에서 디자인이 차지하는 가치는 새삼 강조할 필요가 따로 없다. 이젠 디자인이 왜 중요하며, 디자인경영이 무엇인가를 논하는 시기는 이미 지난 듯하다. 디자인은 기업 내 브랜드와 함께 다루어져야 할 가장 중요한 핵심 자원이 되었고, 최고경영자에서부터 개발자·마케터에 이르는 모든 이들이 동시에 다뤄야 하는 전략으로 굳어지고 있다.

IMF 외환 위기 이후 '더 강한 삼성'으로 만들기 위한 이건희의 방점 역시 이 같은 디자인이 빠질 수 없었다. 디자인의 혁명이야말로 월드베스트를 향한 그의 마지막 마무리인 셈이었다.

　2002년 이른 봄, 이건희는 폐암 치료를 끝낸 직후였다. 그는 미국 오스틴에 자리한 삼성전자 공장에서 열린 전략회의에 참석하여 디자인의 중요성을 언급했다. 이 현지 공장은 건립 2년 만에 흑자를 기록하며 성공적으로 시장에 진입한 케이스였다.

　한데 '세계 1등 제품이 아니면 공장 문을 닫아야 한다'고 강조했다. 월드베스트가 되기 위해서는 품질만이 아니라 디자인 부문에서도 1등이 되어야 한다는 요청이었다.

　그는 이미 1996년 신년사에서 디자인의 중요성을 강조한 터였다.

　'…다가올 21세기는 '문화의 시대'이자 '지적 자산'이 기업의 가치를 결정짓는 시대이다. 기업도 단순히 제품을 파는 시대를 지나 기업의 철학과 문화를 팔아야만 하는 시대라는 뜻이다. 디자인과 같은 소프트한 창의력이 기업의 소중한 자산이자 21세기 기업 경영의 최후의 승부처가 될 것이라고 확신하고 있다. '96년 올해를 그룹 전 제품에 대한 '디자인혁명의 해'로 정하고, 우리의 철학과 혼이 깃든 삼성 고유의 디자인 개발에 그룹의 역량을 총 집결해 나가도록 하자.'

이어 2005년 봄, 이탈리아 밀라노에서 제44회 세계가구박람회가 열렸다. 5만4,000여 평의 너른 행사장에 50개국에서 몰려든 2,128개 가구업체가 참여하여 성황을 이뤘다.

세계 최고의 명품이 아니면 만들지 않는다는 이탈리아의 가구는 오랫동안 세계 정상을 지켜오고 있다. 가구만으로 연간 130억 달러를 수출하여 세계 가구시장의 16.5%를 지배해왔다.

이건희는 삼성의 핵심사업 부분 사장단을 이끌고 밀라노 세계가구박람회에 참석했다. 삼성 구조조정본부 부회장 이학수, 삼성전자 휴대폰 사장 이기태, 생활가전 총괄 사장 이현봉, 디지털미디어 총괄 겸 영상디스플레이 사장 최지성, 구주전략본부장(사장) 양해경, 제일모직 사장 제진훈, 삼성 구조조정본부 사장 김인주, 그리고 삼성전자 경영기획 상무 이재용(장남)과 제일모직 상무보 이서현(차녀) 등이 주요 수행 일행이었다.

"가구는 소비자들의 욕구를 가장 빠르게 반영하는 제품이다. 세계적인 명품 가구업체들이 어떻게 유럽의 고급 취향을 디자인에 반영하는지 연구해주길 바란다."

이건희는 가구박람회장을 돌아보기 전에 먼저 일행에게 그같이 요청했다. 그는 이날 일행과 함께 밀라노 세계가구박람회장을 6시간이나 직접 걸어 다니면서 제품 하나하나를 눈여겨보았다. 그런 뒤 자신의 소감을 이렇게 말했다.

'…소비자 한 사람이 진열대를 돌아다니면서 3만 개의 상품을 둘러본다. 이제 철저히 차별화된 디자인으로 고객의 마음을 끌지 못하면 상품을 팔기 어려운 시대가 되었다.

…상품 진열대의 특정 제품이 소비자의 마음을 사로잡는 시간은 평균 0.6초다. 이처럼 짧은 시간에 고객의 발길을 붙잡지 못하면 마케팅싸움에서 결코 승리할 수 없다.'

가구박람회를 둘러보고 호텔(포시즌)로 돌아온 이건희와 일행은 곧이어 디자인 전략회의를 가졌다. 회의장 앞에는 예의 SONY, 샤프, 파나소닉, 도시바, 애플, 밀레, 필립스, 톰슨 등 세계적인 디자인상을 수상한 세계 일류 명품들과 함께 삼성의 주요 제품 100여 개가 나란히 전시되었다. 삼성의 주요 제품과 세계적인 명품의 차이를 직접 비교하는 품평회가 열린 것이다.

이건희와 일행은 세계적인 명품과 자사의 제품들을 직접 비교해본 뒤 회의장으로 향했다. 이날 전략회의는 6시간 동안이나 계속 되었다.

먼저 그가 입을 열었다. '내가 굳이 왜 밀라노에서 이런 회의를 하는지 생각해보라'고 했다.

1993년 신경영을 선언할 당시 독일의 프랑크푸르트를 선택했던 건 그곳이 곧 변화의 중심지여서였다. 마찬가지로 이탈리아의 밀라노를 선택했던 건 대대로 내려온 장인의 솜씨와 전통, 예술과 디자인이 숨 쉬고 있기 때문이었다.

'…최고 경영진에서부터 현장사원에 이르기까지 디자인의 의미와 중요성을 새롭게 인식하여 삼성 제품을 명품 수준으로 만들어야 한다. …삼성의 디자인 기술은 아직도 부족하다. (휴대폰) 애니콜만 빼면 나머지는 모두 1.5류다. 이제부터 경영의 핵심은 품질이 아니라 디자인이다.'

이날 디자인 전략회의의 결론으로 비로소 디자인혁명이 선언되었다. 주요 골자는 다음과 같았다. 독창적 디자인의 정체성 구축, 우수 인력 확보, 창조적이고 자유로운 조직문화 조성, 금형 기술 인프라 강화에 삼성의 모든 역량을 집중시킬 것이라고 선언한 것이다.

이때의 그의 디자인혁명은 결과적으로 옳은 것이었다. 시기를 놓치지 않은 적절한 타이밍이었다.

삼성은 디자인혁명 선언 이후 글로벌 디자인 거점을 미국, 독일, 이탈리아, 영국, 일본, 중국 등 6개 지역으로 확대했다. 현지 지향형 디자인을 개발하는 글로벌 디자인 체제를 구축한 것이다.

또한 국내에선 디자인 뱅크 시스템을 가동시켰다. 디자인 뱅크 시스템이란 제품을 설계하기 전에 디자인을 먼저 해서 거기에 맞추어 설계에 들어가는 디자인 우선의 혁신적인 제도였다. 이제도로 미래에 유행할 디자인을 먼저 개발해 놓고 시기에 맞춰 이를 제품화하는 시스템이다.

이 같은 현지 지향형 디자인과 디자인 뱅크 시스템은 당장 효력을 발휘하기 시작했다. 그렇게 만들어진 제품들은 해마다 그래픽, 패션, 제품디자인 등 다양한 부문에서 삼성의 디자인 수준을 높여나갔다.

특히 삼성전자는 2001년부터 디자인경영센터를 설립하고, 약 500여 명의 인력이 디자인전략 팀과 디자인연구소 2개 팀으로 나뉘어 연구에 몰두해왔다. 그리고 삼성전자 부회장 윤종용을 위원장으로 하는 디자인위원회를 설치하여 CDO(Chief Design Officer)를 제도를 운영하는 등 디자인경영에 총력을 기울였다.

그런 결과 삼성은 각종 디자인상을 휩쓰는 개가를 올린다. 세계 양대 디자인상으로 불리는 미국의 IDEA상과 Cebit iF 디자인상을 비롯해서 레드닷 디자인상, 일본의 G-Mark상 등 세계적인 디자인 평가기관의 디자인상을 100회 이상 수상했다. 그동안 상대적으로 약세를 보여 왔던 디자인 부문에서도 월드베스트의 위치로 성큼 올라서는 기염을 토한 것이다.

이건희의 뉴플랜 '창조경영'

IMF 외환 위기를 딛고 일어난 삼성은 확실히 '더 강한 삼성'으로 변모해 있었다. 메모리 반도체에 이은 월드베스트의 종목에서 삼성의 제품들이 속속 진입키 시작한 것이다.

해외 언론은 그런 이건희를 주목하기 시작했다. 〈뉴스위크〉〈이코노미스트〉〈비즈니스위크〉〈포춘〉〈타임〉 등이 잇달아 삼성을 주목하면서, 삼성의 성공 요인은 이건희 회장을 정점으로 경영환경에 민첩하게 대응할 수 있었던 경영시스템을 들었다.

〈뉴스위크〉는 2003년 11월 이건희를 커버스토리로 다루면서, 그를 '수도사적 제왕The Hermit'이라고 표현하면서, 보이지 않는 카리스마에 초점을 맞추었다. 특히 〈뉴스위크〉는 각 계열사의 자율경영을 우선시해서 일상적인 경영 현안은 각 계열사의 CEO에게 일임하고, 이건희는 전략 구상과 조율 등 좀 더 상징적인 역할에 주력하고 있다는 점에서 과거 재벌의 총수와 차별화된다는 분석을 내놨다.

그러나 이건희는 결코 안주하거나 머뭇거리지 않았다. 그동안 잠시 '깊은 사고'에 들어갔던 그가 스스로 침묵을 깨고 나왔다.

삼성의 임직원들을 향해 예의 다시 한 번 위기의식을 불어넣었다. 다시금 허리띠를 바짝 조여 나가기 시작했다.

그 첫 번째 메시지가 2007년 여름에 나왔다. 지난 1993년 프랑크푸르트 선언을 하면서 신경영에 들어간 이래 줄곧 시행해오던 '선진 제품 비교전시회' 자리에서 계열사 사장단을 향해 다시금 입을 연 것이다.

"…2010년이 되면 지금은 예측하기 힘들 정도의 급속한 변화가 일어날 것이다. 지금부터 디자인, 마케팅, 연구 및 개발 등 모든 분야에서 변화에 대비해야 한다."

이른바 '창조경영'의 메시지였다. 과거 1등 기업을 모방해 빠르게 추격하는 '패스트 팔로어fast follow' 전략에서 탈피하여 '퍼스트 무버first mover'가 되자는 주문이 그것이었다.

이윽고 2010년 봄이 되자 이건희의 위기의식은 강도를 더해갔다. 삼성은 이미 전년도에 사상 최대의 실적을 올리면서 그야말로 고공 행진을 계속하고 있는 중이었다. 한데 진짜 위기는 지금부터라고 메시지를 던지고 나섰다.

"…지금이 진짜 위기다. 글로벌 일류기업들이 무너지고 있다. 삼성도 언제 어떻게 될지 모른다. 앞으로 10년 내에 삼성을 대표하는 사업과 제품은 대부분 사라질 것이다. 머뭇거릴 시간이 없다. 앞만 보고 가자."

삼성전자는 이보다 몇 달 전인 2009년 10월 창립 40주년을 맞아 '비전 2020'을 공표한 바 있다. 오는 2020년 매출 4,000억 달러, 세계 10대 기업, IT업계 세계 1위를 목표로 삼았다.

이날 삼성전자는 향후 5~10년 후 성장 동력이 될 수 있는 바이오칩·의료기기·주머니 속의 병원으로 불리는 U-헬스·태양전지 등 '삶의 질 향상life care' 분야의 신산업을 적극 발굴해내고, 고객의 다변화한 욕구를 충족하는 솔루션 사업을 확대해나갈 방침이라고 그 구체적인 방안까지 밝혔다.

이와 함께 그러한 목표를 달성키 위해 삼성전자가 내건 뉴 비전 키워드는 'Inspire the World, Create the Future(미래사회에 대한 영감, 새로운 미래창조'였다. 신기술과 혁신적인 제품, 창조적 솔루션을 통해 미래사회에 대한 영감을 불어넣고, 고객과 사회·임직원의 새로운 가치를 도모하여 궁극적으로 인류사회의 번영을 가져오는 새로운 미래를 창조하겠다는 의지를 내포하고 있다.

그로부터 한 달포가 지난 5월, 서울 한남동(행정 구역으로는 이태원1동 135-26)에 자리한 삼성의 메카 승지원으로 삼성 계열사 사장단이 대거 모여들었다. 이건희는 자신의 은둔처인 그곳에서 사장단 회의를 주재했다.

그는 이 자리에서 '세계 최고가 뛰는 트랙은 따로 있다'고 강조하면서 과감하고 공격적인 투자를 통해 미래를 선점해야 한다는, '뉴 플랜'을 제시했다. 이른바 '비전 2020'을 구체화하기 위한 실행 방향이었다.

이 '뉴 플랜'의 골자는 향후 10년 간 그룹에서 23조3,000억원이라는 천문학적인 거액을 투자, 미래 산업 분야에서 오는 2020년 매출 50조원에 4만5,000명의 고용을 창출한다는 청사진이었다. 다시 말해 '과감하고 공격적인 투자'로 기존 주력사업의 경쟁력을 보다 확고하게 다져 누구도 따라올 수 없는 절대강자로 미래를 열어나가겠다는 야심찬 계획이었다.

그리고 일주일여 뒤, 이건희는 경기도 화성캠퍼스(반도체 사업장)에서 열린 반도체 16라인 기공식에 참석해서 삼성전자 사상 최대 규모인 연간 26조원의 투자 계획을 또다시 발표했다. 다른 글로벌 기업이 머뭇거리고 있을 때 과감하게 투자해서 기회를 선점해야 한다는 신념에서였다. 이러한 투자 규모는 앞서 발표했던 '비전 2020'의 투자 금액보다도 훨씬 많은 것이어서 재계를 깜짝 놀라게 만들었다.

삼성전자는 이날 발표된 연간 26조원의 대규모 투자 가운데 반도체에 11조원, 액정표시장치 LCD에 5조원, 연구 및 개발 사업R&D에 8조원 등을 투입한 것으로 알려지고 있다. 이는 또한 삼성이 신수종 미래 산업을 육성하고 미래 전략을 구사하면서도, 반도체와 LCD(액정화면) 등 기존 사업의 가치를 낮추어 보지 않고 여전히 삼성의 핵심 사업임을 암시하면서 지켜나가겠다는 의지 표명이어서 눈길을 끌었다.

이에 따라 삼성은 메모리·LCD·TV·휴대전화 등의 선도 사업이 압도적인 시장 점유율과 더불어 영업이익률을 달성하는 등 브랜드 파워를 더욱 강화해 나갈 수 있게 되는 한편, 생활가전·컴퓨터·프린터 등 6개 사업을 보다 집중적으로 육성시켜 현재 20% 수준인 육성 사업의 매출 비중을 2020년까지 30% 수준까지 끌어올린다는 계획이다.

앞에서 지난 2007년 여름에 있었던 선진제품 비교전시회 자리에서 과거 1등 기업을 모방해 빠르게 추격하는 '패스트 팔로어' 전략에서 탈피해 '퍼스트 무버'가 되자는, 이른바 이건희의 '창조경영'을 밝힌 바 있다. 그러면서 디자인, 마케팅, 연구 및 개발 등 모든 분야에서 변화에 대비해야 한다는 그의 메시지를 전했다.

한데 그로부터 4년이 지난 2011년 여름, 그는 다시금 안팎으로부터 관심이 집중되는 가운데 예의 선진제품 비교전시회를 가졌다. 삼성전자 수원 디지털시티에서 열렸던 전시회 마지막 날에 이건희가 행사장을 찾은 것이다.

이날 전시회에선 3차원 스마트TV와 노트북, 블루레이, 휴대폰, 태블릿PC, 반도체 등의 분야에서 SONY, 애플, LG전자, 노키아, 샤프, 파나소닉, 엘피다 등 경쟁사 제품들이 분석 대상에 올랐다. 이날 전시회에는 삼성전자 부회장 최지성과 DS총괄 사장 권오현, VD사업부 사장 윤부근, 무선사업부 사장 신종균 등 삼성전자의 모든 사장단과 함께 삼성SDI 사장 박상진, 삼성전기 사장 박종우, 삼성모바일디스플레이 사장 조수인 등 전자부문 계열사 사장단도 빠짐없이 참석했다.

이건희는 이들 사장단과 함께 모든 부스를 둘러보았다. 그런 뒤 곧바로 전자 계열사 사장단 회의를 주재했다.

삼성 안에선 그가 사장단 회의에서 어떤 화두를 던질지에 이목이 집중되고 있었다. 그러나 들리는 바에 의하면 '3D TV와 스마트폰 등 현 시점에서 가장 첨예한 경쟁이 벌어지고 있는 제품에 대한 코멘트가 있었다'는 소문만이 있을 뿐, 지난 2007년 '창조경영'과 같이 구체적으로 알려지고 있는 것은 아직까지 없다.

다만 확실한 것은 이건희가 어떤 식으로든 기술과 품질에 대한 메시지를 분명히 사장단에게 전달했을 것이라는 후문이다. 그리고 그 메시지는 좀 더 시간을 두고서 자연스럽게 흘러나올 것이라는 중론이다.

2. 월드베스트 삼성 신화의 이모저모

이건희 경영의 비밀 산실, 자택 지하 '코쿤의 성'

1993년 프랑크푸르트에서 신경영을 선언한 이후의 에피소드이다. 이건희는 전략회의 자리에서 배석한 계열사 임원들에게 집에 어떤 TV가 있느냐고 의미 있는 질문을 던진 적이 있다.

계열사 임원들은 하나같이 대답했다. 그야 물론 삼성의 TV제품이라고 한목소리를 냈다.

그러자 이건희는 'SONY-TV도 봐야지 왜 삼성-TV만 보느냐'고 꾸짖었다. 경쟁사의 제품과 비교하지 않으면 우리 것이 발전할 수 없다는 지적이었다. 계열사 임원들은 저마다 부끄러워했다.

이건희의 집무실 또한 그러하다. 삼성의 신제품이 출시될 때면 으레 자신의 집무실에서 선진 기업 또는 경쟁사 제품과의 비교

평가를 빼놓지 않곤 한다.

한데 그는 평소 회사에 출근하지 않는 그룹 회장으로 유명했다. 1987년 태평로 삼성 본관 28층에 자리한 그룹 회장 집무실을 아버지 이병철로부터 물려받았을 때부터 거의 출근하지 않았다.

32년 동안의 태평로 삼성 본관을 청산하고 2008년 새 보금자리인 '삼성강남사옥'으로 이전했을 때에도 전혀 다르지 않았다. 어쩌다 그가 삼성강남사옥에 모습을 드러내기만 해도 언론이 야단법석을 떨 정도였다. 그를 두고 '은둔의 경영자'이니, '수도사적 제왕'이니 하고 부르는 것도 그 때문이다.

그렇다면 그의 집무실이란 어디를 두고 일컫는 것일까? 도대체 그룹의 컨트롤타워 풍경은 어떻단 말인가?

이건희는 평소 회사의 집무실로 출근하지 않는 대신 한남동의 집에서 5분 거리에 자리한 승지원에서 주요 업무를 처리한다. 승지원에서 해외 주요 인사들을 접견하는가 하면, 계열사 사장이나 임원들의 면담도, 회의도, 결정도, 대부분 그곳에서 이뤄진다. 승지원을 일컬어 '삼성 경영의 메카'라고 부르는 이유도 실은 여기에 있다.

그러나 그의 집무실은 태평로에 자리한 삼성 본관도, 강남사옥도 아니다. 삼성의 경영 메카라는 승지원도 실은 아니다.

이건희의 집무실은 전체 대지 1,650평, 연면적 2,744평, 주차차량 45대, 메인 건물 등 4동으로 구성되어 있는 한남동의 저택

'이건희 타운'이다. 이건희 타운의 30여 평 남짓한 지하실이다. 그곳 '코쿤cocoon의 성城'이라고 말할 수 있다. 그곳이야말로 그의 집무공간이자 첨단 제품의 실험실이기도 하다.

그의 이 같은 코쿤의 성의 모델은 다름 아닌 마이크로소프트 회장 빌 게이츠의 저택이다. 게이츠는 자신의 저택 이외에도 1년이면 두 차례씩 미국 서북부에 있는 한 별장에 은둔해 마이크로소프트의 장래를 결정지을 전략과 아이디어에 대한 연구를 몰두한다고 한다.

일주일 남짓한 이 기간엔 마이크로소프트 임직원은 물론 가족이 방문하는 것도 거절된다. 게이츠 홀로 정보기술 업계 동향이나 새로운 아이디어들이 요약 정리되어 있는 갖가지 보고서들을 읽고, 이에 관한 생각을 정리하는 '생각 주간Think Week'을 보낸다.

게이츠는 그렇게 생각 주간을 보내지만, 이건희는 별도로 별장을 찾아갈 필요가 없다. 자신만의 코쿤의 성에서 1년 365일이 모두 생각 주간으로 보낼 수 있기 때문이다.

그의 코쿤의 성에서는 전화로 전 세계 주요 지사가 곧바로 연결된다. 뿐만 아니라 팩시밀리나 복사기와 같은 갖가지 사무기기도 완벽하게 갖춰져 있어 집무에 조금도 불편을 느끼지 못한다.

그 뿐 아니라 코쿤의 성 실내엔 100인치 규모의 대형 스크린이 자리 잡고 있고, 좌우에는 첨단 음향기기가 놓여 있다. 대형 스크린 앞쪽에는 가로세로 4~5m 크기의 낮은 책상에 앉은뱅이 의자가 놓여있다. 그는 오랜 일본 생활이 몸에 배어 맨바닥에 앉길 좋아하는데, 그것은 장시간 자신만의 '몰입 작업'에 따른 피로를 덜기 위한 것이다.

책상의 좌우에는 10,000개가 넘는 비디오테이프가 빼곡히 꽂혀있다. 언제인가 그가 계열사 사장단 전략회의에서 '나는 일본의 역사를 알기 위해 45분짜리 비디오테이프 45개를 수십 번 반복해서 보았다'는 것도 예의 이곳이었음을 알 수 있다.

비디오테이프는 역사와 다큐멘터리에서 세계 선진 일류기업들의 기술개발 동향에 이르기까지 매우 다양하다. 일본이나 미국의 현지 법인에선 선진 기업들의 제품 개발 동향이랄지, 컴덱스 쇼 등 전시회 관련 비디오테이프나 신제품을 입수해서 그에게 보내는 게 주요 업무가 된지 오래 되었다고 한다.

때문에 한 달이면 몇 차례씩 그의 코쿤의 성에 일본과 미국의 현지 법인에서 공수해오는 선진 신제품들이 들어왔다가 나가곤 한다. 대개 선진 신제품은 5개 정도가 공수되어 오는데, 한남동 코쿤의 성, 삼성전자 수원연구소, 영업담당 임원들에게 보내지고 샘플 한 개는 그가 나중에 삼성전자 제품과 비교 평가해보기 위해 따로 보관된다고 한다.

물론 삼성전자가 개발하는 신제품 또한 항상 맨 먼저 그에게 전달된다. 그러면 그는 자신만의 코쿤의 성에서 삼성의 신제품을 경쟁 선진 회사 제품과 꼼꼼히 비교해본다.

예를 들어 휴대전화라면 애플을, 양문형 냉장고라면 GE를, TV라면 SONY의 제품과 비교하며 꼼꼼히 따져본다. 삼성전자의 제품과 선진 제품을 직접 사용해보기도 하고, 또한 분해하고 조립까지도 해보면서 철저히 비교 평가된다.

한데 그가 빌 게이츠의 생각 주간을 모델로 해서 세웠다는 이건희 타운, 아니 그 중에서 30여 평 남짓한 저택 지하실을 일컬어 코쿤의 성이라고 부르는 건 왜일까?

코쿤은 누에고치라는 뜻이다. 미국의 마케팅 전문가 페이스 팝콘이 처음 사용하기 시작한 용어다.

처음에는 '불확실한 사회에서 단절되어 보호받고 싶은 욕망을 해소하는 공간'이라는 뜻으로 사용되었지만, 지금은 집안에 틀어박혀 지내는 누에고치 같은 사람을 가리킨다. '80~90년대의 베이비붐 세대에게서 코쿠닝 현상을 찾아낸 팝콘은, 21세기에는 직장의 속박에서 벗어나 개성과 자유를 찾아 재택근무를 하는 이른바 코쿠닝 신드롬이 일어날 거라는 보고서를 발표하면서부터였다.

이처럼 코쿤족은 복잡한 현실에서 벗어나 편안함과 자신만의 공간을 추구한다. 이들의 대표적인 특징은 쇼핑, 문화생활 등을 인터넷과 첨단 장비를 통해 집안에서 모두 해결한다는 점이다.

이들은 또 디지털 유목민과 대조되는 정착 성향의 그룹이다. 급격한 사회 변화에 대응해 가족, 안전, 인간 등의 개념을 중시한다.

때문에 코쿤족은 외부와의 접촉이 없이 혼자서만 어떤 일을 즐기며 살아가는 인간형으로 볼 수 있다. 또는 세상과 무관하게 자기만의 공간에 갇혀서 사는 전자시대 개인주의자의 한 전형을 가리키기도 한다.

이건희는 은둔의 경영자답게 그동안 코쿤의 특성을 다분히 보여 왔다. 그가 전자제품을 좋아하고, 자신의 취미가 '연구'와 '생각'이라는 말이 있을 정도로 뭐든지 혼자서 하는 걸 즐겨한다거나, 재택근무를 즐겨한달지, 주로 잠옷차림으로 지내느라 잠옷만 50벌이 된다든가, 새벽 2~3시에 잠자리에 드는 올빼미족인 것도 그런 성향과 무관치 않아 보인다.

또한 그가 한동안 '신경영'에 몰두해 있을 때의 에피소드이다. 미국 출장길에 올랐다가 필요하다 싶어 서울에서 LA까지 12시간 동안 중앙일보의 '중' 자에서부터 끝 페이지의 광고까지 한 글자도 빼놓지 않고 읽었다든지, 임원들을 새벽 2~3시에 불러내는가 하면, 새벽 4시에 자신의 코쿤의 성에서 전략회의를 소집하기도 했다. 그와 더불어 그의 저택 지하 집무실을 일컬어 코쿤의 성이라고 부르는 이유도 딴은 그런 이유에서다.

어쨌거나 새천년에 접어들면서 연거푸 날아들기 시작한 낭보 '월드베스트 삼성'은 순전히 한남동의 이건희 타운으로 불리는 코쿤의 성에서 나왔다. 프랑크푸르트 선언의 신경영에서부터 시작된 그만의 부단한 비교전시 경영철학과 코쿤의 실험정신이 이뤄낸 금자탑이었다.

다음은 2005년 기준 삼성그룹의 계열사 현황이다. 전체 59개 계열사 가운데 한남동 저택의 코쿤의 성에서 '은둔의 경영자' 또는 '수도사적 제왕'으로 불리는 이건희가 이끌어가고 있는 제국의 국내 첨병들이다.

업종	기업명	종업원(명)
전자공업	삼성전자	88,000
	삼성SDI	20,523
	삼성전기	29,000
	삼성코닝	5,000
	삼성코닝정밀유리	1,865
	삼성SDS	6,890
	삼성네트웍스	700
기계 및 중공업	삼성중공업	7,142
	삼성테크윈	3,697
화학공업	삼성토털	883
	삼성석유화학	385
	삼성정밀화학	791
	삼성BS화학	169
금융서비스	삼성생명보험	6,314
	삼성화재해상보험	3,712
	삼성카드	14,120
	삼성세큐리티	2,519
	삼성투자신탁운용	158
	삼성벤처투자회사	25
그 밖의 계열사	삼성물산	4,105
	삼성엔지니어링	1,240
	제일모직	2,214
	삼성에버랜드	1,553
	호텔 신라	1,860
	제일기획	733

그 밖의 계열사	SI코퍼레이션즈	3,052
	삼성라이온즈	35
	삼성의료원	5,110
	삼성인력개발원	70
	삼성종합기술원	900
	삼성경제연구소	117
	삼성문화재단	98
	삼성복지재단	13
	삼성호암재단	5
	삼성언론재단	6

다음은 2003년 기준 시장점유율 세계 1위를 기록한 삼성의 월드베스트 제품들이다. 잠들어 있던 삼성을 뒤흔들어 깨우기 위해 그가 '마누라 자식 빼고 다 바꾸자'며 프랑크푸르트에서 신경영을 선언한지 꼭이 10년 만에 일구어낸 기적 같은 성과물들이다.

회사명	제품명	시장점유율	순위	연도
삼성전자	D램(반도체)칩	31.00%	세계1위	2003
	S램(반도체)칩	32.60%	1위	2003
	비디오카세트 레코더(VCR)	22.60%	1위	2003
	휴대전화(CDMA=부호분할다중접속방식)	20.60%	1위	2003
	전자레인지	22.60%	1위	2003
	컬러 모니터	19.90%	1위	2003
	컬러TV	10.70%	1위	2003
	플래시 메모리	21.00%	1위	2003
	LDI(LCD액정 디스플레이)드라이버IC	26.00%	1위	2003
	액정 패널	20.50%	1위	2003
	(TFT-LCD=박막 트랜지스터 액정 디스플레이)			
삼성SDI	컬러 디스플레이관	26.80%	1위	2003
	슈퍼 트위스티드 네마틱 액정 디스플레이(STN-LCD)	23.90%	1위	2003

삼성전기	튜너	24.30%	1위	2003
	프라이백 변압기(FBT)	21.30%	1위	2003
	디프렉션요크(DY)	15.30%	1위	2003
	비디오카세트 레코더 (VCR)(드림 및 헤드)	14.90%	1위	2003
	플로피 디스크 드라이브(FDD)	23.40%	1위	2003
삼성코닝	STN 무명전극(ITO) 코팅 유리	55.00%	1위	2003
삼성정밀화학	디메틸포름아미드(DMF)	20.20%	1위	2003
제일모직	난연성 고분자(난연성ABS)	40.00%	1위	2003
삼성코닝 정밀유리	TFT-LCD	28.20%	1위	2003

D램 반도체, 세계 1위 도시바 꺾기

반도체를 일컬어 흔히 '산업의 쌀'이라고 부른다. 우리가 매일 같이 밥을 먹어야 하는 것처럼 휴대전화, PC, TV, 세탁기, 자동 차, 항공기 등 모든 전기전자 제품에 반드시 산업의 쌀 곧 반도 체가 들어가야 한다. 반도체는 전기전자 제품의 생명이라 해도 과언이 아닐 정도다.

이런 반도체는 크게 6가지로 분류한다. 좀 더 세밀하게 분류하 면 70가지 이상이 된다.

이 가운데 대표적인 것이 D램과 CPU다. 우리가 사용하고 있는 PC엔 D램과 CPU가 반드시 둘 다 들어가야만 한다.

D램은 메모리라고 일컫는 반도체로, 데이터를 '기억'한다. 삼성전자가 주력으로 삼고 있는 반도체가 바로 이 D램이다.

는 계산을 해내는 반도체로, 인간으로 말하면 '두뇌'에 해당된다. 미국의 인텔이 주력으로 하고 있는 반도체가 바로 이 CPU이다.

우리가 사용하고 있는 PC에서 데이터를 기억하는 D램이나, 계산을 해내는 CPU는 결코 없어서는 안 될 중요한 반도체다. 이처럼 PC에서 생명과 같이 중요한 부품을 독점하고 있는 두 회사가 삼성전자와 인텔이다.

하지만 앞서 살펴보았듯이 삼성전자의 반도체는 그 첫 시작에서부터 시련과 장벽의 연속이었다. 어렵사리 해외에 흩어져있던 한국인 반도체 인재들을 찾아내고 끌어 모은데 이어, 1983년 미국의 마이크론 사로부터 가까스로 기술을 들여와 메모리 반도체 생산에 들어갈 수 있었던 것이다.

그러나 누구도 눈여겨보지 않았으나 뒤늦게 출범한 삼성전자의 여정은 실로 어기찼다. 선택과 집중, 사활을 건 도전은 단연 빛났다.

이미 1992년 64메가 D램을 세계 최초로 개발한데 이어, '94년엔 다시 세계 최초로 256메가 D램 개발에 성공한다. 반도체 도전 10년 만에 일약 업계의 강자로 떠오른 것이다.

탄력이 붙은 삼성전자는 '96년 마침내 '꿈의 반도체'로 불리는 1기가 D램 반도체를 역시 세계 최초로 개발했다. 3세대 연속 세계 최초 개발이라는 전인미답의 기록을 세우면서, 경쟁사인 미국과 일본의 업체들보다 한 발 앞서 나가기 시작했다. 어느새 경쟁사들을 모두 제치고서 메모리 반도체 D램 앞에 삼성전자가 맨 선두로 나섰다.

자신감이 생겼다. 말을 타니 질주하고 싶어졌다. 이제는 반도체 영토 정벌에 나서 어떤 강적을 만나도 이길 것만 같았다.

사실 시점을 거슬러 올라가면, 메모리 반도체 D램의 영토는 한동안 일본의 일장기가 지구촌 전역에서 기세등등하게 휘날리고 있었다. 누구도 넘보지 못할 철옹성처럼 보였다.

그러나 원래 메모리 반도체 D램은 미국의 영토였었다. 여기에 일본이 도전장을 던지고 나섰다.

도시바, 히타치, NEC, 미쓰비시 등 일본의 반도체 업체들이 과감한 설비 투자를 쏟아 부으면서 몰라보게 전력을 길렀다. 그리고 1986년 드디어 생산량에서 미국을 제치고 세계 1위에 성큼 올라섰다.

1위 자리를 일본에 빼앗기고만 미국은 리턴매치의 기회조차 갖지 못했다. 때마침 불황이 미국 전역을 휩쓸면서 돌이킬 수 없는 비참한 상황을 맞이한다.

D램의 최강 인텔이 결국 손을 들었다. 메모리 반도체 D램의 세계 최강이었던 인텔이 공장 6개를 폐쇄하면서 끝내 D램 사업에서 손을 뗐다.

인텔뿐만이 아니었다. 같은 처지에 놓여 있던 미국의 D램 주력 기업들이 일본의 공세를 이겨내지 못하고 줄줄이 폐업에 들어갔다.

미국의 8개 D램 주력 기업 가운데 살아남은 건 단 2개 사뿐이었다. 삼성전자에게 D램 기술을 전수한 마이크론과 텍사스 인스트루먼트였다.

미국도 손을 놓고 있지만은 않았다. 일본에게 빼앗긴 D램의 영토를 되찾아오기 위해 갖은 노력을 다했다.

하지만 당시 '강한 미국의 부활'을 외쳤던 레이건 대통령이 취할 수 있는 선택은 그리 많지 않았다. 미국의 전략은 일본에 정치적 압력을 가하는 정도였다.

그런 결과 같은 해 미국과 일본 사이에 반도체 협정이 맺어진다. 일본 정부는 일본 시장에서의 해외 반도체 구입 확대를 장려한다는 것과, D램은 미국 상무부가 정한 가격의 범위 안에서만 판매한다는 내용이었다.

일본 정부는 일단 미국의 비위를 건드리지 않는 전략으로 나왔다. 자국 내 D램 제조업체들의 생산량을 규제하여, 생산 과다에 따른 가격 저하로 미국과 맺은 협정에 저촉되지 않도록 감시했다.

일본의 D램 제조업체들은 즉각 반발하고 나섰다. 하지만 D램의 최대 시장을 갖고 있는 미국의 압력을 차마 저버릴 수는 없는 일이었다.

일본의 D램 제조업체들은 마지못해 따르기로 했다. 설비 투자를 축소하고 생산 조정에 들어갈 수밖에 없었다. 가까스로 세계 1위 자리에 올라섰던 일본의 D램 제조업체들로선 우울한 계절이었던 것이다.

한데 오래지 않아 예상치 못한 일이 일어났다. 1987년 불황의 늪에 빠져있던 미국의 경제가 살아나면서, D램의 수요가 생산량 규제를 넘어서는 호황을 불러오기 시작했다.

시장도 예전의 모습이 아니었다. 메모리 반도체가 어느새 1메가 D램 중심으로 커져있었다.

이때 단연 선두 주자로 치고 나온 D램 제조업체가 도시바였다. 비법이란 딴 게 아니었다.

일본에는 전통적으로 '기술신앙'이란 믿음이 있다. 기술이 좋으면 경쟁에서 이길 수 있다고 생각하거나, 기술만 좋으면 어떻게든 우위를 선점할 수 있다고 믿는 기술주의다.

그래서 일본에는 유난히 장인도 많고, 사회적 대우도 좋은 편이다. 다른 나라에선 좀처럼 찾아보기 힘든 정서다.

도시바가 바로 그 같은 기술신앙을 충실히 따른 것이다. 불경기 속에서도 'W작전'이란 이름 아래 꾸준하고 적극적으로 차세대 1메가 D램 설비 투자에 나섰던 게 그만 적중한 것이다.

더구나 행운까지 곱절로 겹쳐 왔다. 1메가 D램이 높은 가격대를 유지하면서 선두로 치고 나온 도시바 등은 그야말로 주체할 수 없는 막대한 이익을 기록하게 되었다.

이렇게 되면서 메모리 반도체 D램은 미국에서 일본으로 완전히 넘어가 굳어지고 말았다. 이제는 일본의 내부에서 과연 누가 세계 최강이 되느냐 하는 문제만 남아있을 뿐이었다.

　그러면서 일본의 반도체 제조업체들은 선두 주자로 치고 나온 도시바를 주목했다. 그들은 저마다 도시바의 길을 따라가는데 주저하지 않았다. 최첨단 제품으로의 선행 투자로 두 번째 막대한 이익을 올릴 작전에만 돌입하고 있었던 것이다.

　이때까지만 해도 삼성전자의 존재는 그리 두드러져 보이지 않았다. 일본의 반도체 제조업체들을 힐긋힐긋 곁눈질해가며 독자적으로 생산의 확대를 지속시켜 나간 결과, 1메가 D램이 호황을 누릴 때 어느 정도 혜택을 본 것도 사실이긴 했다.

　하지만 이때까지도 삼성전자의 D램 생산량은 보잘 것이 없었다. 일본의 D램 제조업체 각 회사와 비교해보았을 때 고작 30% 수준에 불과했다.

　일본의 반도체 제조업체들이 그런 삼성전자를 얕잡아볼 만도 했다. 어느 누구도 경쟁상대로 눈여겨보지 않았던 것이다.

　그러나 삼성전자를 눈여겨보지 않고 얕잡아본 건 커다란 잘못이었다. 일본의 반도체 제조업체들은 그만 돌이킬 수 없는 실책을 범하고 만 것이다.

　그들의 관심사는 오직 한 곳에 모아져 있었다. 때마침 호황을 부른 1메가 D램으로 제각기 막대한 이익을 쓸어 담은 일본의 반도체 제조업체들은, 다음에 다가올 두 번째 행운을 붙잡기 위해 혈안이 되어 있었다. 차세대 4메가 D램 시장이었다.

그건 벌써 기술신앙으로 이미 저마다 확인이 끝난 터였다. W 작전이라는 최첨단 제품으로의 선행 투자로 선두 주자가 될 수 있었던 도시바의 비법이기도 했다.

때문에 일본의 반도체 제조업체들은 하나같이 막대한 설비 투자를 해놓고서 오매불망 4메가 D램의 수요 확대만을 기다렸다. 그들은 같은 문법으로 또다시 대박을 터뜨릴 두 번째 행운을 기대하고 있었던 것이다.

하지만 기술이 뛰어나다고 해서 꼭이 싸움에서 다 승리할 수는 없다. 기술은 다소 뒤지더라도 전술이 뛰어나다면 싸움의 양상은 얼마든지 달라질 수가 있다. 더구나 예기치 않은 불운이 겹친다면 싸움의 결과는 누구도 예측할 수 없는 미궁 속으로 빠져들기 마련이다.

일본의 반도체 제조업체들은 일단 만반의 준비를 끝냈다. 1메가 D램으로 쓸어 담은 막대한 이익을 오로지 4메가 D램 개발과 생산에 아낌없이 쏟아 부었다. 이제는 4메가 D램을 찾는 시장의 수요만을 기다리고 있었다.

한데 그들이 오매불망 기다리던 두 번째 행운은 끝내 오지 않았다. 일본 반도체 제조업체들의 간절한 소망에도 불구하고 4메가 D램의 수요 확대는 자꾸만 뒷걸음질 쳤다.

결국 일본의 반도체 제조업체들은 시장의 장기 침체를 견뎌내지 못할 지경에 처했다. 가격의 안정을 위해 생산 감축에 들어갈 수밖에는 없었다.

결정적인 실책은 바로 이 시점에서 불거졌다. 일본의 D램 제조업체들이 자기 발등에 도끼를 내려치고 마는 순간이었다.

그들은 차세대 4메가 D램을 구축하면서 이미 구세대 제품이 되고 만 1메가 D램의 수요는 끝났다고 판단했다. 대부분 1메가 D램의 생산을 축소 폐지시켜 놓은 상태였다. 한 발 앞선 최첨단 제품이 막대한 이익을 가져다준 기술신앙의 경험에 따르면 결코 틀린 문법만도 아니었다.

따라서 일본의 반도체 제조업체들은 저마다 1메가 D램의 생산 설비를 줄이거나 폐지시키고, 차세대 4메가 D램에만 주력했다. 이제는 축포를 터뜨릴 순간만을 기다리고 있었던 것이다.

그러나 조조가 자기 꾀에 넘어간다고, 현실을 외면한 채 병법만을 탐한 결과는 엉뚱하게 나타났다. 일본의 반도체 제조업체들이 목이 빠져라 기다리던 두 번째 행운이 정말 도래하긴 하였으나, 첫 번째 행운과는 전연 다른 풍경으로 돌아왔다.

그리고 그 두 번째 행운은 전혀 예기치 않은 곳으로 튀었다. 자신들 가운데 누가 아닌, 아무도 예상치 못한 삼성전자에게로 돌아가고 말았다.

그러니까 1992년 후반기라면 미국과 일본의 시장이 거품경제의 붕괴를 뼈저리게 체험한 직후였다. 값비싼 최첨단 제품인 4메가 D램보다 값이 싸고 실용적인 1메가 D램으로 수요 확대가 옮겨가고 있었던 것이다.

승부는 여기서 엇갈렸다. 하늘은 스스로 돕는 자를 돕는다는 말이 비로소 실감났다. 삼성전자가 때 아닌 횡재를 누리고 있는 가운데, 이미 생산력을 축소시켰거나 폐지시키고 만 일본의 D램 제조업체들은 그저 강 건너 불구경이나 할 수 밖에는 없었다.

그동안 누구도 눈여겨보지 않았던, 이건희의 초고속 성장 제국 삼성전자는 결국 같은 해 일본의 반도체 제조업체들로부터 세계 정상의 자리를 넘겨받았다. 일찍이 중앙일보 · 동양방송 이사로 한창 경영수업을 쌓고 있을 때인 1974년 파산 위기에 직면한 '한국반도체'를 인수하면서, 제국의 미래 성장 동력으로 점쳤던 이건희의 남다른 혜안과 담대한 리더십이 그 진가를 드러내는 순간이었다.

물론 이전에도 이후에도 삼성전자와 일본의 반도체 제조업체들 사이에는 한 치도 물러설 수 없는 치열한 반도체 전쟁을 수많이 치러냈다. 하지만 일본의 반도체 제조업체들이 뒤늦게 출범한 삼성전자를 이겼던 적은 단 한 차례뿐이었다. 이미 지나간 1987년 일본의 반도체 제조업체들이 마침내 세계 정상에 올라섰을 때가 고작이었다.

사실 일본의 반도체 제조업체들은 미국의 반도체 제조업체들과 싸워 압승을 거두었다. 그러나 이건희가 이끌고 있는 삼성전자에겐 그 '87년에 거둔 단 1승이 전부였다. 이후 한일 간에 벌어진 반도체 전쟁에선 단 한 차례도 이기지 못했다.

먼저 1992년 처음으로 세계 정상의 자리를 삼성전자에게 내어준 이래, 일본의 반도체 제조업체들은 세계 정상의 자리를 되찾아오기 위해 절치부심한다. 하지만 일본은 번번이 실책만을 되풀이하면서 '95년과 '97년의 반도체 전쟁에서 삼성전자에게 연패를 반복하고 말았다.

그리고 그 연패의 상흔은 너무도 쓰라렸다. 자신들에게 패한 미국의 전철을 그대로 밟아야만 했다.

결국 삼성전자에게 패배한 일본의 반도체 제조업체 가운데 히타치와 NEC는 D램 전업 제조업체인 엘피다메모리를 설립하고, D램 사업을 이관해야 했다. 마쓰시타(파나소닉)와 후지쓰는 D램 사업을 아예 철폐하지 않으면 안 되었다.

이 같은 지각 변동은 세계 반도체 영토의 지형을 크게 바꾸어놓았다. 삼성전자를 필두로 미국의 마이크론, 일본의 도시바와 엘피다메모리, 독일의 인피니온과 대만의 군소 제조업체가 할거하는 형태로 지형을 좁혀놓았다.

여기서 이건희는 마지막 승부수를 띄운다. 일본의 반도체 제조업체들이 기진맥진하고 있는 사이 총공세를 펼치고 나섰다. 뒷걸음질하는 일본과 달리 반도체 정복에 제국의 모든 역량을 쏟아 붓는 한편, 세계 최초로 4기가 D램을 개발하는 등 훨씬 앞선 기술로 격차를 더욱더 크게 벌이면서 최후의 승자가 단연 삼성전자임을 확실히 다졌다.

더욱이 삼성전자는 이후 일본이나 미국의 도전에 단 한 번도 흔들리지 않았다는 점이다. 1992년 이후 지금껏 D램 반도체 세계 정상의 위치를 확고하게 지켜오는 절대 강자로 군림하고 있다.

그러나 이것은 서막에 불과했다. 메모리 반도체 D램의 승리는 필연적으로 또 다른 도전을 불러왔다. 또 다른 격전을 치르지 않으면 안 되었다. D램 반도체 정복을 시작으로 마침내 전자산업 전체의 영토로까지 확대될 수밖에 없었던 것이다.

액정화면, 세계 1위 샤프 꺾기

삼성전자가 PC, 노트북, TV 등의 액정화면으로 사용되는 LCD(액정화면) 정벌에 처음으로 나서기 시작한 것은 1995년에 들어서다. 앞서 얘기한 것처럼 선진기업과의 전략적 제휴와 기술 협력을 통하여 신기술을 확보하면서부터였는데, 같은 해 일본의 후지쓰와 TFT-LCD에 대한 기술 공유를 합의했다. 급성장하고 있던 TFT-LCD의 모니터 시장에 양사가 공동으로 대응하기 위한 것으로, 삼성전자의 자체 기술인 고개구율高開口率과 후지쓰의 핵심 기술인 광시야각廣視野角 기술을 서로 공유하는 순수한 기술 라이선스 계약이었다.

이 협력으로 삼성전자는 후지쓰의 기술을 이용케 되어 많은 투자에 따르는 연구개발 부담을 절감할 수 있었다. 뿐만 아니라 개발 기간을 크게 단축시킴으로써 LCD 영토 정벌을 조기에 나설 수 있게 되었다.

한데 반도체 D램으로 이미 세계 정상에 오른 삼성전자의 숨은 힘은 생각보다 놀라웠다. 그로부터 불과 2년 뒤인 1997년 삼성전자는 기판 사이즈 600x720mm를 세계 최초로 생산한데 이어, 역시 세계 최초로 30인치 초대형 TFT-LCD를 개발하는 등의 기술력을 바탕으로 어느덧 선두 주자로 치고 나섰다. 일본의 도시바를 제치고 반도체 신화를 써나간 것처럼 일본의 샤프를 세계 LCD 시장에서 꺾을 수 있었다.

마침내 이듬해 8월, 세계 TFT-LCD 시장에서 삼성전자는 일본의 샤프를 앞서나갔다. 이 해 1/4분기 세계 시장 점유율 17%를 기록하면서, 16%의 일본 샤프를 제치고서 세계 1위에 올라선 것이다.

말할 나위도 없이 LCD는 그간 아주 오랫동안 일본이 패권을 쥔 절대 강자였다. 시점을 거슬러 올라가면 LCD의 영토는 일장기만이 기세등등하게 휘날리고 있었다. 누구도 넘보지 못할 철옹성이 다름 아니었다.

일본은 일찍이 1970년대부터 세계 최초로 전탁액정 디스플레이를 상품화하기 시작하면서, 스스로가 세계에서 가장 높은 기술 장벽을 쌓아올렸다고 자부해오던 분야였다. 지난 20여 년 동안 일본은 거의 독점적인 위치에서 LCD 영토를 지배해왔었다.

그러기에 일본은 그 어느 때보다 예의 방비에 철저했다. 반도체 시장에서 삼성전자에게 선두 자리를 내주었던 쓰라린 전철을 밟지 않기 위해 LCD 관련 기술의 이전을 정부 차원에서 철저히 차단시켜왔다.

삼성전자가 이런 악조건 속에서 불과 양산 4년이라는 짧은 기간 안에 세계 1위 자리에 올라섰다는 건 매우 의미 있는 쾌거가 아닐 수 없었다. 그렇기 때문에 반도체 D램에 이어 LCD까지 선두 자리를 빼앗겼다는 건 일본으로선 뼈아픈 일이었다.

사실 LCD 하면 오랫동안 일본의 샤프였다. 실제로 2005년까지만 해도 LCD-TV는 샤프가 여전히 세계 1위를 변함없이 지켰다.

물론 샤프의 LCD-TV 1위 자리 또한 안팎으로 전운이 감돌았다. 절대 강 자 SONY와 삼성전자가 언제 어느 때 샤프를 거꾸러뜨릴지 호시탐탐 그 기회만을 엿보고 있는 상황이었다.

더욱이 액정화면을 만드는 액정패널로 들어가면 사정은 보다 더 달랐다. 액정패널로 만들어진 LCD-TV는 샤프가 시장 점유율 21%로 세계 1위, 2위 필립스 15%, 3위 SONY 11%, 4위 삼성전자 10%, 공동 5위 마쓰시타(파나소닉)과 LG전자 7%, 7위 도시바 4% 순이었지만, 액정패널의 시장 점유율 세계 1위는 샤프가 아니었다. 삼성전자가 22.5%로 1위, LG필립스가 21.0%로 2위, 샤프는 8.0%로 5위에 머물렀다.

문제는 갈수록 그 격차가 더 커지고 있다는 점이었다. 2003년과 2004년 세계 액정패널의 영토를 살펴보면 이미 지각 변동이 일어나고 있음을 알 수 있다.

먼저 2003년의 액정패널 시장 점유율을 보면 삼성전자와 LG 필립스가 16%로 공동 1위, 샤프가 11%로 3위, 대만의 우달광전이 9%로 4위, 도시바-마쓰시타 디스플레이가 8%로 5위 순이었다.

한데 한 해가 지난 2004년의 액정패널 시장 점유율을 보면 그 사이 순위 변동이 심하다. 삼성전자가 22%로 세계 1위. LG필립스가 21%로 2위, 대만의 우달광전이 13%로 3위, 역시 대만의 기미전자가 9%로 4위까지 뛰어오른데 반해, 샤프는 8%로 5위까지 떨어졌다. 전년도 5위를 기록한 도시바-마쓰시타 디스플레이는 순위 밖으로 밀려나는 수모를 겪었다. 한국과 대만의 액정패널 제조업체들이 시장 점유율을 늘려나간데 반해, 일본의 제조업체들은 뒷걸음질하고 있음을 알 수 있다.

일본의 패인은 너무도 자명했다. 리더십 부재로 인한 전술의 부재도 컸으나, 무엇보다 자만이 결정적이었다. 세계 LCD 영토를 일본이 20여 년 동안이나 지배해오면서 삼성전자의 약진쯤이야 하고 방심케 된 것이다.

그들은 이건희가 이끌고 있는 초고속 성장 제국 삼성전자를 그만 얕잡아보았다. 일본의 아성을 결코 넘지 못할 것이라며, 자신들의 '기술신앙'에만 안주해 있었다. 뛰는 놈 위에 나는 놈이 있다는 걸 진정 알지 못했던 것이다.

하지만 삼성전자는 지금껏 그들이 경험했던 그 어떤 제국보다도 훨씬 더 강하고 전략적이었다. 1998년 샤프로부터 액정패널 영토를 정복한 이래 단 한 차례도 세계 1위 자리를 넘겨주지 않고 있다.

삼성전자는 거기서 더 나아가 PC 제조 액정패널의 영토까지 마침내 정복하고 만다. 세계 톱 PC 제조업체인 미국의 델(Dell)과 휴렛패커드(HP)에 액정패널을 공급하는데 성공했다. 2004년 기준 세계 PC 출시 대수 1억7,500만 대 가운데 30%가 넘는 시장 점유율을 삼성전자가 또다시 손에 넣으면서 LCD 세계 1위 자리를 보다 확고히 다질 수 있게 된 것이다.

LCD-TV, 세계 1위 샤프 꺾기

삼성전자가 1972년 흑백TV 생산을 처음으로 개시하여 컬러 TV를 만들기 시작한 건 1976년에 들어서였다. 이미 제1부 '삼성전자, 황무지 위에서 탄생하다'에서 살펴보았듯이 상당히 뒤늦은 출범이었다.

하지만 그로부터 20여 년이 지난 1996년 삼성전자는 한 해 동안 컬러TV 930만 대를 생산하여 지구촌 영토의 6.8%를 차지하면서 세계 4위로 발돋움해 있었다. 세계 1위는 1,106만 대의 SONY, 2위는 1,026만 대의 마쓰시타(파나소닉), 3위는 987만 대의 프랑스 톰슨, 그리고 930만 대의 삼성전자가 그 뒤를 이어가는 순위였다.

이제 남은 건 1위와의 격차 176만대였다. 어떻게 보면 영원히 불가능할 것처럼 보이는 간극이기도 했다. 지금까지 삼성전자가 상대했던 그 어떤 제국보다 SONY가 막강했기 때문이다.

그러나 이건희의 삼성전자는 얼마든지 따라잡을 수 있다고 생각했다. 이미 D램의 반도체 전쟁에서 도시바라는 철옹성을 함락한데 이어, LCD 전쟁에서 샤프라는 철옹성마저 차례대로 무너뜨린 이건희와 삼성전자는 다음 목표로 SONY를 정조준하고 나섰다.

이보다 앞서 삼성전자가 세계 최고의 제품을 만들겠다는 월드베스트 정신에 입각해 명품TV 개발에 착수한 것은 1993년이었다. 이를 위해 삼성전자는 새로운 전략을 숙의했다. 기존 제품의 성능 개선이나 신기능 채용 수준을 뛰어넘어 새로운 개념으로 접근하기 위해 삼성전자를 비롯하여 삼성코닝, 삼성전관, 삼성전기 등 관련 계열사들의 관련 분야가 동시에 참여하는 '동시공학' 개념을 도입했다.

그리고 1998년 가을, 미국 우주왕복선 디스커버리호의 발사 장면이 세계 최초로 디지털 영상으로 시청자에게 전달되었다. 미국이 디스커버리호의 발사 장면 중계로 디지털TV 시험방송을 처음 시작한 것이다.

한데 이 역사적인 순간을 지금까지 보아왔던 TV보다 한 차원 높은 영상과 음향으로 시청자들에게 전달해준 것은 다름 아닌 삼성전자가 맨 처음으로 개발한 디지털TV(HDTV)였다. 이것은 곧 디지털TV에 대한 치열한 기술 주도권 경쟁에서 삼성전자가 한발 앞서 나가 2000년대 컬러TV 시장을 선도할 수 있는 터전을 다지게 된 쾌거였다.

이처럼 삼성전자는 세계 유수의 전자업체들과 개발 경쟁을 벌인 끝에 미국 디지털TV 규격을 충족시키는 55 및 65인치 디지털TV 세트 개발에 성공할 수 있었다. 같은 해 겨울부터 시작되는 미국의 디지털 방송 실시를 앞두고 세계적인 전자업체들이 디지털TV 수신용 셋톱박스를 출시한 적은 있었으나, 디지털TV 세트를 본격 양산한 것은 삼성전자가 세계 최초였다.

그러나 이처럼 눈부신 성장에도 불구하고 세계 시장에서의 낮은 브랜드 인지도와 2류 제품이란 이미지를 아직 벗어나지 못하고 있었다. 따라서 선진업체와의 가격 격차가 가슴 아프기만 했다.

더욱이 제조 기술면이나 중소형 컬러TV에서는 어느 정도 기술력을 확보하고 있었지만, 대형 브라운관TV와 디자인을 포함한 품위 품질 면에선 아직 정상의 제조업체들과 차이가 벌어져 있음이 엄연한 현실이었다.

때문에 세계 시장에서도 삼성전자는 중남미, 중동, 아프리카 동유럽, 동남아에선 9%에서 15%까지 시장 점유율을 기록하며 선전하고 있었으나, 서구와 북미, 중국에서는 2~4%로 약세를 면치 못했다.

한데 그 같은 열세를 삼성전자가 일거에 만회할 기회를 잡았다. 디지털TV라는, 아직 누구도 발을 들여놓지 않은 신대륙을 발견하였기에 가능한 도전이었다.

물론 세계 최강 샤프의 응전 또한 거세기만 했다. 디지털TV 시대를 연지 8년이 지난 2005년에 들어서도 세계 최강은 여전히 샤프의 독주였다.

같은 해 LCD-TV의 세계 시장 점유율을 보면 샤프가 21%로 세계 1위, 필립스와 삼성전자가 11%로 공동 2위를, 액정 패널을 생산하지 않고 있으면서도 높은 브랜드 가치를 인정받은 SONY가 10%, LG전자가 7%로 그 뒤를 서로 바짝 뒤쫓고 있는 추세였다.

샤프도 SONY도 미처 몰랐겠지만, 아니 설령 알았다하더라도 '뭐, 니네가 우리에게 도전을?' 하며 가소롭다는 듯이 웃어넘기고 말았을 테지만. 샤프나 SONY가 그만큼 세계의 무대에서 강세를 띄었기 때문이다.

하지만 과연 그렇듯 웃어넘길 수만 있었을까? 이건희와 삼성전자는 이미 오래전부터 준비되어 있던 작전에 돌입한 터였다. 이 해 삼성전자는 세계 최강 샤프를 무너뜨리려고 LCD-TV 시장을 정복한다는 원대한 야망을 품는다.

실제로 초고속 성장 제국 삼성전자에겐 그만한 전력을 지니고 있었다. 이른바 제8세대, 제9세대라는, 액정유리 기판을 확대시키는 기술력에서 앞서 있었던 것이다.

다시 말해 누가 먼저 큰 액정유리 기판을 만들어내느냐 하는 전쟁이었다. 큰 액정유리 기판일수록 가격 경쟁에서 우위에 설 수 있을 뿐더러, 비용을 절감할 수 있어 두루 유리한 고지를 점할 수가 있었다.

한데 드디어 삼성전자가 일본의 아성을 무너뜨리기 위해 정벌에 올랐다. 무엇보다 제1차 액정 패널 전쟁에서 이미 샤프를 공략하는데 성공했던 삼성전자로선, 제2차 LCD-TV 전쟁 또한 정상 정복은 시간 문제였을 따름이다.

다음은 삼성전자와 세계 최강 샤프 사이에 벌어진 제2차 LCD-TV 전쟁 이후 10년이 흐른 뒤의 세계 지형도이다. 디스플레이서치가 2014년 예상 판매 대수를 기준으로 발표한 순위표이다. 과연 세계 최강이라던 샤프는 지금 어디쯤에 서 있는 것인가.

세계순위	기업명	국가	판매대수(예상)
1위	삼성전자	한국	4,800만대
2위	LG전자	한국	3,350만대
3위	TCL	중국	1,430만대
4위	SONY	일본	1,250만대
5위	하이센스	중국	1,150만대
6위	스카이워스	중국	950만대
7위	창흥	중국	780만대
8위	필립스	네덜란드	750만대
9위	파나소닉	일본	720만대
10위	도시바	일본	700만대
	샤프	일본	700만대
	비지오	미국	700만대

휴대전화, 세계 영토를 정복하다

도시바의 D램 반도체를, 샤프의 오랜 아성이었던 액정화면에 이어 LCD-TV 세계 정상의 자리까지, 이건희의 초고속 성장 제국 삼성전자에게 고스란히 함락당하고 만 일본은 아연 긴장했다.

이제 마지막 남은 건 휴대전화였다. 휴대전화만은 결코 내어줄 수 없다고 소리쳤다. 이게 어디 말이나 되는 소리냐고 가슴을 치며 분통을 터뜨렸다.

일본은 마지막 남은 휴대전화 영토 지키기에 돌입했다. 결의는 하늘을 찔렀고, 그 여느 때보다 비장하기까지 했다.

무엇보다 휴대전화가 소형화 기술이라는 점에서 큰 기대를 걸었다. 소형화 기술은 당연히 일본이 세계 제일이라고 생각했다. 일본이 전통적으로 자랑하는 소형화 기술은 누구도 따라올 수 없는 DNA의 근육이라고 자신했다.

하지만 전략적 사고가 빈곤했다. 일본이 자랑하는 소형화 기술, DNA의 근육은 출발 때부터 벌써 삐꺽거렸다. 기술만 뛰어나다면 누구도 정복할 수 있다는 기술신앙에 눈이 멀어 세계의 정세를 미처 꿰뚫어보지 못했다.

휴대전화는 소형화 기술보다 세계 표준방식에서 그 승부가 갈렸다. PC의 윈도우와 같은 지형이었던 셈이다.

그러나 기술신앙에 사로잡힌 일본은 그 점을 간과하고 말았다.

세계 표준방식을 전략 안으로 끌어들이지 못했다.

반면에 삼성전자는 일본처럼 하지 않았다. 일본이 기술신앙에 사로잡혀 있을 때 삼성전자는 굳이 기술만을 고집하지 않았다. 일본이 국내 시장에 주력하고 있을 떼 삼성전자는 세계 시장에 눈길을 돌렸다.

휴대전화의 승패가 표준 방식에 있음을 일찌감치 꿰뚫어보고서 먼저 그 쪽에 주력했다. 일본보다 전술 면에서 유연한 문법을 들고 나선 것이다.

삼성전자의 전략은 이내 빛을 발했다. 일본이 국내 시장에 머물고 있을 때 처음부터 미국의 표준방식으로 전환하여 미국 시장에 진출하는데 성공했다.

유럽도 다르지 않았다. 유럽의 표준방식으로 연착륙함으로써 유럽의 땅에 삼선전자가 먼저 깃발을 꽂았다.

그리하여 2005년 휴대전화 세계 시장 점유율을 보면 30.4%의 노키아가 세계 1위, 그 뒤를 이어 16.8%의 모토롤라가 2위, 13.3%의 삼성전자가 3위, 6.2%의 LG전자가 4위, 5.5%의 독일 지멘스와 SONY가 공동 5위순이었다. 첫 시작에서부터 삼성전자가 일본을 한발 앞서 나간 추세였다.

따라서 삼성전자는 일본의 추격을 따돌려야 했다. 일본은 삼성전자를 추월하지 않으면 안 되었다. 마지막 남은 휴대전화 영토 역시 처음 시작할 때부터 한일 간의 치열한 접전 양상이었다.

그러나 처음 시작할 때부터 벌어진 격차는 생각처럼 좀처럼 좁혀지지 않았다. 아니 시간이 흐를수록 점점 더 벌어져 일본에게 삼성전자는 영원히 따라잡을 수 없는 먼 별이 되고 말았다.

다음은 2005년 이후 최근까지의 휴대전화 세계 시장 점유율의 판도를 살펴본 것이다. 당시 SONY와 공동 5위로 출발선 위에 나란히 섰던 독일의 지멘스가 탈락하고, 대신 스티브 잡스의 애플이 새로운 경쟁자로 등장했을 뿐 나머지 주자들은 그대로이다. 하지만 그동안에도 부침이 적지 않음을 어렵잖게 목격할 수 있게 된다.

연도	세계순위	국가	기업명	판매대수 (단위/백만대)
2007	1위	핀란드	노키아	437
	2위	한국	삼성전자	161
	3위	미국	모토롤라	159
	4위	일본	SONY	103
	5위	한국	LG전자	81
	6위	미국	애플	4
2010	1위	핀란드	노키아	437
	2위	한국	삼성전자	280
	3위	한국	LG전자	110
	4위	미국	애플	45
	5위	일본	SONY	43
	6위	미국	모토롤라	40
2012	1위	한국	삼성전자	404
	2위	핀란드	노키아	334
	3위	미국	애플	133
	4위	한국	LG전자	56
	5위	일본	SONY	36
	6위	미국	모토롤라	31

2013	1위	한국	삼성전자	456
(추정)	2위	핀란드	노키아	279
	3위	미국	애플	160
	4위	한국	LG전자	65
	5위	일본	SONY	41
	6위	미국	모토롤라	29

그렇다. 일본이 자랑하는 소형화 기술의 영역답게 세계 휴대전화 시장에는 SONY가 엄연히 깃발을 휘날리고 있다. 자랑스러운 일본의 국가대표답게 지난 2005년 이래 지금껏 5위권을 유지하고 있다.

그러나 SONY의 도전은 아무래도 힘겨워 보인다. 거기까지가 한계선이 아닌가 하는 의구심마저 들게 만든다.

반면에 삼성전자의 도전은 단연 어기차다. 지난 2005년까지만 해도 선두 노키아의 절반 수준에도 미치지 못했던 삼성전자가, 7년여가 지난 2012년엔 간발의 차이이긴 하지만 드디어 세계 1위 자리에 올라섰다.

그리고 그 이듬해엔 노키아와의 판매대수에서 2배 가까이 격차를 벌이면서 보다 멀찍이 앞서나갔다. 일본의 국가대표 SONY가 2007년 1억300만대에서 2013년엔 4,100만대로 점점 뒷걸음질하고 있는 것에 비하면 놀라운 도약이 아닐 수 없다.

이미 반도체에서 도시바가, 액정화면과 LCD-TV에서 샤프가 저마다 삼성전자에게 굴욕적으로 무릎을 꿇었다. 마지막으로 휴대전화에서 기대를 걸었던 SONY마저 상대가 되지 않는 전력을 나타내면서 삼성전자는 이제 영원히 따라잡을 수 없는 더 머나먼 별이 되고 말았다.

도대체 이같이 굴욕스런 패배는 언제 어디서부터 시작된 것이었을까? 전문가들은 몇 가지 변수를 짚어낸다.

먼저 아날로그에서 디지털로의 기술 변화에 대한 적응력과 유연성, 세계화 등 기업이 직면한 여러 가지 환경문제에서 삼성전자의 진화가 상대적으로 돋보였다는 것이다.

그리고 그 같은 진화의 진원지로 각기 자국의 국내 시장 환경을 든다. 국내 시장의 환경이 전혀 다른 자세를 길러냈다고 말한다.

예컨대 일본의 국내 시장은 대단히 크다. SONY, NEC 등 10개 제조업체들이 무너지지 않고 그런대로 유지해 나가고 있는 이유다. 또 그런 이유 때문에 다른 경쟁사들이 종횡무진 날뛰고 있음에도, 계절이 바뀌고 있는 줄도 모르는 온실 안의 꽃처럼 경쟁력을 상실하고 만 채 나약해졌다는 지적이다.

그에 반해 우리 나라의 국내 시장은 극히 작다. 처음부터 세계의 무대를 상대하지 않고서는 승산이 없다. 온실 안의 일본과는 달리 결코 늠름하지 않으면 안 되는 이유이기도 하다.

주변 부품 환경의 강점을 꼽는 전문가들 또한 적지 않다. 휴대전화 시장의 제품 사이클이 빨라지면 빨라질수록 수직 계열화된 부품회사를 가진 삼성전자가 절대 유리했다는 분석이다. 롱텀에볼루션LTE 기술력에서 상대적으로 앞서 있고, 스마트TV 등 스마트폰과 연동하는 가전기기를 생산하고 있다는 점도 빼놓을 수 없는 강점이었다는 얘기다.

그렇더라도 SONY의 패배는 암만해도 일본에게 뼈아팠다. 도시바와 샤프보다 기대가 클 수밖에 없는 일본의 국가대표였기 때문이다.

더욱이 이건희에겐 SONY와의 인연이 유난히 오래 되고 깊은 것이었다. 앞서 예기한대로 전기밥솥이나 만들던 SONY가 당시로선 천문학적 거액인 2만5,000 달러를 주고 미국으로부터 트랜지스터 특허기술을 들여와 휴대용 트랜지스터라디오를 처음으로 만들어냈다.

한데 코흘리개 초등학생 시절 이건희가 일본으로 유학을 갔을 때 그 손바닥 크기만 한 SONY의 휴대용 라디오가 너무도 신기해서, 40달러나 주고 사다 뜯어보았던 기억이 마치 어제와도 같았다. 이제는 어느덧 초등학교 시절 신기하게 바라만 보았던 바로 그 SONY제국과의 정면 대결을 피할 수 없게 된 것이다.

이어지는 제4부에선 그런 인연이 되어 다시금 만나게 된 이건희와 SONY제국의 본격적인 정면 대결을 생생하게 펼쳐 보일 작정이다. 누구도 물러설 수 없는 숙명과도 같은 한판 승부를 낱낱이 톺아볼 참이다.

BusinessWee

SAMSUN
MANAGEMENT REVOLUT

Samsung
Lee Kun-
is attemp
to rev up
corporat
culture o
$54 billio

제**4**부

삼성전자의
'SONY 대첩'

1. 다른 역사, 그러나 숙명처럼 중복되는 충돌

태평양전쟁에서 일본은 결국 미국에게 패배했다. 나가사키와 히로시마에 투하된 원자폭탄의 어마어마한 위력 앞에 속절없이 항복하지 않으면 안 되었다.

그렇게 2차 세계대전에서 패전국이 된 지 채 1년도 되지 않은 1946년 5월, 일본 도쿄 니혼바시에 자리한 백화점 시로야카의 한쪽 구석에 의미 있는 간판 하나가 새롭게 내걸린다. 군수공장이었던 '일본측정기'를 정리한 후, 자신의 경험과 기술을 기업으로 구현해보겠다는 와세다대학 출신의 천재 기술자 이부카 마사루의 손에 의해서였다. 훗날 세계 전자산업계를 뒤흔들어 거대한 역사를 쓰게 될 'SONY'가 탄생한 것이다.

하지만 '기술자들이 자기 기술을 실현할 수 있는 자유롭고 역동적이며 기쁨이 넘치는 일터를 창조하는 것'을 창업 이념으로 내세우며 출범한 이 회사를 처음엔 아무도 주목하지 않았다. 누구의 시선을 끌기에는 너무도 보잘 것이 없었다.

회사명도 처음에는 '도쿄통신공업사' 였다. 더욱이 마쓰시타(파나소닉), 도시바, 히타치 등과 같이 세계대전 이전부터 가전 메이커로 이미 명성을 얻었던 뿌리 깊은 기업도 아니었다. SONY는 전후에 창업하여 간판을 내건, 요즘 식으로 말하면 이름 없는 작은 벤처기업으로 출범했던 셈이다.

그런 만큼 처음 대지 위에 뿌려진 씨앗은 아주 작고 볼품이 없었다. 창업자 이부카 마사루는 자본금 19만엔으로, 사무실과 공장으로 쓰기 위해 백화점 시로키야의 한 층을 빌렸다. 종업원은 20명이 전부였다.

한데 여기서 창업자 이부카 마사루의 남다른 면이 돋보였다. 천재 경영자 모리타 아키오를 창업자로 합류시켰다. 한 사람보다는 두 사람이 연합하면 그만큼 역량이 더 커질 수 있다는 생각에서였다.

모리타 아키오는 일찍부터 발명에 소질을 나타냈고, 태평양전쟁 중에는 각종 전자 장비를 개발했던 해군 장교 출신의 엔지니어였다. 원래는 전통 있는 양조업체의 장손으로 가업을 잇기로 되어 있었는데, 이부카 마사루와 의기투합하면서 투톱으로 동참한 것이다.

하지만 이부카 마사루가 모리타 아키오를 합류시킨 건 마치 후한의 황손 유비가 조조의 위나라와 손권의 오나라 사이에서 삼국을 통일하기 위해, 제갈공명을 삼고초려 끝에 군사軍師로 영입한 모양새와 같았다. 그리고 이 두 명의 창업자로 시작하는 벤처 형태의 도전은 향후 SONY의 성장 과정에 중요 포인트가 된다.

　아무튼 새로이 간판을 내건 마당에 처음부터 무슨 자체 생산품이 있을 턱이 없었다. 때문에 생계를 위해 시작한 것은 자신의 경험과 기술을 손쉽게 살릴 수 있는, 라디오를 수리하고 개조하는 일이었다.

　당시 일본에서 라디오는 폐허와 공허 속에서 외부 소식을 접할 수 있는 거의 유일한 통로였다. 하지만 전쟁을 치르면서 부서지고 낡은 라디오가 많았다. 미국 방송을 들을 수 없는 라디오가 대다수였다.

　이부카 마사루와 모리타 아키오는 이 점에 착안했다. 라디오를 수리하는 일은 물론이고, 단파 방송을 들을 수 있는 변환기 Converte를 개발하여 라디오에 부착하는 일부터 시작했다.

　그런 시작이 좋았다. 시대를 정확히 읽어낸 것이다.

　패전으로 막을 내린 일본은 지구촌의 소식에 누구보다 목말라 했다. 일본 바깥의 소식을 접할 수 있는 단파 라디오는 상당히 매력적이었다. 주문이 쇄도하기 시작한 것이다.

　새로이 간판을 내건 도쿄통신공업사는 하루가 다르게 번창해 나갔다. 〈아사히신문〉의 유명 칼럼 '파랑연필'에 소개되면서 고객은 더욱 불어났다.

이내 자체 생산품도 갖게 되었다. 진공관 전압계를 비롯하여 통신기기를 생산하는가 하면, 한때는 생존을 위해 전기밥솥과 전기장판 따위를 만들어내기도 했다.

점차 일손이 달리기 시작하자, 이부카 마사루는 우수한 인재를 모으기 위해 모교인 와세다대학을 찾았다. 거기서 만난 대학 후배가 기하라 노부토시였다.

기하라 노부토시는 기계과 출신이었지만 전기 분야에 대해 상당히 밝았다. 그는 또 다른 창업자인 모리타 아키오와 함께 짝을 이뤄 연구 개발에 들어갔다.

그렇게 만들어진 게 1950년 일본 최초로 개발한 녹음기였다. 도쿄통신공업사가 마침내 기업으로서 기반을 닦을 수 있었던 계기는, 이들이 함께 개발한 녹음기가 학교나 정부기관에 납품되면서 안정적인 수입원이 되어주면서부터였다.

그러나 도쿄통신공업이 진정한 의미에서 세상에 알려지기 시작한 것은 뭐니 해도 트랜지스터 기술이었다. 1954년 세계 최초로 트랜지스터 기술을 실용화한데 이어, 이듬해인 1955년 일본 최초로 트랜지스터라디오를 개발하면서 명성을 떨쳤다.

앞서 얘기한대로 트랜지스터 기술은 원래 미국이 갖고 있었다. 1948년 미국의 AT&T가 세계 최초로 발명했다. 트랜지스터의 특허 기술은 AT&T의 계열사인 웨스턴 일렉트릭이 소유하고 있었던 것이다.

한데 이부카 마사루가 1952년 미국 출장 중에 아주 우연히 AT&T에서 트랜지스터 특허 기술을 팔려고 한다는 정보를 전해 듣게 들었다. 트랜지스터가 무엇인지조차 몰랐던 이부카 마사루는, 그러나 천재 기술자답게 '앞으로는 커다란 진공관의 기술이 아니라 작으면서도 용량이 큰 반도체의 시대가 올 것이라고 판단하여' 흘려듣지 않았다. AT&T은 세계 최대의 전화 회사였을 뿐더러, 당시 최고의 기술을 보유한 기업이기도 했기 때문이다.

일본으로 돌아온 이부카 마사루는 또 다른 창업자 모리타 아키오에게 AT&T가 트랜지스터 특허 기술을 팔려고 한다는 정보를 전했다. 모리타 아키오 역시 트랜지스터에 대한 잠재력이 크다고 판단했다.

두 창업자는 결국 AT&T으로부터 트랜지스터 특허 기술을 당시로선 천문학적 거액인 2만5,000달러에 사들였다. 태평양전쟁에서 첨단 기술을 가진 미국에게 패배한 일본이 살아남는 길은 오직 첨단 기술 뿐이라는 판단 아래 선뜻 투자를 결정한 것이다.

그러나 트랜지스터 특허 기술을 사들여 확보했으나, 어떻게 실용화해야 할지 몰라 고민이었다. AT&T 또한 트랜지스터의 원리는 이해하고 있었지만, 아직 실용화 기술은 보유하고 있지 않은 단계였다. 이부카 마사루 역시 사용 허락 권리를 얻었을 뿐 기술 장치를 만드는 방법은 전수받지 못한 것이다.

하지만 거액을 지불하면서 특허 기술을 확보한 이상 당장 트랜지스터 기술을 실용화해야만 했다. 그렇지 않으면 투자한 거액이 자칫 물거품이 될 수도 있었기 때문이다.

이부카 마사루는 미국을 열심히 드나들었다. 트랜지스터 실용화의 모티브를 찾아보기 위해서였다.

그러다 미국에서 트랜지스터 특허 기술을 이용하여 휴대용 라디오를 만든다는 정보를 얻게 되었다. 당시만 해도 라디오라면 으레 커다란 진공관이 들어가야 했다. 따라서 부피도 크고 전력도 많이 필요로 해서 휴대용 라디오는 불가능할 것처럼 여겨졌다. 한데 트랜지스터 기술을 이용하여 크기가 줄어들면서 휴대용 라디오 개발이 가능해진 것이다.

이부카 마사루는 트랜지스터 제조에 필요한 기술을 배우기 위해 AT&T에 접촉을 시도했다. 그리고 마침내 트랜지스터 제조 현장을 볼 수 있는 기회가 주어졌다.

일본으로 돌아온 이부카 마사루는 모리타 아키오와 과연 누구를 트랜지스터 제조 현장으로 보내야 할지 논의했다. 미국 현지에서 시찰을 하려면 기술적 지식은 물론이고 영어에 익숙해야 했다.

결국 직원들 가운데 이와마 가즈오가 적임자로 발탁되었다. 도쿄통신공업이 신규 사업으로 설립한 반도체 부문의 책임자였다.

이와마 가즈오는 이미 미국의 기술 잡지 등을 통해 반도체 기술을 익히 접한 터였다. 더욱이 개인적으로 트랜지스터 제조에 흥미를 갖고 있었다.

그는 곧바로 중대한 임무를 띠고 단신으로 태평양을 건너갔다.

AT&T 계열사의 트랜지스터 제조 현장을 방문해 자신이 목격한 것을 저녁에 호텔로 돌아와 매일같이 보고서에 자세히 작성하여 일본으로 보냈다.

일본에선 반도체 부문 기술자들이 매일같이 보내온 보고서를 집중적으로 검토했다. 트랜지스터 제조 기술을 직접 개발하기 시작한 것이다.

일본에서 최초로 개발된 트랜지스터라디오(1955)는 그렇게 빛을 볼 수 있었다. 도쿄통신공업이 첫 선을 보인 트랜지스터라디오는 미국의 제품을 복제한 수준이었다.

모리타 아키오는 SONY라는 브랜드가 붙은 트랜지스터라디오를 들고 미국으로 판매하러 갔다. 미국의 대형 시계 제조업체가 10만대를 주문하겠다고 나섰다.

한데 조건이 붙었다. SONY라는 상품명으로는 팔리지 않을 거라며, 자사 상표를 붙이자고 했다. 미국에서 SONY를 아무도 모른다는 이유에서였다.

당시 10만대 주문이라면 초기 자금난에 허덕이고 있던 SONY로선 엄청난 대박이 아닐 수 없었다. 도저히 뿌리칠 수 없는 제안이었던 셈이다.

그러나 모리타 아키오는 그 제안을 끝내 거절했다. SONY 브랜드를 한사코 고집한 것이다.

가격대도 걸림돌이었다. SONY의 트랜지스터라디오는 미국산보다도 비싼 40달러였다.

하지만 뒤늦게 뛰어든 SONY의 트랜지스터라디오는 미국의 제품을 재빨리 따라잡았다. 신제품을 출시할 때마다 기능과 음질은 더 좋아지고, 크기도 줄여나갔다. 가격 또한 처음의 가격에서 오래지 않아 절반 수준으로 뚝 떨어뜨렸다.

급기야 도쿄통신공업은 트랜지스터라디오의 가격을 10달러(1962)까지 낮추는데 성공했다. 더 작게 더 저렴하게 만들 수 있는, 일본만이 가진 '소형화' 문화의 힘을 톡톡히 보았다.

모리타 아키오는 그렇게 만들어진 트랜지스터라디오에 SONY라는 브랜드를 붙여 같은 해 미국으로 다시 건너갔다. SONY 트랜지스터라디오는 미국에서 날개 돋친 듯 팔려나갔다.

미국의 트랜지스터라디오 제조업체들도 SONY의 가격을 따라잡으려고 필사적으로 발버둥을 쳤다. 하지만 15달러가 손익분기점이었다.

결국 미국에서 트랜지스터 기술을 들여온 지 불과 10년 만에 미국을 넘어섰다. 전자산업의 첫 번째 영토였던 트랜지스터라디오 시장을 도쿄통신공업이 정복하기에 이르렀다. 이후 반세기여 동안 세계를 지배할 SONY의 돌격을 알리는 첫 신호탄이기도 했다.

이부카 마사루와 모리타 아키오는 미국에서 SONY 트랜지스터라디오가 선풍적인 인기를 끌자, 1958년 회사명을 도쿄통신공업사에서 아예 수출 상품명인 SONY로 바꾸기로 한다. 'SONY'는 소리를 뜻하는 'Sound' 또는 'Sonic'의 어원인

라틴어의 'Sonus'와 '작다' 또는 '아기'라는 의미를 가진 'Sonny'를 합성해 만든 단어다. 비록 지금은 작지만 앞으로 창대하게 뻗어나간다는, 활기찬 젊은이들의 집단이라는 이미지와도 통했다.

그러나 두 창업자는 마쓰시타(파나소닉), 도시바, 히타치와 같은 오래 된 거대 재벌들이 일찍부터 깊게 뿌리내리고 있는 국내 시장에선 승산이 없다고 보았다. 승산이 없는 전쟁에 뛰어들어 전력을 소모시키느니, 차라리 일본 바깥으로 나가서 새로운 영토를 개척하는 편이 더 낫겠다고 점쳤다.

그렇듯 SONY는 처음부터 세계로 나아갔다. 국내 시장에 주력하기보다는 트랜지스터라디오의 성공을 계기로 초창기부터 세계 영토로 눈길을 돌렸다.

그리하여 1960년 일본 전자업계에선 최초로 미국 현지법인인 SONY아메리카를 설립했다. SONY가 미국에 진출하자 이번에는 미국의 거대 공룡 기 업들이 OEM 생산을 하자는 유혹이 잇따랐다.

하지만 이 같은 선택의 기로에서 이부카 마사루와 모리타 아키오는 SONY다운 선택을 한다. SONY의 브랜드 가치를 예견한 두 창업자는 SONY의 세계화 가능성에 무게를 더 두었다. 미국 거대 공룡 기업들의 OEM을 일체 외면한 것이다. 그리고 이듬해앤 미국 뉴욕 증시에서 미국예탁증권을 발행하면서 낯선 이국 땅에 교두보를 구축하고, 본격적인 새로운 영토 개척에 나섰다.

SONY는 이처럼 창업에서부터 트랜지스터라디오의 성공에 이
르기까지 누구보다 빨랐다. SONY의 탄생은 그만큼 화려했던
것이다.

삼성전자의 초라한 탄생

2차 세계대전의 상흔을 딛고 바다 건너 일본에서 SONY가 화
려하게 탄생하였으나, 삼성전자는 전연 그렇지 못했다. 앞서 제
1부 담대한 리더십의 조건(삼성전자, 황무지 위에서 탄생하다)에서 살펴
본 것처럼 삼성전자는 후발주자였다. 후발 주자였던 만큼 사정
이 여의치 않았다.

삼성은 당시 우리 나라 최대 기업집단으로 성장했으나, 전자산
업으로 진출하기 위한 그 어떤 토대도 마련되어 있지 않았다. 전
자산업의 어느 분야, 어떤 규모, 어떤 수준으로 시작해야 할지
판단하기조차 힘들었다. 게다가 전문지식을 갖춘 인력을 구하기
도 어려웠을 뿐더러, 무엇보다 기술의 문제를 해결하는 것이 선
결과제였다.

결국 기술 문제는 전자산업의 고도화, 기술 집약화에 비춰 해
외 선진기업과의 제휴가 필요하다는 결론을 내렸다. 외국 자본
과의 기술 협력으로 기술 취득을 꾀하는 것이 당시 우리 나라에

서 선진 전자산업 기술을 조속히 습득, 정착시키는 가장 효과적인 지름길이라고 판단한 것이다.

그에 따라 조사단이 미국, 유럽, 일본의 선진 전자업체들과 여러 차례 실무 접촉을 가졌다. 미국의 제니스 · 워릭, 유럽의 그룬디히 · 텔레푼켄, 에릭슨, 일본의 마쓰시타(파나소닉) · NEC · 미쓰비스 · SONY 등이 주요 접촉 대상이었다. SONY는 이때 이미 삼성전자가 스승으로 받들어 모실 수밖에 없는 위치로까지 저만큼 앞서 나가고 있었다.

그들 선진기업과 접촉한 결과 민생용 제품의 생산에 착수해 기초를 닦고, 기술과 경험을 축적한 다음, 점차 산업용으로 진출해야 한다는 결론을 얻었다. 그리하여 TV와 음향기기를 중심으로 사업을 벌이기로 결정을 내렸다.

이제 남은 건 기술을 제휴할 선진기업이었다. 과연 누구를 선택할 것인지 고민하지 않을 수 없었다.

시장의 확보 면에선 세계 최대 시장인 미국의 선진기업과 제휴가 유리했으나, 기술 흡수 측면에서는 거리와 언어 장벽 때문에 불리했다. 검토와 숙고를 거듭한 끝에 새로운 전자 강국으로 떠오르고 있던 일본의 선진기업과의 기술제휴를 체결하기로 했다.

기술 제휴 선이 일본으로 결정됨에 따라 선대 회장 이병철은 합작 대상 업체 물색에 직접 나섰다. 일본으로 건너가 재계의 지도급 인사들과 접촉했다.

그러던 중 산요전기로부터 합작 제의를 받았다. 부품에서 완제품에 이르는 갖가지 복합, 다양한 공장을 갖춘 40만평에 이르는 산요전기의 전자단지를 둘러보면서 선대회장 이병철은 삼성이 전자산업으로 가야 한다는 확신을 갖게 되었다.

그러나 전자산업은 고도의 기술과 숙련된 기술 인력을 필요로 하는 사업이다. 따라서 삼성전자가 가정 먼저 서두른 것은 기초 기술인력 확보였다.

이를 위해 삼성전자는 주요 일간지에 남녀 해외 기술연수생 모집 광고를 냈다. 137명을 채용하는 이 공모에 14,500여 명이 응시하여 높은 경쟁률을 보였다.

거기서 선발된 인력은 먼저 외국어 교육 등 일정한 소양 교육을 마친 뒤 일본으로 건너가 합작회사에서 연수했다. NEC에서는 브라운관·진공관·숫자표시 방전관 제작에 대해, 오사카에 자리한 산요전기에서는 라디오·콘덴서·스피커·편향 코일·고압 트랜스 등에 대해, 도쿄에 자리한 산요전기에선 반도체와 TV 관련 연수를 각기 받았다.

이들 해외 연수생은 나중에 각 부서에 배치되어 삼성전자의 전자기술 부문 기간요원으로 활약하게 된다. 허허벌판의 황무지 위에 뿌려질 종자를 그렇게 마련한 셈이었다.

그와 동시에 삼성전자와 산요전기와의 기술제휴 계약을 조인함으로써 일본 산요전기와의 합작에 관한 모든 계약을 완료했다. 삼성전자 50%, 산요전기 40%, 스미토모상사 10%의 지분 비율로 초기 수권자본금은 500만 달러로 하고, 1,200만 달러를 투자해 TV와 라디오 및 주요 부품을 생산하는 대규모 공장을 건설하기로 했다.

하지만 이 계약은 일본 산요전기가 경영에 참여하는 것은 물론 제품의 수출권, 수입 시설재 및 원자재의 독점적 공급, 수출 상품에 대한 산요 상표 표시권 등을 보장하고, 내수 제품에도 삼성전자의 상표와 함께 일본 산요전기의 심벌과 기술제휴 사실을 반드시 표시하도록 했다.

반면에 삼성전자는 국내 판매권만을 갖도록 하고 있었다. 기술 후진업체의 설움을 뼈저리게 느끼게 하는 불공정, 불리한 조건의 계약이라 하지 않을 수 없었다.

그때가 1969년 9월 2일이었다. 난항 끝에 일본 산요전기를 스승으로 받들어 모신 삼성산요전기주식회사가 탄생케 된 것이다.

SONY가 이미 키 큰 거목으로 자라나 일본과 미국에서 주렁주렁 매달린 황금 열매를 수확하고 있을 때, 삼성전자는 이제 겨우 황무지 위에 첫 번째 작은 씨앗을 뿌려나가고 있었다. 도저히 대적할 수 없는 골리앗과 다윗의 풍경 그대로였다.

삼성전자의 탄생은 그만큼 보잘 것이 없었다. SONY에 비하면 23년이나 뒤늦은, 누구도 눈여겨보지 않은 초라하기 짝이 없는 출발이었다.

SONY의 전자시장 정벌사史

트랜지스터라디오를 일본에서 최초로 개발하면서, 또한 미국에선 가격 경쟁으로 승리를 거두면서, SONY는 이미 세계 시장에 모습을 드러내기 시작할 때부터 단연 새로운 강자로 떠올랐다. 세계 시장을 강렬하게 사로잡았으며, 섬광석화처럼 날카로웠다.

하지만 이부카 마사루와 모리타 아키오는 국내 시장을 단념할 수밖에 없었다. 마쓰시타(파나소닉), 도시바, 히타치와 같은 거대 재벌들이 버티고 있는 국내 시장 전쟁에선 승산이 없다고 판단한 SONY는, 새로운 영토 개척에 나섰다.

1960년 SONY아메리카를 설립한데 이어, 이듬해엔 미국 뉴욕 증시에서 미국예탁증권을 발행하면서 낯선 이국땅에 교두보를 구축하고, 새로운 영토 개척에 돌입해야 했다. 처음부터 세계의 강적들과 맞서 영토 정벌에 뛰어들지 않으면 생존할 수 없는 운명이었던 것이다.

이 같은 운명은 SONY의 출범 당시 이부카 마사루의 다짐에서도 이미 읽을 수 있다.

'…대기업들이 하는 일을 흉내 내어서는 결코 이길 수 없다. 우리는 대기업이 할 수 없는 일을 해야 한다. 우리에겐 자본이나 설비가 미약하다. 하지만 두뇌와 기술이 있다. 이것을 활용한다면 못할 것이란 없다. 뛰어난 두뇌와 기술을 다른 회사들이 하는 일을 흉내 내고 추종하는데 써서는 길이 열리지 않을 것이다. 따라서 다른 사람들이 하지 않는 일을 찾아서 하도록 하자.'

또 다른 창업자 모리타 아키오 또한 '시장은 존재하지 않는다. 다만 창조되는 것이다'라며 그와 경영철학을 공유했다.

때문에 SONY의 경영철학은 너무도 자명했다. 세계의 강적들과 맞서 생존을 위한 영토를 정벌해나가기 위해서는 반드시 최고가 되어야 했으며, 최고가 되기 위해서는 최초가 되어야 한다는 것이었다.

결국 SONY는 최초가 되어야만 하는 운명이었다. SONY의 힘은 오로지 새로운 기술 창조를 통한 것일 때만이 그 빛을 발했다.

그러나 기술을 창조하여 신제품을 개발해냈다고 해서 SONY에게 처음부터 원천 기술이 있었던 건 아니다. 앞서 얘기한 것처럼 SONY가 상업적인 성공을 거둔 최초의 제품은 1950년 일본에서 처음으로 개발한 녹음기였다.

사실 SONY가 녹음기를 만들어내기 이전에 벌써 녹음기가 존재하고 있었다. 스테인리스 스틸 와이어를 활용한 와이어 레코더가 이미 출시되어 있었던 것이다.

한데 종전 이후 일본에 상륙한 미군이 사용하는 테이프 녹음기를 보게 된다. 그걸 본 이부카 마사루와 모리타 아키오는 테이프 녹음기의 시장 전망이 좋을 것이라고 판단했다. SONY에서 개발키로 한 것이다.

SONY는 외부의 도움 없이 순전히 독자적으로 실험하면서 연구하기 시작했다. 막연히 자성가루가 있으면 될 것이라고 생각한 것이다.

막대자석을 1시간 동안이나 긁어서 가루를 뽑아냈다. 그것을 으깬 밥알로 종이에 접착시켜 보았다.

물론 부분적으로 고도의 기술을 도입하기도 한다. 교류를 바이어서 하는 자기 녹음법의 특허를 개발한 나가이 박사에게서 관련 특허를 구매하여 더하기도 했다.

그런 과정을 거쳐 SONY가 최초로 개발한 녹음기는 무게가 무려 46kg이었다. 가격도 엄청나서 16만엔을 호가했다.

때문에 소비자들의 주목을 끌지 못했다. 흥미로운 제품으로 인식되긴 하였으나, 실제 구매로까지 연결되지는 않았던 것이다.

하지만 SONY는 실망하지 않았다. 불과 1년 만에 무게가 13kg에 불과한 본격적인 보급품을 만들어내면서 적극적으로 시장을 개척하기 시작했다.

SONY가 이처럼 첫 번째 자사 생산품인 녹음기를 성공할 수 있었던 건 두 가지 요인이었다. 첫 번째는 제품의 소형화와 경량화였다. 그리고 가격을 낮추어 존재하지 않은 시장을 '창조'한 데 있었다.

사람들이 하지 않는 일을 찾아서 한다는 이부카 마사루의 다짐처럼, 모리타 아키오가 말한 존재하지 않는 시장을 창조할 수 있었기 때문이다. 자신들의 창업 이념이자 경영철학을 확인하는 순간이기도 했다.

이처럼 SONY가 '창조' 해낸 녹음기가 일본 국내 시장에서 명성을 떨친 계기가 되었다면, 이어 SONY가 두 번째로 개발한 트랜지스터라디오는 일본을 넘어 미국 시장에까지 명성을 떨친 히트 상품이었다. 그리고 그런 트랜지스터라디오 역시 녹음기를 개발한 문법과 다르지 않았다. 원천 기술을 미국의 AT&T에서 구매하여 개발한 것이었다.

당시 SONY가 가진 트랜지스터에 관한 지식이라곤 모리타 아키오가 미국에서 사들고 온 「트랜지스터 테크놀로지」라는 한권의 책이 전부였다. SONY는 AT&T로부터 특허 기술을 구매한 다음에도 트랜지스터를 어떻게 생산하야 할지 전연 알지 못했다.

그러던 중에 미국의 리젠시라는 회사가 트랜지스터라디오를 개발하여 팔기 시작했는데, 시장의 반응은 냉담했다. 리젠시가 출시한 트랜지스터라디오의 부피가 너무 컸던 것이다.

이부카 마사루와 모리타 아키오는 예의 자신들의 문법을 여기에 적용시켰다. 소형화와 경량화로 트랜지스터라디오의 크기를 대폭 줄였다. 와이셔츠 주머니에 쏙 들어갈 수 있을 만큼 소형화와 경량화를 기한 다음, 가격 또한 크게 낮추어 출시해서 미국의 시장을 지배할 수 있었다. 일본의 국내 시장에 이어 미국 시장에까지 소형화와 경량화, 그리고 가격을 크게 낮춘 창조의 신화를 써나간 것이다.

컬러TV 부문에서 SONY의 성공에 중요 토대가 된 트리니트론 브라운관 기술 역시 같은 문법에 따른 성과였다. SONY가 미국 RCA 사의 섀도마스크shadow mask 기술을 개량하기 위하여 연구 개발하던 중에 얇은 금속판에 엷은 선을 여러 개 새겨 넣으면 전자 광선 투과율이 높아진다는 사실을 우연히 발견하면서부터였다.

이 놀라운 기술은 이후 SONY 특유의 선명한 색상과 밝은 화면의 컬러TV를 만들어내면서 엄청난 성공을 가져다주었다. SONY가 고급 컬러TV의 대명사이자 시대의 아이콘으로 부상하는데 결정적으로 기여케 된 것이다.

걸어 다니는 오디오로 세계 시장의 새로운 유행을 창조했던 워크맨의 성공 역시 다르지 않았다. 이부카 마사루가 해외 출장길에 오르면서 무료함을 달래기 위해 들고 갔던 스테레오 타입의 소형 녹음기가 너무 크고 무겁다는 불평이 개발의 첫 시작이었다. 모리타 아키오는 그 불평을 전해 듣는 순간 '그렇게 만들면 잘 팔리겠는데!' 하는 생각이 거의 본능적으로 들었다고 한다.

모리타 아키오는 곧바로 연구 개발에 들어갔다. 크기와 무게를 줄이기 위해 스테레오 타입의 녹음기에서 녹음회로와 스피커를 떼어냈다. 대신 스테레오 증폭기로 대체했을 때 모두들 의아해했다. 과연 이런 제품을 소비자가 구매할지 SONY의 엔지니어들조차 의문을 가졌다.

그러나 녹음 기능과 스피커를 떼어내고 이어폰과 재생 기능만을 탑재하자 작고 가벼운 소형화와 경량화를 이룰 수 있었다. 마침내 걸어 다니는 오디오 SONY의 워크맨이 탄생케 된 것이다. 누구도 예상치 못한 공전의 히트 상품이 될 수 있었다.

캠코더와 디지털카메라에서 경쟁력의 원천이 되는 기술인 CCD(Charge Coupled Device) 역시 원래는 미국의 벨연구소가 발명했다. 그걸 SONY가 실용화하는데 성공한 것이다.

그 밖에도 SONY는 PC, 고화질 PC 모니터, 가정용 VTR, 전자적인 눈의 역할을 하는 CCD, 3.5인치 플로피디스크, CD, 미니 디스크, 미니 노트북, DVD, 가정용 비디오 게임기 등을 연달아 내놓으면서 제국의 영토를 지구촌의 끝까지 확대시켜 나갔다.

하지만 SONY는 거기에 머물지 않는다. 하드웨어와 소프트웨어는 수레의 양 바퀴와 같다고 인식한다. 다시 말해 하드웨어를 팔기 위해서는 소프트웨어가 필요하고, 소프트웨어가 팔려나가면 하드웨어도 팔 수 있다는 전략을 갖게 된 것이다.

지구촌의 끝까지 제국의 영토를 확대한 SONY는 다시 한 번 민첩하게 움직였다. 1968년 미국 CBS와 'CBS-SONY레코드'라는 합작 투자를 시작했다. 1988년에는 20억 달러를 쏟아 부어 CBS 지분을 전량 인수하고 'SONY 뮤직 엔터테인먼트'라는 독자 사업으로 전환했다.

또한 1989년에는 영화산업에까지 손을 뻗쳤다. 총 60억 달러에 달하는 달러박스를 풀어 미국의 8대 영화사인 '컬럼비아 픽처스'를 전격 인수한 뒤 '소니 픽처스 엔터테인먼트'로 회사명을 변경했다.

SONY가 이렇듯 영화산업에까지 손을 뻗친 데는 그럴만한 이유가 있었다. 일찍이 1970년대 중반부터 시작한 비디오 카세트 레코더(VHS)의 표준전쟁에서 자사의 베타맥스 방식이 JVC(일본빅터)와 마쓰시타(파나소닉)의 VHS 방식에 밀려나고 말았던, 쓰라린 패배를 만회하기 위한 것이었다.

당시 SONY의 베타맥스 방식은 VHS 방식보다 분명 화질이 더 뛰어났었다. 하지만 허리우드의 영화사들은 SONY의 베타맥스 방식을 외면했다. 재생 시간이 더 긴 VHS 방식을 선호했기 때문에 SONY는 어쩔 수 없이 열세에 놓일 수밖에 없었다.

만일 그때 SONY에게 영상 소프트웨어가 있어서 VHS 방식보다 더 빨리 베타맥스 제품을 출시했었더라면 VHS 제품과의 전쟁에서 승리할 수도 있었다. SONY가 훗날 달러박스를 풀어헤쳐 미국의 8대 영화사인 컬럼비아 픽처스를 인수한 이유이다.

더욱이 컬럼비아 픽처스를 인수할 무렵 SONY는 새로운 도전에 나서고 있었다. DAT(Digital Audio Tape)와 녹음이 가능한 새로운 매체인 MD(Mini Disc)를 개발 중이었다. 이 같은 새로운 매체에서 베타맥스와 유사한 실수를 되풀이하지 않으려면 영화와 음악의 콘텐츠를 지배해야 한다고 믿었던 것이다.

소니 픽처스는 인수 직후 여성 감독 페니 마셜이 메가폰을 잡은 〈그들만의 리그〉, 장 클로드 반담이 주연으로 출연한 〈유니버셜 솔저〉와 같은 영화들이 흥행에 성공하면서 순탄한 출발을 보였다. 물론 6,000만 달러나 들어간 아놀드 슈왈제네거 주연의 〈라스트 액션 히어로〉와 같은 실패작이 없진 않았다.

하지만 이내 전열을 가다듬어 영화 사업을 회생시키는데 성공한데 이어, 2005년에는 다시 50억 달러를 쏟아 부어 미국 4대 영화사인 'MGM'의 필름 라이브러리를 추가적으로 인수했다. 그러면서 소니 픽처스는 MGM과 합쳐서 허리우드 영화 자산의 40%를 보유한 세계 최대의 영화사로 성큼 올라섰다.

SONY는 그밖에도 네트워크와 IT, 금융 사업에까지 손을 뻗치고 나섰다. 하드웨어를 팔기 위해서는 소프트웨어가 필요하고, 소프트웨어가 팔려나가면 하드웨어도 팔 수 있다는 전략에 따른 것이었다.

SONY는 1980년 초반에 가정용 PC를 출시했으나, 그만 낭패를 본 아픈 경험이 있다. 그런 뒤 1990년대 후반 제국의 계열사에서 컴퓨터 관련 엔지니어들을 모두 불러 모아 가정용 멀티미디어 컴퓨터 VAIO 시리즈를 개발했다.

VAIO란 Video Audio Integrated Operation의 약자였다. 로고의 V와 A가 파도처럼 연결된 것은 아날로그를 의미하고, I와 O가 디지털의 1과 0을 나타냈다. 다시 말해 아날로그와 디지털의 융합을 의미했다.

이 같은 VAIO정신으로 시작된 시리즈는 단순한 PC나 노트북이 아닌 컴퓨터, AV(Audio-Visual), 가전을 서로 융합한 야심찬 제품이었다. SONY의 존재감을 가장 잘 드러낼 수 있는 문법이기도 했다.

시장의 반응은 곧바로 열광으로 나타났다. SONY의 VAIO 시리즈는 처음부터 성공을 거두면서 단번에 PC 업계의 스타로 자리 잡았다.

노트북 PCG-505 시리즈는 마그네슘 합금의 두께가 23.9mm라는 초슬림형 보디를 자랑하면서, 첫 번째 데뷔 작품부터 전례를 찾아볼 수 없는 참신한 스타일로 각광을 받았다. 앞으로 세계 노트북컴퓨터 시장을 석권하게 될 영광의 시작이었을 따름이다.

SONY의 다음 사업은 네트워크를 이용한 서비스였다. 이를 위해 일본 국내 시장에 인터넷 통신서비스인 '소넷SoNet'을 운영하여, 인터넷 접속 서비스뿐만이 아니라 음악 다운로드를 비롯하여 전자상거래, 온라인 금융서비스 등을 제공하는 사업을 전개해나갔다.

SONY는 또한 IT 분야에도 손을 뻗쳤다. 미국의 퀄컴 Qualcomm과의 합작 투자로 통신서비스 사업을 시도했다. 하지만 IT 분야에선 두각을 나타내지 못한 채 실패로 그쳤다.

일본과 유럽에서 시작한 휴대전화 사업 역시 성과가 그다지 좋지 못했다. 그러자 2001년 들어 에릭슨Ericsson과 손을 잡고 정면 돌파에 나섰다. 에릭슨과의 합작 투자 회사인 '소니-에릭슨'은 휴대폰 사업에서 노키아와 모토롤라에 이어 삼성전자와 함께 3위권을 지켰다.

마지막으로 SONY가 관심을 보인 분야는 금융업이었다. 1981년 미국 푸르덴셜Prudential보험사와 합작으로 SONY생명을 설립하고 금융업으로의 영역을 넓혀나간데 이어, 2000년에는 일본의 사쿠라은행·미국의 JP모건(JP Morgan)과 합작투자로 '네트뱅크'를 설립했다.

요컨대 SONY는 일찍이 녹음기와 트랜지스터라디오를 시작으로 전자산업의 거의 모든 분야에서 독점적 지배자로 군림하고 있다. 이외에도 음악, 영상, 게임, 이동통신, 보험, 은행과 같이 다양한 영역으로 사업을 다각화하면서 제국의 영토를 확장시켜 나갔다.

그러나 앞서 살펴본 것처럼 모두 다 성공했던 것은 아니다. 다른 사업에서 부침이 계속되고 있는 반면에, 전자 사업에서만은 예외적으로 전체 매출과 이익의 절반 가까이를 담당하며 안정적인 수익 공급원이 되어주고 있다. 주력 사업인 전자 분야에서 SONY의 위상이 그만큼 견고하고 높다는 것을 말해주고 있는 것이다.

SONY의 전자시장 주요 정벌사

1946	이부카 마사루와 모리타 아키오가 도쿄통신공업사를 설립
1950	일본 최초 테이프 리코더 출시
1955	일본 최초 트랜지스터라디오 출시
1957	세계 최소 포켓용 라디오 출시
1958	회사명을 SONY로 변경, 도쿄증권거래소에 주식 상장
1960	SONY아메리카 설립, 세계 최초 직시형 트랜지스터TV 출시
1963	세계 최초 트랜지스터 소형 VTR 출시
1966	도쿄 긴자 거리에 SONY빌딩 완성
1968	미국 CBS와 합병으로 CBS-SONY레코드 설립, 트리니트론 컬러 TV 출시
1970	뉴욕 증권거래소에 즈식 상장
1971	이부카 마사루 대표이사 회장, 모리타 아키오 대표이사 사장 취임
1975	미국 유니온 카바이드와 합병으로 SONY-에버레디 설립, 가정용 베타맥스 방식 VTR 출시
1976	모리타 아키오 대표이사 회장, 이와마 가즈오 대표이사 사장 취임
1979	헤드폰 스테레오 '워크맨' 출시, 미국 푸르덴셜보험사와 합병으로 SONY-푸르덴셜 생명보험 설립
1980	3.5인치 마이크로 플로피디스크 출시
1982	CD플레이어 출시
1985	카메라 일체형 8mm 비디오 출시
1986	독일에 SONY-유럽 CMBH 설립
1988	미국 CBS레코드 인수
1989	소형 경량 카메라 일체형 8mm 비디오 출시
1991	음악 부문을 SONY 뮤직 엔터테인먼트로 회사명 변경 영화 부문은 SONY 픽처스 엔터테인먼트로 회사명 변경
1992	미니 디스크 MD 출시
1993	SONY컴퓨터엔터테인먼트 설립
1994	가정용 게임기 플레이스테이션 출시
1995	이데이 노부유키 대표이사 사장 취임
1996	SONY 창립 50주년
1997	창업자 이부카 마사루 사망
1999	이데이 노부유키 최고경영자 취임, 창업자 모리타 아키오 사망
2004	미국 영화사 MGM 인수, 미디어기업 Bertelsmann과 공동벤처 설립
2005	SONY아메리카의 스트링거 회장 일본SONY 회장으로 취임

삼성전자의 전자시장 정벌사史

삼성전자는 1969년 자본금 3억3,000만원으로 탄생했다. 거의 맨손으로 시작한 것이나 다름없었던 SONY의 자본금 16만엔보다는 많았다.

그러나 SONY가 천재 기술자 이부카 마사루와 천재 경영자 모리타 아키오의 연구 개발로 창업 초기부터 소형화와 경량화를 이룬 녹음기에 이은 트랜지스터라디오를 발 빠르게 출시하면서 순조롭게 시작한 반면에, 삼성전자엔 아무 기술이라곤 없었다. 오직 믿는 구석이라곤 스승으로 받들어 모신 합작회사 일본의 산요전기에 기대는 수밖엔 없었다.

따라서 삼성전자는 이미 사양화되어 선진 제조업체들이 관심을 두지 않은 값싼 흑백TV를 생산하는 것으로 출범해야 했다. 그것도 SONY보다 23년이나 뒤늦은, 초라하기 짝이 없는 시작이었다.

하지만 누구보다 손재주 많은 삼성전자는 오래지 않아 국내 정상에 올라선데 이어, 창업 10년만인 1978년에는 월 생산량 17만대 돌파하면서 흑백TV 세계 1위 자리에 성큼 올라서는 저력을 보여주었다. 이후에도 삼성전자는 냉장고, 세탁기, 컬러TV, 컴퓨터용 모니터, 전자레인지 등을 생산하면서 전자산업의 제품군을 부단히 확장시켜 나갔다.

또한 전자부품 사업에도 뛰어들어 전자산업의 수직계열화에 나섰다. 그런 결과 삼성전자를 비롯하여 전자부품을 생산하는 삼성전기, 브라운관용 벌브 유리를 생산하는 삼성코닝, 텔레비 전용 브라운관을 생산하는 삼성SDI 등의 계열사로 진용을 갖추게 되었다.

그렇대도 삼성전자의 전자제품군은 아직 무명에서 벗어나지 못한 채였다. 1990년 초반까지만 해도 월마트, 시어스, K마트 와 같은 대형 할인 매장을 대상으로 하는 OEM 사업이 대부분 이었을 뿐더러, 자사 브랜드로 나가는 제품들 역시 저가의 이미 지에 갇혀 헤어나지 못하고 있는 실정이었다.

그나마 전자제품군 가운데 매출 규모가 제법 크다는 TV에서 도 소형이나 중형만을 만들 수 있었다. 상대적으로 수익성이 높 은 고가의 대형 TV는 아직 기술력이 따라가지 못한 그림의 떡 일 따름이었다.

그러나 2000년에 접어들면서 더 이상 예전의 삼성전자가 아 니었다. 1993년 프랑크푸르트에서의 '신경영 선언' 이후 삼성 전자는 몰라보게 힘이 붙은 모습이었다. 어느새 세계 정상의 전 자산업 제조업체들을 바짝 추격하거나, 몇몇 부문에선 기어이 어깨를 나란히 하기에 이르렀다.

급기야 2006년 들어 PC 모니터, 노트북컴퓨터, TV, DVD플 레이어, 캠코더, MP3플레이어, 휴대전화 등 AV가전에 광범위 하게 사용되는 액정화면에서 지각 변동이 일으켰다. 오랫동안 세계를 지배해오던 샤프를 물리치고 삼성전자가 정상에 올라섰다.

고화질의 LCD-TV 역시 순위가 뒤바뀌는 파란이 일어났다. 삼성전자가 세계 최강의 샤프를 또다시 꺾으면서 오랫동안 전자산업의 영토를 철옹성처럼 군림해오던 일본의 간담을 서늘하게 만들었다.

그러나 무엇보다 삼성전자의 등장을 세계 전자시장에 강렬하게 각인시켰던 건 D램 반도체의 기적이었다. 일찍이 눈 밝은 이건희가 발견하면서 제국의 미래 성장 동력으로 삼았던 D램 반도체 부문에서, 삼성전자는 1993년 마침내 세계 정상을 밟은 이후 지금껏 단 한 차례도 1위 자리를 놓친 적이 없다. 더욱이 놀라운 건 삼성전자의 D램 반도체 시장 점유율은 30% 수준으로, 2위와 3위인 하이닉스나 마이크론에 비해 두 배 까까이나 높다는 사실이다.

뿐만 아니라 각종 휴대용 전자기기의 저장 장치로 사용되면서 급성장하고 있는 플래시메모리 부문에서도 삼성전자는 30% 이상의 시장 점유율로 1위 자리를 차지했다. 2위인 도시바와 두 배 이상의 확실한 차이를 나타내고 있다. 다시 말해 메모리 반도체 부문에서 삼성전자는 단순히 생산과 제품의 경쟁력에서만 1위 자리를 차지한 것이 아니라, 기술개발 면에서 이미 선도적인 지위에 올라서 있음을 말해주고 있다.

그런가하면 삼성전자는 IT 분야에도 일찍이 눈길을 두었었다. 1977년 GTE 사와 합작으로 삼성GTE통신을 설립하고 전자교

환기 및 전송장비를 만들면서 IT사업에 진출했다.

이후 삼성GTE통신은 삼성반도체와 합병한 뒤, 다시 삼성전자로 흡수되어 삼성전자 통신사업부로 본격적인 영토 전쟁에 뛰어들었다. 하지만 1990년대 중반만 하더라도 삼성전자의 휴대전화는 국내에서조차 미국의 모토롤라에 뒤지는 초라한 모습이었다.

그러자 정부가 제꺽 나섰다. 휴대전화는 기술 못잖게 표준 방식이 중요한 점을 간파한 것이다.

따라서 정부는 우리에게 좀 더 유리한 CDMA 통신 기술을 표준 방식으로 정하고, GSM과 같은 다른 표준에 대한 중복 투자를 미연에 차단시켰다. 이 같은 조치는 삼성전자를 비롯한 국내 통신 제조업체들에게 일시적으로나마 내수 시장을 보호해주는 역할을 했다. 기술개발에 투자할 수 있는 여건을 만들어준 것이다.

그런 결과 삼성전자를 비롯한 국내 통신 제조업체들은 짧은 시간 안에 재빨리 첨단 기능들을 새로이 장착할 수 있었다. 뿐만 아니라 미국과 유럽에 비해 2년 정도 일찍 출시하면서 시장을 선도할 수 있게 되었다.

특히 삼성전자는 고부가가치, 고성능 휴대전화 시장에서 경쟁사들보다 월등하게 앞서 나갔다. 반도체의 신화와 마찬가지로 휴대전화 부문에서 시장 점유율 2위의 경쟁사와 두 배 이상의 격차를 크게 벌리면서, 삼성전자의 브랜드 가치를 세계 정상의 위치에까지 올려놓기에 이른다.

그러면서 삼성그룹의 계열사는 2005년 모두 59개로 불어났다. 총 자산 2,090억 달러, 매출 1,220억 달러, 종업원 22만 명으로, 세계 어디에 내놔도 손색이 없는 제국의 영토를 거느리게 되었다.

이제 삼성전자보다 조금 앞서 있는 제국은 오직 SONY 정도였다. AV가전에서 다만 몇 가지 부문을 따라잡지 못해 뒤쫓아 가는 형국이었다.

2005년 기준 주문형 반도체 부문에서 삼성전자는 앞선 일본 기업들을 맹렬히 추격하고 있었다. 세계 시장 점유율 16%의 도시바가 1위, 12%의 SONY가 2위, 9%의 마쓰시타가 3위, 7%의 삼성전자가 4위순이었다.

디지털 캠코더 부문에선 삼성전자가 크게 뒤졌다. 세계 시장 점유율 43%의 SONY가 1위, 20%의 캐논이 2위, 15%의 마쓰시타(파나소닉)가 3위, JVC가 12%로 4위, 삼성전자는 10위권 바깥으로 한참 뒤쳐져 있는 형세였다.

LCD-TV 부문 역시 한창 추격 중이었다. 세계 시장 점유율 19%의 샤프가 1위, 10%의 SONY와 필립스 그리고 삼성전자가 공동 2위순이었다.

그러나 가정용 게임기 부문은 일본과 미국의 아성이었다. 세계 시장 점유율 51%의 SONY가 1위, 34%의 MS가 2위, 15%의 닌텐도가 3위로 독주 체제를 구축하고 있었다.

디지털카메라 부문 역시 일본과 미국의 철옹성이었다. 세계 시장 점유율 17%의 캐논이 1위, 15%의 SONY가 2위, 14%의 코닥이 3위, 10%의 올림푸스가 4위, 9%의 니콘이 5위, 8%의 후지필름이 6위, 4%의 HP와 카시오 그리고 삼성전자가 공동 7위를 마크했다.

이처럼 삼성전자 앞에 있는 제국은 이제 SONY만이 유일했다. 비록 AV 가전의 몇 가지 부문에서 근소한 차이로 앞서곤 있다지만, 그렇다하더라도 트랜지스터라디오 · 워크맨 · 트리니트론 · CD · MD 등 찬란한 금자탑을 쌓아왔던 SONY는 지금까지 상대한 경쟁자들과는 또 다른 철벽의 장성을 구축하고 있는 진정한 최강이었다. 초등학교 어린 시절 이건희가 일본으로 유학을 갔을 때, 손바닥 크기만 한 트랜지스터라디오가 신기하기 짝이 없어 40달러를 주고 사다 뜯어보며 처음으로 인연을 맺은, 천재 기술자 이부카 마사루와 천재 경영자 모리타 아키오가 창업하여 일찍이 세계를 정복한 바로 그 SONY 제국만을 눈앞에 남겨두고 있을 따름이었다.

삼성전자의 전자시장 주요 정벌사	
1969	삼성전자 일본 산요전기와 합작으로 설립
1972	흑백TV를 생산하기 시작
1975	국내 흑백TV 시장 정상에 올라섬
1976	국내 최초로 컬러TV 생산
1978	월 생산량 17만대로 흑백TV 세계 1위에 오름
1983	64K D램 개발로 세계에서 반도체를 생산하는 3번째 국가가 됨
1987	창업회장 이병철 사망, 2대 회장으로 이건희 취임

1988	PC모니터 세계 1위, CDMA 휴대전화 세계 1위에 오름.
1992	64메가 D램을 세계 최초로 개발하면서 D램 반도체 분야 세계 정상에 올라섬. 이후 단 한 번도 세계 정상을 놓치지 않음
1993	프랑크푸르트에서 이건희식 '신경영'을 선언
1996	1기가 D램 세계 최초로 개발
1997	30인치급 초대형 액정화면 세계 최초로 개발
1998	디지털TV 세계 최초로 개발, 액정화면 세계 1위에 오름
1999	전자레인지 세계 1위에 오름
2000	컬러TV 1억대 생산 돌파
2003	컬러TV 세계 1위에 오름
2008	태평로 삼성본관의 시대를 마감하고, 새 사옥인 삼성강남사옥으로 이전
2012	스마트폰 세계 1위에 오름

SONY의 수성이냐, 삼성전자의 정복이냐

세계 전자산업계는 1990년대 중반을 통과해가면서 놀라운 변혁을 겪게 된다. 이른바 아날로그 기술에서 디지털 기술로의 새로운 체질 변화가 급격하게 이루어진다. 동시에 세계 전자산업계는 지금까지 볼 수 없었던 격렬한 질서 개편에 돌입케 되는 것이다.

널리 알려져 있는 것처럼 디지털 기술의 기반에서는 종래의 아날로그 신호를 0과 1의 부호로 바꾸어 전송하게 된다. 때문에 아무리 먼 거리에 있는 상대방에게 정보를 전달하더라도 신호의 강도가 낮아져서 잘못 전달되는 일이란 있을 수 없다. 더욱이 정보의 전달을 보다 정확히 하기 위해 여러 가지 전송 에러를 발견하고 교정하는 기술이 동시에 진화한 결과, 전송 거리에 따른 신호 품질의 저하가 발생하지 않게 되었다.

예컨대 아랄로그 기술과 디지털 기술의 차이를 극명하게 보여주는 것으로 LP레코드와 CD를 들 수 있다. LP는 소리를 레코드판의 홈으로 기록하고, 바늘이 그 홈의 미세한 변화를 잡아내면서 소리를 재생케 된다. 반면에 CD는 음반에 0과 1를 나타내는 미세한 구멍으로 정보를 기록하고, 레이저가 그 구멍의 정보를 인식하면서 소리를 재생케 된다.

따라서 LP에 기록된 음원은 보관 상태나 재생 반복 회수에 따라 음질이 달라질 수밖에 없다. 반면에 CD에 기록된 음원은 재생 반복 회수에 상관없이 언제나 완벽하게 재생할 수 있다.

디지털 기술의 또 다른 특징을 든다면 융합과 브로드밴드broabband를 빼놓을 수 없다. 융합이란 기기나 산업 등 여러 가지 요소들이 합종연횡하면서 점점 더 복잡해지고 다양해지는 것을 뜻한다.

브로드밴드란 초고속 인터넷과 같이 그 속도가 증가됨에 따라 많은 디지털 정보가 순식간에 전송되는 것을 뜻한다. 예를 들어 과거 CD에 저장되어 있던 음악은 MP3 파일로 저장되어 컴퓨터나 아이팟과 같은 매체에서 손쉽게 재생할 수 있으며, 인터넷 사이트를 통해 실시간 공유가 가능해졌다.

이 같은 디지털 기술의 발전으로 세계 전자산업계는 '일상재화'와 함께 '모듈module화'가 진행되었다. 뿐만 아니라 '제품의 라이플 사이클이 빨라지는' 낯선 현상이 나타났다.

먼저 '일상재화'란 다른 게 아니다. 제품의 품질이 경쟁자의 것과 별 차이가 없어져 가격 이외의 차별화가 불가능한 속성을 일컫는다.

사실 아날로그 시대에는 회로 기술이 절대적이었다. 엔지니어들의 숙련된 기술과 경험이 제품의 품질을 높이는데 결정적인 역할을 했다.

따라서 아랄로그 시대에는 삼성전자와 같은 후발주자가 필립스나 SONY와 같은 선발주자를 따라잡기가 여간 어려웠다. 오랫동안 숙련된 기술과 경험을 짧은 시간 안에 좁히기란 거의 불가능했기 때문이다.

더욱이 아랄로그 시대의 기술은 대부분 독점적이었다. 예를 들어 1968년 SONY가 세계 최초로 개발한 컬러TV의 트리니트론 기술은 특허로 보호받는 기술이라서 삼성전자와 같은 경쟁자가 사실상 접근할 수 없었다.

그러나 디지털 시대에는 기술의 보호가 무의미해지고 만다. 모든 기술이 하나의 칩셋으로 집약되고, 그러한 칩셋을 구매하는 한 품질의 차이란 있을 수 없는 것이다.

이같이 디지털 기술은 접근의 장벽이 존재하지 않는다. 개발자가 표준화하고 나면, 그 이후부턴 기술의 격차가 거의 없다는 특성이 있다.

둘째, '모듈화'란 그 같은 디지털로 말미암아 제품을 구성하는 가치사슬이 서로 독립적인 가치사슬로 나누어지고 분업화되는 것을 일컫는다. 다시 말해 하나의 제품을 구성하는 시스템이 여러 개의 모듈(기능 별 단위로 나눈 일부분)로 나누어지고, 각각의 모듈이 서로 어떻게 연결되어 있는가를 정의한다.

또 그같이 모듈화를 추구한 결과 생산 비용이 낮아졌다. 제품의 성능 또한 지속적으로 개선되었다는 점이다.

그 대표적인 디지털 제품이 다름 아닌 컴퓨터다. 컴퓨터의 마이크로프로세서는 인텔이, 운영 체계는 마이크로소프트가, 하드디스크는 씨게이트와 같은 전문 제조업체가 분업화하여 만들어 내고 있으며, 각기 모듈에서의 빠른 기술적 진화는 부품의 가격을 급속히 하락시키고 있다.

마지막으로 '제품의 라이플 사이클이 빨라지는 현상'이다. 컴퓨터의 경우만 하더라도 그렇다. 더 빠른 CPU와 함께 더 많은 메모리 용량을 가진 신형 모델이 불과 몇 달 사이에 속속 개발되어 나온다.

그런 결과 구형 모델의 가격은 급락하게 된다. 신형 제품이라 하더라도 아주 짧은 기간 동안 반짝하고 수익을 거둘 수 있을 뿐이다.

그런가하면 제품의 출시가 조금이라도 늦어진 기업은 그만 치명상을 입게 된다. 라이플 사이클이 짧아진 만큼 어느새 급락세로 돌아서고 만 시장 가격 때문에 제품의 개발비마저 회수하지 못하는 끔찍한 결과를 낳게 되고 마는 것이다.

결국 1990년대 중반 이후 디지털 기술이라는 놀라운 변혁은 앞서있는 SONY에게나 뒤쫓고 있는 삼성전자에게 다 같이 변화를 요구했다. 디지털 기술이라는 새로운 룰 속에서 SONY가 여전히 굳히기에 들어가느냐, 아니면 삼성전자의 뒤집기가 가능할 것이냐 하는 중요한 분수령이 되었다.

더욱이 그 같은 환경 변화는 두 제국의 격돌을 부채질하고 나섰다. 디지털 기술이라는 '낯선 현상'은 앞서 있는 SONY에게도, 뒤쫓고 있는 삼성전자에게도 또 다른 기회를 제공한 때문이었다.

한데 여기서 삼성전자가 단연 빛났다. 곧바로 이어질 '2. 주군경영의 SONY vs 황제경영의 삼성전자' 편에서 상세히 살펴보겠지만, 디지털 기술로의 새로운 환경 변화가 급격하게 이뤄지는 시점에서 보여준 이건희의 리더십이 보다 디지털다웠다.

앞서 애기했지만 아날로그 환경에선 후발주자가 선발주자를 따라잡기가 여간 어려웠다. 아날로그 시대의 기술은 독점적인데다, 기술 보호를 받기 때문이었다.

그러나 기술 접근의 장벽이 더 이상 존재하지 않는 디지털 환경에선 누가 먼저 '낯선 현상'에 몸을 담가 근육을 키우느냐가 중요했다. '일상재화'와 '모듈화' 그리고 '제품의 라이플 사이클이 빨라지는' 문법으로 무장하느냐가 우열을 가리는 척도였던 셈이다.

한데 그걸 누구보다 잘 알고 있는 SONY가 좀 미루적거렸다고
나 할까. 자신들이 이뤄낸 지난 반세기 동안의 금자탑을 차마 다
허물어뜨리지 못한 채 잠시 연민에 사로잡혀 주춤댔던 면이 없
지 않았다.

그에 반해 삼성전자는 새로이 전열을 가다듬을 필요가 있었다.
앞서 있는 제국을 무너뜨리기 위해선 어차피 새로운 전술을 받
아들여 무장해야 했다. 같은 시기 조금도 망설일 필요 없이 새로
운 디지털 환경에 올인 할 수가 있었던 이유다.

그러면서 두 제국 사이에 전운이 감돌았다. 두 제국의 제품군
이 서로 숙명처럼 겹치면서 대규모 충돌은 이제 불가피해졌다.

앞에서 살펴보았지만 일본에는 세계를 정벌한 강자가 유난히
많았다. 태평양전쟁에서 미국에 패배한 이유가 전자장비와 같은
첨단 기술력이 부족했기 때문이라고 본 일본은, 종전 이후 오로
지 '전자입국'을 국가전략의 하나로 설정했을 만큼 전자산업을
집중적으로 육성해왔었다.

그런 결과 세계적인 전자기업들이 수두룩했다. 마쓰시타(파나소
닉), 도시바, NEC, 샤프, 산요, 후지쯔, 히타치와 같은 세계 최
강의 전자기업들이 일본의 경제 발전을 선도해나갔다.

그중에서도 최강은 단연 SONY였다. 앞서 D램 반도체 전쟁에
서 도시바를, 액정화면에서 샤프를, LCD-TV에서 다시금 샤프
를 꺾으면서 삼성전자가 세계 정상을 밟았다고는 하지만, 그렇
대도 정작 일본의 국가대표는 따로 있었다. 일찍이 창업 초기부

터 세계 정벌에 나서 가장 넓은 영토를 지배하고 있는 SONY제
국이었다.

그렇기 때문에 맹렬히 추격해오는 도전자 삼성전자를 SONY
는 반드시 따돌려야만 했다. 삼성전자 또한 앞서 있는 SONY를
반드시 딛고 넘어서야 하는 외나무다리 위에 섰다. 그런 SONY
를 넘지 않고서는 진정한 세계 최강이 될 수 없었다.

이같이 디지털 기술이라는 새로운 환경의 전장에서 SONY와
삼성전자는 필연적으로 맞닥뜨릴 수밖에 없는 숙적이었다. 천재
기술자 이부카 마사루와 천재 경영자 모리타 아키오가 이끄는
선발주자 SONY의 수성이냐, 아니면 이건희가 이끄는 후발주자
삼성전자의 정복이냐 하는, 두 제국 간의 영토 전쟁은 이미 양쪽
모두가 서로에게 정조준을 마친 뒤였다.

2. 주군경영의 SONY vs 황제경영의 삼성전자

누구도 예상치 못한 삼성전자의 'SONY 대첩'

에피소드 1.

'올림픽 100m 경기에서 1등과 2등은 불과 0.01초의 차이 밖에 나지 않는다. 하지만 그 0.01초의 차이가 한 사람은 영웅으로 만들고, 또 한 사람은 기억조차 나지 않게 만든다. 이처럼 1등과 2등의 차이는 불과 0.01초에 불과할 만큼 미세하지만 그 결과는 엄청나다.

기업경영에서도 다르지 않다. 같은 물건을 만들더라도 세계적인 명품을 만드는 일류 회사와 그저 평범한 수준의 물건 밖에 만들지 못하는 2류 회사 사이에는 0.01초와 같은 미세한 차이 밖에 존재하지 않는다.'

삼성전자를 이끌고 'SONY 대첩'에 나선 이건희가 임원들을 다그치면서 한 말이다.

에피소드 2.

'회사에 출근하면 온통 한국 기업의 이야기다. 아침 신문에도 한국 기업에 대한 특집 기사가 실려 있고, 사내의 기업 동향 분석 리포트에도 한국 기업이 큰 부분을 차지하고 있다. 오후에 들어 기업 심포지엄이나, 저녁의 기업 토론회에서도 한국 기업에 관한 이야기가 대부분이다. 더욱이 퇴근하여 집에 돌아가면 아내는 밥 줄 생각은 않고 그저 한국 드라마만 쳐다보고 있으며, 아이들조차 한국의 아이돌 스타에 푹 빠져있다. 요즘 내 주위에는 온통 한류 뿐이다.'

일본의 어느 샐러리맨의 하루 풍경을 그대로 옮겨본 것이다.

짐작하였겠지만 에피소드 1은, 승부의 세계에서 승자와 패자가 극히 미세한 차이로 엇갈린다는 사실을 새삼 강조하기 위한 것이다. 에피소드 2는, 디지털 기술이라는 새로운 환경의 전장에서 서로 숙명처럼 맞닥뜨린 SONY와 삼성전자 두 제국 사이에 벌어진 영토 전쟁의 승부가 이미 어느 한 쪽으로 기울었음을 암시하기 위한 것이다.

그렇다. 디지털 기술이라는 새로운 환경의 전장은 비정하기 짝이 없었다. 불과 0.01초라는 미세한 차이로 말미암아 1위와 2

위, 영웅과 기억조차 나지 않는 존재로 엇갈리고 말았다. 인류 역사상 일찍이 목격할 수 없었던 냉혹한 승부였다.

SONY와 삼성전자 간의 디지털 영토 전쟁이 꼭이 그와 같았다. 승부는 그같이 일찍 판가름이 났다. 아날로그에서와 같이 엎치락뒤치락하는 법도 없이 단번에 승패가 엇갈렸다.

2002년도에 접어들면서 마침내 삼성전자가 SONY를 점차 제압해나가기 시작했다. 삼성전자의 'SONY 대첩'은 그렇듯 누구도 예상치 못한 가운데 매우 빠르면서도 전면적으로 이루어졌던 것이다.

삼성전자는 이미 1998년에 세계 최초로 256메가 D램을 생산한데 이어, 다시 128메가 S램을 세계 최초로 개발했다. 이듬해에는 256메가 D램을 세계 최초로 출하하고, 곧이어 MP3 플레이어 휴대전화를 세계 최초로 개발했다.

더욱 강해진 삼성전자는 새 천년에 들어서도 도약을 멈추지 않았다. 2000년에는 컬러TV 1억대 생산을 돌파하는 저력을 보였다.

2001년에는 삼성전자가 휴대폰 생산 5,000만 대를 돌파한데 이어, 삼성중공업이 국내 최초로 대형 여객선을 성공적으로 건조했다. 또 같은 해 가을에는 삼성전자가 300mm 웨이퍼의 양산 체제에 들어가는 개가를 올렸다.

더욱이 2002년은 삼성전자에게 있어 매우 뜻 깊은 해였다. 자본시장에서 평가한 기업의 시장가치에서 그동안 세계 전자업계를 지배해오며 세계 최고의 제국으로 평가받던 SONY를 삼성전자가 처음으로 추월하기 시작했던 것이다.

하기는 불과 2년 전인 2000년만 하더라도 SONY는 도저히 따라잡을 수 없는 세계 최강의 난공불락이었다. 이때까지의 시장 가치는 SONY가 삼성전자보다 무려 4배에 달할 정도였다.

그러나 불과 2년 뒤 드디어 삼성전자가 난공불락의 SONY를 앞서나가기 시작한다. 누구도 예상치 못한 SONY의 빠른 패배, 삼성전자의 빠른 승전보였다. 더욱이 주목할 건 2002년 이후 두 제국 간의 격차가 점점 더 커져가고 있는 추세라는 점이다.

급기야 2009년엔 삼성전자의 수익이 일본의 상위 아홉 개 전자 기업의 전체 수익을 모두 합친 숫자보다 한참 앞서나갔다. 그러니까 일본이 자랑하는 SONY, 히타치, 마쓰시타(파나소닉), 도시바, 샤프, 후지쯔, NEC, 산요, 미쓰비시 등이 모두 나서도 삼성전자 한 개 기업을 당해내지 못한다는 충격적인 내용까지 뒤따랐던 것이다.

과연 어떻게 된 걸까? 지난 반세기여 동안 첨단 기술을 자랑하는 일본의 상징으로 군림해왔던 천하의 SONY가 이처럼 어이없이 삼성전자 앞에 무릎을 꿇고 말았다니….

하기는 디지털 기술이라는 새로운 환경의 전장에서 SONY의 전력은 이미 공개된 비밀이었다. 지난날 SONY가 상대적으로 탁월한 제품들을 계속해서 개발할 수 있었던 원동력은 상품의 기획에서 스스로 표준을 정해왔다는 점과 장인정신이 빛나는 경힘의 기슬로 증명된 소형화와 경량화의 기술이었다.

하지만 SONY의 이 두 가지 경쟁 우위 요소는 디지털 기술이라는 새로운 환경의 전장에선 더 이상 유효한 전력이 되지 못했다. 자신만의 무장을 전면 해제당한 채 철옹성에서 걸어 나와 새로운 도전자 삼성전자와 대적하지 않으면 안 되었던 것이다.

그도 그럴 것이 지난날 아랄로그 기술의 전장에서와 같이 SONY 혼자만이 독자적인 표준을 고수할 경우 다른 기업들과의 호환성이 떨어지고, 호환성이 떨어지면 소비자들에게 외면당할 수밖에는 없었다. 결과적으로 SONY의 소형화와 경량화 기술 역시 디지털 기술이라는 환경의 전장에선 더 이상 차별화된 전력이 되지 못했던 것이다.

물론 아랄로그 기술이라는 환경의 전장에서는 테이프나 디스크를 소형화하고 모터와 디스크 헤드 등을 경량화하거나 견고하게 만드는 기술이 매우 중요했다. 또한 그것은 SONY의 차별화된 신제품 개발에 독보적인 핵심 역량이기도 했다.

그러나 디지털 제품에서는 하나의 반도체에 모든 기능이 축약되어 들어가기 때문에 굳이 SONY가 아닌 누구라도 소형화와 경량화를 할 수 있게 되었다. 칩이 불량이 아닌 이상 고장도 나지 않는 제품을 만들 수가 있었던 것이다.

SONY에게 불리한 조건은 비단 그 뿐이 아니었다. SONY는 전략적인 핵심 부품에서조차 점차 차별화라는 우위를 잃어가고 있었다.

SONY의 제품에게 차별화된 경쟁 우위를 가져다주었던 카메라의 CCD, VCR에서의 마그네틱 드럼 기술, 트리니트론 관에 대한 기술적 우위마저 차츰 퇴색해 갔다. CCD는 C-MOS로, VCR은 DVD나 숫제 기구나 디스크를 쓰지 않는 플래시메모리로, 트리니트론 관은 LCD로 빠르게 대체되어 갔던 것이다.

물론 침몰해가는 SONY의 경영진도 가만있지만은 않았다. 부랴부랴 파란 눈의 외국인 CEO를 영입하여 장수로 내세우는 묘책을 썼다. 창업 이래 최초로 SONY아메리카의 CEO 하워드 스트링거를 일본으로 불러들여 마지막 승부수를 띄우고 나섰다.

SONY의 새 장수 하워드 스트링거는 2005년 중반에 LCD-TV의 새로운 브랜드 '브라비아BARVIA'를 개발하여 전세의 반전을 꾀했다. 실제로 모델베이스에서 1~2위를 기록하는 일정한 성과도 없지 않았던 게 사실이다.

일본의 언론도 곧장 호응하고 나섰다. 'SONY의 부활'이라며 일제히 박수를 보냈다.

그러나 브라비아라는 LCD-TV 한 가지 제품이 조금 인기를 끌었다고 해서 SONY의 부활 운운하는 것은 다소 성급했다. 나날이 침몰해가는 SONY의 참담함을 잠시 늦추는 것에 불과할 따름이었다.

더구나 브라비아 LCD-TV에 탑재되어 있는 패널은 SONY가 자체 개발한 것도 아니었다. 말이 좋아 삼성전자와 합작으로 만들어진 것이라고 하였을 뿐, 실제로는 삼성전자의 기술이었다.

삼성전자에게 머리를 조아려 기술을 빌려온 것이었다.

바꿔 말하면 차세대 패널의 독자 개발을 SONY가 아예 포기한다는 선언이 다름 아니었다. 일찍이 독자적으로 개발한 트리니트론 관이나 평면 트리니트론 관을 앞세워 세계 TV시장을 호령하던 SONY의 과거 모습에서는 상상조차할 수 없는 굴욕이 아닐 수 없었다.

디지털 기술이라는 새로운 전장에서의 환경 적응만이 아니었다. 삼성전자를 이끌고 있는 이건희의 리더십 또한 천재 기술자 이부카 마사루와 천재 경영자 모리타 아키오의 SONY제국을 훨씬 뛰어넘었다. 삼성전자가 지니고 있는 전력이 SONY제국을 압도하고 남은 것이다.

전력 자원의 고정 vs 전력 자원의 조정

"당장 7~4제를 실시하도록 하세요!"

1993년 7월의 어느 날이었다. 삼성의 회장 비서실 차장 이학수는 이건희의 전화를 받으면서 그만 말문이 막혔다. 이건희는 이날 스위스 로잔에서 유럽 주재 삼성의 임원들을 위한 특강과 전략회의를 마친 뒤, 다음 일정을 위해 영국으로 향하던 중에 공항에서 전화를 걸어 그같이 지시했다.

이건희는 이보다 앞선 6월초 독일 프랑크푸르트에서 '신경영'을 선언했다. 그 선언 가운데 '매일 아침 7시나 7시 반에 업무를 시작하여 그날의 모든 일과를 오후 4시나 5시까지 끝내도록 하자'고 얘기한 바 있다. 스위스 로잔의 공항에서 전화로 회장 비서실 차장 이학수에게 지시한 건 바로 그 날의 얘기를 재확인한 것이었다.

그가 지시한 이른바 '7~4제'는 세계 속에서 삼성을 돌아보게 하는 질質 경영의 각성에 이어, 곧 그러한 자각을 행동으로 옮겨 직접 실천하는 물리적인 방법이었다. 잠들어 있는 삼성을 뒤흔들어 깨우는데 그치지 아니하고, 온몸으로 직접 느끼게 해줄 필요가 있다고 생각한 것이다.

당시 삼성의 출근 시간은 아침 8시 30분이었다. 7~4제는 그보다 1시간 30분이나 빨리 출근해야 한다. 그리고 오후 4시에는 업무를 마쳐야 된다. 회사에서 잔업을 한다고 해도 기껏해야 오후 5시까지다. 다시 이건희의 지시 내용이다.

'…퇴근 후에는 운동을 하든지, 친구를 만나든지, 어학공부를 더 하고 6시30분쯤 집에 들어가라. 회사가 스케줄을 그렇게 만들어주면 자연히 가정적인 사람이 된다. 4~5시에 회사에서 퇴근할 수 있게 되어 밤늦게 친구를 안 만나면 가족 불러내서 저녁을 먹게 되고, 이런 게 일주일에 두어 번은 될 것이다. …6시 넘어서까지 무엇 하러 회사에 앉아 있나. 그 대신 아침에 일찍 오

자. 교통 막히니 7시까지 출근하자. 대신 과장급 이하는 4시에
다 퇴근하고, 과장에서 부장까지는 5시까지는 정리하고 다 나가
라. 이건 명령이다. 윗사람이 퇴근해야 나도 한다는 발상은 안
된다. 안 나가는 사람이 나쁜 사람이다. 만약 안 나가면 부서장
이 책임져야 한다.'

요컨대 조금 일찍 출근하여 회사 업무를 마치고, 남는 오후 시
간을 활용해보자는 얘기다. 스포츠를 즐겨도 좋고, 어학공부라
도 하여 자기를 계발하는 것도 바람직하지 않겠느냐는 의도였
다.

이런 7~4제는 일찍이 다른 기업에선 찾아볼 수 없는 새로운
문화였다. 도무지 상식적으로는 생각할 수 없는, 이건희의 삼성
이니까 가능한 문법이었다. 삼성전자로부터 맹렬한 추격을 받고
있는 SONY를 비롯한 일본의 전자제조업체들은 흉내조차 낼 수
없는 파격이 아닐 수 없었다.

흔히 기업의 근무 시간은 아침 9시부터 오후 5시 30분 전후이
다. 일본의 전자기업이라고 해서 전혀 다르지 않다.

관리직이라도 아침 8시쯤 출근하면 빠른 편이다. 평사원은 대
개 아침 8시 45분경에 출근하기 마련이다.

더욱이 대부분 밤늦게까지 회사에 머물러 있어야만 좋은 평가
를 받을 수 있게끔 체질화된 지 오래다. 퇴근시간 이후까지 남아
잔업을 하는 것이 곧 열심히 일하는 사람, 능력 있는 직원의 본

보기처럼 되어 있는 게 현실이다. 아침엔 일찍 출근하고, 밤늦게 퇴근하여 집으로 돌아가는 것이 SONY를 비롯한 일본 전자 제조업체의 비즈니스맨들이 일하는 방법이기 일쑤다.

한데 이 같은 SONY를 비롯한 일본의 전자 제조업체에서 어느 날 갑자기 7~4제를 실사한다고 하면 과연 어떻게 될 것 같은가? 모르긴 해도 사원들로부터 당장 거센 반발에 부딪치고 말게 분명하다. 노동조합에서도 가만있지 않을 게 확실하다. SONY를 비롯한 일본의 전자 제조업체에선 죽었다 깨어나도 7~4제와 같은 건 어림도 없는 소리다.

그러나 이건희의 'SONY 대첩'은 그때 벌써 시작되고 있었던 셈이다. 1993년 여름에 실시된 7~4제에서부터 이건희는 이미 'SONY 대첩'에 올랐다. 7~4제와 같은 혁명적 근무 자세 또는 의식개혁은 삼성전자가 지닌 전력의 자원을 그가 얼마든지 '조정'할 수 있음을 보여준 좋은 사례 가운데 하나였을 따름이다.

그에 반해 SONY를 비롯한 일본의 전자 제조업체들은 정반대 풍경을 보여주곤 했다. 그들의 경쟁 방식을 보면 전통적으로 전력의 자원을 '고정'시킨 상태에서 서로 경쟁을 벌인다는 점이다.

다시 말해 전력의 자원을 거의 조정하는 일 없이 붙박이로 고정시켜 놓고서 경쟁을 벌이기 때문에, 단순히 그러한 범주 안에서 활용도를 높이는 방향을 찾는데 고심할 따름이다. 아무래도 변화에 굼뜰 수밖에 없는 구조적 환경 조건이라는 얘기다.

물론 여기서 말한 전력의 자원이란 다른 게 아니다. 기업의 인적 또는 기술적 자산이나 공장, 생산 설비와 같은 따위를 일컫는다.

한데 SONY를 비롯한 일본의 전자 제조업체들은 대부분 다른 기업들이 그렇듯이 인력의 종신고용제로 고정되어 있다. 시장 상황이 변한다고 해서 쉽사리 해고하거나 재고용하지 못한다.

그런가하면 공장이나 생산 설비 또한 마찬가지로 붙박이로 고정되어 있다. 공장을 폐쇄하거나 생산 설비를 처분하는 일 또한 결코 간단치가 않다.

따라서 SONY를 비롯한 일본의 전자 제조업체들은 전력 자원이 고정되어 있다는 전제 아래 모든 것이 결정되고 집행에 들어간다. 전력 자원이 고정되어 있다는 범주 안에서 과연 어떻게 하면 역량을 발휘할 수 있을 것인가에 대해 고심하고 역량을 집중시킨다.

하지만 이건희가 이끌고 있는 삼성전자는 자원을 고정시키는 일이란 결코 있을 수 없다. SONY를 비롯한 경쟁사들이 '평생고용'이라는 도그마에 빠져 있을 때 전력 자원을 간단히 조정해 나간다. 인력을 감축하거나 공장을 폐쇄하는 등 전력 자원의 조정을 손쉽게 할 수가 있다.

따라서 이건희가 이끌고 있는 삼성전자는 시장 상황과 같은 외부 환경에 보다 유연하게 대처할 수가 있다. 전력의 자원을 어떻게 안배하고 최적화할 것인가에 자연 초점이 맞춰지는 것이다.

그런가하면 공장이나 생산 설비 역시 마찬가지로 조정이 얼마든지 가능하다. 주어진 환경이나 회사의 전략에 따라 공장을 폐쇄하거나 생산 설비의 처분이 용이하다.

그렇다면 전력 자원이 고정되어 있는 상태에서 SONY를 비롯한 일본의 전자 제조업체들이 전통적으로 펼쳐 보인 전략이란 도대체 어떤 것이었을까? 그것은 하나같이 끊임없이 새로운 제품을 개발해내고 투입하는 방식이었다.

제품의 판매에서도 또한 다르지 않았다. 끊임없이 개발되어 나온 신제품을 지속적으로 판매해나간다.

이 같은 판매를 위해 자사의 영업 및 마케팅 인력을 철저히 활용한다. 이를 원활하게 하기 위해 기술력(주로 소형화와 경량화)이나 디자인, 브랜드 따위로 유통 채널을 지배하는 것이 흔히 쓰이는 전술이다. 유통의 지배를 통해 신제품을 지속적으로 판매할 수 있을 뿐더러, 시장의 정보도 신속히 수집해 생산과 공급의 속도를 높여나가는 수법이다.

이처럼 SONY를 비롯한 일본의 전자 제조업체들이 전통적으로 펼쳐 보인 전략이란 대개 빤하다. 삼성전자와 같은 경쟁사의 전략에 비해 매우 한정되어 있으며, 질서정연하기까지 하다. 어떻게 보면 투명한 어항처럼 별다른 전략이 없어 보인다는 인상마저 주고 있는 것이 사실이다.

때문에 SONY를 비롯한 일본 전자 제조업체들의 경영 문법을 일컬어 흔히 '전략이 없는 경영'이라고 부르기까지 한다. 전통적으로 전력 자원의 고정이라는 전략을 구사하는 SONY가 전력 자원을 자유자재로 조정하는 삼성전자에게 참패할 수밖에 없는 이유도 딴은 거기에 있었다.

다시 말해 전력 자원이 고정되면 범위가 좁아질 수밖에 없고, 전력 자원을 조정하면 그만큼 넓힐 수가 있다. 마찬가지로 범위가 좁아지면 상황 변화에 따른 선택의 폭이 한정되기 마련이고, 반대로 범위가 그만큼 넓어지면 상황 변화에 따른 선택의 폭이 보다 넓어지는 차이였던 것이다.

그럼 이제 한 치 앞을 내다볼 수 없는 정글을 헤쳐 나갈 때 과연 어느 쪽이 더 유리한가는 각자의 몫이다.

SONY의 주군경영 vs 삼성전자의 황제경영

에피소드 1.

지난 2010년 미국에서 일본 도요타자동차가 대규모 리콜 사태에 직면했을 때이다. 미국 의회는 도요타자동차의 리콜 사태가 미국 국민의 안전을 심각하게 위협하고 있다고 보고, 사태 파악 및 대책 수립을 위한 의회 차원의 청문회를 실시하겠다고 나섰다. 미국 의회는 당연히 도요타자동차 CEO 토요타 아키오를 청문회에 출석토록 했다.

그러나 토요타 아키오는 미국 의회 청문회에 출석하지 않겠다고 하였다가, 타운스 청문회 위원장이 출석을 요구하는 공식 서한을 보내자 마지못해 입 장을 바꿨다. 청문회에 출석해서도 이렇다 할 설명을 하지 못했다.

대신 그는 도요타자동차의 맨 꼭대기 자리에 자신의 이름이 새겨져 있다는 사실과 함께, 고객의 안전을 최우선시 하는 창업 정신만을 누누이 강조했을 따름이다.

에피소드 2.

우리 나라 어느 기업의 회장이 회사 복도에서 한 임원과 마주쳤다. 회장은 대뜸 "김 상무, 오랜 만이야! 잘 지내지?"하고 물었다. 한데 임원은 난감한 표정으로 "회장님, 저는 아직 이사이지 상무가 아닙니다."라고 대답했다. 그러자 회장이 발끈해 "그럼 오늘부터 자네 상무하게."라고 말했다. 그 임원은 그 날짜로 이사에서 상무로 전격 승진했다.

짐작하였겠지만, 에피소드 1은 SONY나 일본의 전자 제조업체에서 볼 수 있는 주군경영의 실상을 보여주고 있다. 이른바 경영자는 존재하지만 군림하지 않는다는, 일본의 전형적인 주군경영의 단면을 엿볼 수 있는 사례이다.

에피소드 2는 우리 나라 기업에서 흔히 목격할 수 있는 오너owner의 황제경영의 실상을 그대로 보여주고 있다. 이른바 절대적인 권한을 행사하는 오너의 무소불위와 같은 단면을 보여주고 있는 사례이다.

그렇다. SONY를 비롯한 일본의 전자 제조업체에선 흔히 경영자는 주군의 행세만 할 뿐 실질적인 회사 경영에는 크게 관여하지 않는다는 오랜 전통이 남아있다. 회사 경영은 전적으로 아랫사람들에게 일임하고, 자신은 대외적인 활동에만 전념하는 게 불문율처럼 되어있다.

때문에 앞서 미국 의회에 출석한 도요타 아키오의 예에서 볼 수 있듯이 이렇다 할 설명을 하지 못한다. 회사 경영에 대해 질문을 하면 대부분 대답이 정해져 있거나, 아니면 으레 답변하지 못하기 일쑤다. 회사 경영을 아랫사람들에게 모두 맡겨둔 채 무슨 일을 하든 알아서 해결하라고 지시만 하는 주군의 모습 그대로인 것이다.

이건희 같았으면 어땠을까? 어림 반 푼도 없는 얘기다.

이미 앞에서 언급한 7~4제를 보아도 알 수 있다. 도저히 상식적으로는 생각할 수 없는 발상이었으나, 오너의 지시가 떨어지자마자 곧바로 일사불란하게 움직였다. 일부 역기능이 드러났음에도 이건희의 지시에 따라 삼성전자는 자그마치 10여 년 동안이나 7~4제를 밀어붙였다.

그런 결과 눈에 보이지 않는 의식개혁 말고도 겉으로 드러난 수치 또한 만만치 않게 나타났다. 우선 외국어 자격 취득자가 1만4,200명에서 3만500명으로 배가 늘어났다. 정보 관련 자격 취득자는 1,900명에서 3만5,000명으로 무려 18배나 증가했다. 0.01초의 치열한 경쟁을 벌이고 있는 SONY를 그만큼 앞서나갈 수 있었던 것이다.

반면에 SONY를 비롯한 일본의 전자 제조업체에선 중요한 결정을 중간 관리자들이 알아서 하거나, 아니면 현장에서 결정된 의견이 위로 올라가는 것이 보통이다. 권한을 현장에 일임하고 맡겨두기 때문에 의사결정이 하의상달下意上達 식이다. 경영자는 다만 그러한 하의상달을 승인하면 그만인 것이다.

따라서 회사 경영을 아랫사람들에게 모두 맡겨둔 채 무슨 일을 하든 알아서 해결하라는 일본의 주군경영에선 위기 대응 능력이 현저히 떨어질 수밖에는 없다. 삼성전자의 이건희와 같은 일사불란한 리더십을 기대하기란 하늘의 별따기다.

그에 반해 삼성전자의 이건희는 정반대로 황제경경을 추구한다. 오너는 기업의 소유와 경영을 한 손에 장악하고서 전권을 행사한다. 기업의 주요 의사결정 또한 철저히 상의하달上意下達 곧 톱다운top down 식이다. 경영자의 말 한마디에 모두 일사불란하게 움직일 수가 있어 위기 대응 능력이 남다를 수밖엔 없다.

물론 SONY의 문법이 오랜 세월 유효했던 것도 사실이다. 아랄로그 기술이라는 환경에서는 파괴력이 워낙 커서 다른 전자기업은 흉내조차 내지 못했다. 지난 반세기여 동안 세계의 전자 영토를 지배했던 것이 그걸 입증하고 있다.

한데 1990년대 중반 이후 세계 전자시장에 디지털 기술이라는 새로운 환경의 전장이 구축되면서, 전자기업의 경영 또한 지금까지의 문법이 급속히 해체되는 운명에 놓였다. 디지털 기술의 발전으로 일상재화와 모듈화가 진행되면서 제품의 라이플 사이클이 빨라졌다. 전자기업의 전술 전략도 여느 때보다 속도가 중요한 변수로 작용케 된 것이다.

그러나 권한을 현장의 아랫사람들에게 일임한 채 무슨 일을 하든 알아서 해결하라는, 전통적인 SONY의 주군경영으로는 디지털 환경의 속도전에서 승자가 되기란 어려웠다. 일사불란한 톱다운 식 삼성전자의 황제경영을 이겨내지 못한 것이다.

더구나 제품의 출시가 조금이라도 늦어진 기업은 그만 치명상을 입기 마련이었다. 라이플 사이클이 짧아진 만큼 어느새 급락세로 돌아서고 만 시장 가격 때문에 제품의 개발비마저 회수치 못하는 끔찍한 결과를 낳으면서, 두 제국 간의 격차는 점점 더 커져갈 수밖엔 없었다.

이건희의 공개된 비밀, '삼각편대' 경영

자멸할지도 모른다는 위기감을 느낀 SONY는 당장 대책을 모색했다. 1995년 새로운 경영자를 추대한다. 두 창업자인 이부카 마사루와 모리타 아키오를 뒤이어, 3대 경영자 오가 노리오가

10년 넘도록 소프트사업에 불을 지폈으나 끝내 기울어가는 제국을 구하지 못한 채, 바통을 4대 경영자 이데이 노부유키에게 넘겼다.

SONY의 새로운 장수로 추대된 이데이 노부유키는 이듬해 창업 60주년을 맞아 '리제너레이션regeneration'이라는 전략을 수립했다. 창업 세대의 SONY정신을 이어받아 새로운 도약을 주창하는 동시에 직원들에게도 자유, 역동성, 오리지널리티, 창의성을 강조한다는 의미를 담고 있다.

아울러 이데이 노부유키는 제품 개발에 관련해서도 자신의 비전을 밝혔다. '디지털 시대에 자랐고, 디지털 기술에 가슴이 두근거리는 고객의 꿈을 실현시켜 줄 수 있는 독창적이고 재미가 넘치는 상품을 계속 만들어가겠다'는 의지를 담은 '디지털 드림 키즈'라는 캐치프레이즈도 주창하고 나섰다.

이는 곧 새로운 디지털 기술로 꿈을 현실화한다는 자신의 경영이념을 뜻했다. AV와 같은 하드웨어에서부터 영화, 음악, 게임 등 소프트웨어에 이르기까지 SONY의 전체 사업 영역에서 디지털 시대에 맞는 사업 전략을 전개 해나갈 것이라는 다짐이었다.

이처럼 이데이 노부유키는 디지털 시대와 네트워크 시대가 도래함에 따라 SONY의 사슬가치를 주력 사업인 가전 사업과 음악, 영화, 게임의 콘텐츠 사업, 그리고 제3의 링크로 인터넷, 전자상거래, 방송과 같은 네트워크 서비스를 통해 '리제너레이션'과 '디지털 드림 키즈'의 비전을 실현하고자 했다.

그리고 그의 이런 비전은 기울어가는 제국을 한동안 일으켜 세우기도 했다. 새로운 경영자로 취임 당시 3,000엔까지 추락했던 SONY의 주가를 2000년엔 1만5,000엔으로 급등시켰다.

그러나 생각이 너무 앞섰다. 고객이 아직 하드웨어와 소프트웨어의 융합 제품을 받아들일 수 없는 상황에서, 이데이 노부유키 스스로 '너무 앞서 왔다'고 자평할 정도로 투자가 너무 빨리 결행되었다. 그러면서 반도체와 디스플레이와 같은 전자부문의 투자 타이밍을 놓치는 결정적인 우를 범하고 말았다.

결국 전력의 집중이 엉뚱한 곳으로 쏠렸고, 그로 말미암아 제국은 또다시 불안감에 휩싸여들었다. 이데이 노부유키의 비전은 채 10년을 넘기지 못하고 위기에 봉착하는 사태에 이르고 만 것이다.

그래서 제국의 경영진이 부랴부랴 새로운 장수를 내세운 게 파란 눈의 외국인 경영자였다. 창업 이래 최초로 SONY아메리카의 CEO 하워드 스트링거를 일본으로 불러들여 침몰해가는 제국을 구원케 하는 승부수를 띄웠다.

제국의 새 장수 하워드 스트링거는 2005년 중반부터 LCD-TV의 새로운 브랜드 '브라비아BARVIA'를 개발하면서 전세의 반전을 꾀하고 나섰다. 실제로 모델베이스에서 한때 1~2위를 기록하는 일정한 선전도 없지만은 않았다.

그러나 앞서 얘기한대로 브라비아 LCD-TV에 탑재되어 있는 액정패널은 SONY가 자체 개발한 것이 아니었다. 말이 좋아 삼성전자와 합작으로 만든 것이었을 뿐, 실제로는 삼성전자의 기술이었다. 삼성전자에게 패배를 인정하고서 빌려온 기술이었다.

다음은 디스플레이서치가 내놓은 2014년 기준 LCD-TV 세계 시장 점유율을 살펴보기로 하자.

순위	기업명	국가	판매대수
1위	삼성전자	한국	4,800만대
2위	LG전자	한국	3,352만대
3위	TCL	중국	1,430만대
4위	SONY	일본	1,250만대
5위	하이센스	중국	1,150만대

도표에서 볼 수 있듯이 한·중·일의 독차지이다. 그러나 2012년까지만 하여도 세계 LCD-TV의 영토는 한국과 일본의 양강 구도였다. 4위 SONY에 이어 5위 마쓰시타(파나소닉) 6.0%, 6위 샤프 5.4%, 10위 도시바 3.5%가 매년 자리를 지켜오고 있었다.

하지만 불과 2년 사이에 SONY만이 살아남았을 뿐이다. 마쓰시타와 샤프, 도시바 등은 중국의 스카이워스, 창홍 등에 밀려나 자리를 내어주어야 했다.

이른바 디지털 기술의 총아로 불리는, 휴대전화와 개인용 휴대정보단말기의 장점을 결합시킨 복합형 무선통신기기인 스마트폰을 보면 SONY는 더욱 참담해지고 만다. 삼성전자와의 격차가 더욱더 멀어져 보이기만 한다.

다음은 디스플레이서치가 내놓은 2014년 2분기 기준 스마트폰 세계 시장 점유율이다. SONY는 바닥권(8위)에서 좀처럼 헤어날 줄을 모르고 있다.

순위	기업명	국가	점유율	판매대수 (단위/만대)
1위	삼성전자	한국	25.2%	7,430
2위	애플	미국	11.9%	3,510
3위	화웨이	중국	6.9%	2,030
4위	래노바	중국	5.4%	1,580
5위	LG전자	한국	4.9%	1,450

이렇듯 디지털이라는 새로운 환경의 전장에서 SONY는 좀처럼 힘을 내지 못하고 있었다. 과거의 빛났던 영광은 온 데 간 데 없이 나날이 침몰해갔다.

그에 반해 이건희가 이끄는 삼성전자는 SONY의 영토를 대부분 정복하는 놀라운 전과를 올렸다. 이제 SONY에게 삼성전자는 도저히 따라잡을 수 없는 아득히 머나먼 별이 되고 만 것이다.

그럼 이쯤에서 마지막 남겨둔 질문을 꺼낼 때가 된 것 같다. SONY의 천재 경영자들이 세계 최강이라는 호조건에도 불구하고 차례대로 몰락해가고 만데 반해, 그 반대쪽에 서 있던 이건희는 초고속 성장 제국 삼성전자를 그렇듯 안정적으로 이끌 수가 있었던 것일까? 단지 기적이라고 밖엔 설명할 길이 없는 'SONY 대첩'의 위업을 이룬 진정한 힘은 과연 어디서 나온 것일까?

황제경영은 오너가 실력이 있다면 그 제국은 곧 날개를 다는 격이 된다. 급속히 성장할 수가 있다.

반대로 오너가 자칫 실책이라도 범하고 만다면 그 제국은 한순간에 몰락할 수도 있는 함정을 갖고 있다. 난공불락의 'SONY 대첩'에 나선 삼성전자는 항상 그러한 리스크에 고스란히 노출되어 있었다. 더욱이 오너가 제아무리 절대 권력을 쥐고 행사한다하더라도 모든 것을 자신의 판단만으로 결정하기란 쉽지 않은 일이다.

때문에 삼성은 일찍이 선대 회장 이병철 때부터 황제경영을 보좌하는 조직을 따로 마련해두고 있었다. 그룹의 회장 비서실이 그것이다.

SONY를 비롯한 일본의 전자 제조업체들도 비서실이 아주 없는 건 아니다. 하지만 이름 그대로 오로지 비서실에 머물고 만다.

마치 주군의 몸종과 같은 역할을 하는 부서일 따름이다. 경영자의 일정을 관리하고, 경영자가 외부 활동이라도 하게 될 때면 가방이나 들고 따라다니는 한낱 비서들로 구성되어 있는 부서에 불과하다.

물론 전략기획실과 같은 부서에서 정보 수집을 취급하지 않는 건 아니다. 그렇대도 기본적인 정보 수집에 그치고 말거나 취합하는 수준의 현계를 보여준다.

때문에 그 같은 전략기획실을 일본에선 흔히 '스테이플러 부서'라고 일컫는다. 그룹의 계열사에서 올라오는 정보들을 모아 집계하거나 스테이플러로 철해두는 역할만을 한다고 해서 그렇다.

하지만 삼성의 회장 비서실은 전연 다르다. 일찍이 1975년 창업 회장 이병철에 의해 일본의 미쓰비시, 스미모토, 미쓰이 등 종합상사의 비서실을 벤치마킹하여 만들어진 조직체로, 기획·정보수집·인사·자금·국제금융·기술개발·경영지도·홍보·감사 등 그룹 전반에 걸쳐 광범위한 기능을 담당하면서 제국의 살림 전체를 도맡고 있다.

다시 말해 삼성의 회장 비서실은 그룹 전반에 관련된 목표를 제시하고, 신규 사업을 추진하며, 계열사 간의 업무를 분담하고, 자원을 분배 관리하는 실로 막강한 씽크탱크 역할을 수행한다. 제국 경영의 핵심이랄 수 있는 전략적 참모로써, 그룹 회장을 보좌하는 매우 중요한 두뇌 집단이라고 부르는데 조금도 손색이 없다.

요컨대 초고속 성장 제국 삼성전자를 이끌고 있는 이건희의 공개된 비밀은 이른바 '삼각편대' 경영이다. 그룹의 오너를 정점으로 그 아래 좌우로 한쪽에는 회장 비서실이 포진하고, 또 다른 한쪽에는 계열사의 전문 경영인들이 포진하는 삼각 구도이다. 이 같은 삼각 구도 속에 상호 보완이 강화되는 시너지경영으로, 속도전이 요구되는 디지털 기술이라는 새로운 환경의 전장에서

이건희는 제국의 경영을 안정적으로 이끌 수가 있었던 것이다

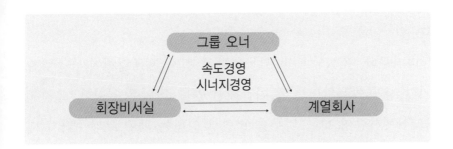

그러나 SONY를 비롯한 일본의 전자 제조업체들에겐 회장 비
서실은 있되 삼성전자와 같은 강력한 삼각편대의 구조는 존재하
지 않는다. 무엇보다 그룹에서 오너를 찾아보기가 어렵다.

SONY만 하더라도 그렇다. 천재 기술자 이부카 마사루(1946~
1971)와 천재 경영자 모리타 아키오(1971~1982)의 퇴임 이후, 30
년이 넘도록 오너가 아닌 전문 경영인 체제로 제국을 이끌어왔
다. 경영자가 존재는 하되 군림하지 않는다는 전통적인 주군경
영으로 일관해온 것이다.

물론 계열사 간 전문 경영자들의 정기 회합 같은 것이 전연 없
는 건 아니 다. 하지만 그런 회합이 있다하더라도 업무를 조율
하고 정보를 교환하는 경우란 있을 수 없다. 그저 함께 골프나
치거나 식사를 하는 정도의 친목 성격이 대부분이다.

그런 만큼 그룹의 계열사는 상호 협력보다 독자성이 우선 존중
되는 개별 기업이기 마련이다. 더구나 앞서 얘기한 주군경영으
로 말미암아 그런 개별 기업 또한 경영자를 중심으로 일사불란

하게 움직이기보다는 대부분 현장 중 심으로 하의상달 되기 일쑤다. 오직 그 같은 범주 속에서 철저히 활용 방법을 찾는 식이다.

더더구나 SONY를 비롯한 일본의 전자 제조업체에서 경영자가 현장을 방문한다는 건 여간해선 있을 수 없는 일이다. 그것은 곧 아랫사람이 하는 업무를 전면 부인하는 행위로 간주되기 때문이다.

다시 말해 경영자가 현장을 방문한다는 건 현장의 아랫사람에게 반드시 그 책임을 물을 때만이 가능한 풍경이다. 따라서 경영자의 현장 방문은 되도록 삼가는 것이 관례로 굳어진지 오래이다. 주군경영이 뿌리 깊은 일본의 기업문화에선 경영자가 생산 현장을 찾는 대신 요릿집이나 전전한다는 얘기도 딴은 그래서 나온 얘기다.

그래서인지 몰라도 SONY를 비롯한 일본 기업의 생산 현장은 언제나 물속처럼 조용하기만 하다. 구석구석까지 깨끗하며 저마다 소리 없이 작업을 진행한다. 또 그런 범주 속에서 활용 방법을 철저히 찾아내고 치밀한 개선 활동을 이루어나간다.

그렇다면 '삼각편대' 경영을 하는 삼성전자는 어떨까? 말할 것도 없이 SONY를 비롯한 일본의 전자 제조업체들과는 정반대이다.

삼성전자의 전문 경영인들은 자신이 책임 맡은 계열 기업 안에서는 거의 그룹 오너와 같은 막강한 권한을 행사한다. 생산 현장만이 아니라 영업 현장까지 수시로 누비고 다니며, 즉석에서 의사를 결정하는 톱다운 방식으로 회사를 이끌고 나간다.

그런 만큼 물속처럼 조용하기만 한 일본 전자 제조업체의 현장과는 달리 삼성전자의 현장은 그야말로 전시의 최전방을 방불케 한다. 제국의 오너만이 아니라 계열 기업을 책임 맡고 있는 전문 경영인도 현장을 수시로 찾는다. 현장의 구석구석까지 샅샅이 살피고 마음에 들지 않으면 당장 개선하라는 제꺽 불호령이 떨어진다.

그렇기 때문에 전문 경영인의 의사 결정 또한 대단히 빠르다. 현안 문제가 발생하면 대부분 그 자리에서 검토되고 즉석에서 결정이 내려진다.

다시 말하지만 삼성전자의 황제경영은 오너나 계열 기업을 책임 맡고 있는 전문 경영인에게 역량이 있다면 곧 날개를 다는 격이 된다. 급속히 성장할 수가 있다. 반대로 오너나 계열 기업을 책임 맡고 있는 전문 경영인이 자칫 실책이라도 범하고 만다면, 한순간에 몰락할 수도 있는 리스크에 고스란히 노출되어 있다.

그럼에도 불구하고 삼성전자가 디지털 기술이라는 새로운 환경의 전장에서 승패의 분수령이 되는 속도전에서 앞서 갔을 뿐만 아니라, 안정적으로 제국을 이끌 수 있었던 건 지금까지 살펴본 '삼각편대' 경영이 있었기에 가능한 일이었다. SONY를 비롯한 일본의 전자 제조업체들이 빤히 알고 있으면서도 자신들은 결코 근육으로 키워갈 수 없었던, 초고속 성장 제국을 이끈 이건희의 공개된 비밀이 있었기 때문이다.

삼성전자의 힘은 이미 역사 속에서부터 움트고 있었다

일본 기업의 경영자는 대부분 자신의 후임자를 자신이 직접 결정하는 경우가 많다. 후임자에게 자신의 업무와 권한을 모두 넘겨주고, 자신은 후임자의 뒤에서 수렴청정하며 후임자의 활약을 지그시 지켜본다.

때문에 후임자와 전임자가 충돌하는 경우란 있을 수 없다. 동일한 방식의 닮은꼴이 되기 때문이다. 다시 말해 자신이 추구했던 방식을 계승하지 아니하고 부정하는 사람은 후임자가 될 수 없다는 얘기가 된다.

물론 가끔은 동일하게 닮지 않은 이가 후임자가 될 수도 있다. 그럴 땐 업무와 권한을 인수인계하는데 조금 시간이 걸린다. 지금껏 자신이 한 일이 무엇이며, 남은 일이 무엇인지 비교적 상세히 전달하기 때문이다. 말하자면 서로 닮는데 소요되는 시간이 그만큼 걸린다는 얘기다.

일본의 경영자는 이처럼 경영을 승계하는 연속성에 가장 중요한 방점을 두고 있다. 다소 시간이 걸리더라도 이 같은 연속성을 간과하는 일이란 있을 수 없다.

SONY의 전임자와 후임자들 역시 다르지 않았다. 1대 경영자인 천재 기술자 이부카 마사루는 모두가 예상한 것처럼 공동 창업자였던 천재 경영자 모리타 아키오를 2대 경영자로 점찍었다. 그런 뒤 2대 경영자 모리타 아키오를 뒤에서 적극 후원했다.

　　3대 경영자 오가 노리오 역시 SONY의 신형 테이프 레코더의 문제점을 이부카 마사루에게 설명하면서 제국과 첫 인연을 맺었다. 당시 음대생이었던 오가 노리오는 이부카 마사루에게 SONY 제품이 가지고 있는 기술적 문제점을 솔직하게 비판했고, 그의 재능을 확신한 모리타 아키오는 결국 자신의 후임자로 삼는데 주저하지 않았다. 모리타 아키오 역시 뒤에서 자신의 후임자를 적극 후원했다.

　　4대 경영자 이데이 노부유키는 그저 평범한 경제학도였다. 유럽에서 근무하다 일본으로 돌아온 이후 그가 맡은 가정용 컴퓨터 MSX 사업과 홈비디오 사업이 잇달아 실패하고 말았으나, 학자적 논리력과 타고난 설득력으로 오가 노리오를 매료시키면서 그의 후임자가 될 수 있었다. 오가 노리오 또한 경영자에서 물러난 이후 뒤에서 자신의 후임자인 이데이 노부유키를 적극 후원했다.

　　5대 경영자 하워드 스트링거는 다소 예상 밖의 후임자였다. 이데이 노부유키는 자신의 후임자로 SONY 사장 안도 구니다케와 부사장 구다라기켄 등 7명의 이사 가운데 한 명을 결정할 것으로 예상했으나, 당시 SONY의 위기 상황이 그걸 허락지 않았다.

결국 미국에서 CBS 기자와 프로듀서 생활을 하면서 에미상 등 다양한 수상 경력을 쌓은 영국계 미국인인 하워드 스트링거를 낙점하지 않으면 안 되었다.

예컨대 1대와 2대의 창업 회장을 제외하고 나면 이후의 후임 자는 주군에서 주군으로 승계되어 왔음을 알 수 있다. 일본의 기 업에서 흔히 목격할 수 있는 후계 구도이다.

삼성의 선대 회장 이병철 또한 자신의 후임자를 자신이 직접 결정했다. 후임자인 3남 이건희에게 자신의 업무와 권한을 넘겨 주고 자신은 후임자의 뒤에서 수렴청정하며 후임자의 활약을 지 그시 지켜보았다. 여기까지는 일본 기업의 경영자가 자신의 후 임자를 자신이 직접 결정하는 것과 별반 다르지 않은 모양새다.

그러나 자세히 들여다보면 크게 다르다는 걸 이내 알 수 있다. 우선 삼성의 후임자는 SONY와 같이 주군에서 주군으로의 승계 가 아니다. SONY가 1대와 2대의 창업 회장을 제외하면 나머지 모두가 주군에서 주군으로 승계되어 오늘에 이르고 있는데 반 해, 삼성은 오너에서 오너로의 승계가 이어져오고 있다.

또한 그런 주군에서 주군으로의 승계와 오너에서 오너로의 승 계가, 디지털 기술이라는 새로운 환경의 전장에서 과연 어떠한 결과를 초래했는지도 이미 앞에서 살펴본 그대로이다. 요컨대 SONY와 삼성전자가 제각기 무장한 자신들의 역량과 기술, 전 술과 노력에 상관없이 또 다른 조건과 보이지 않은 힘에 의해 결 국 두 제국 간의 승패가 엇갈렸음을 확인할 수 있게 하는 대목이다.

사실 이 꼭지는 애당초 플롯plot에 없던 것이다. 원고를 써오는 동안에도 줄곧 예상치 못한 부분이다.

한데 '주군경영의 SONY vs 황제경영의 삼성전자'를 쓸 때쯤 에야 비로소 불현듯 떠올랐다. 난공불락으로만 여겨지던 SONY 의 예상치 못한 참패와 기적이라고 밖엔 설명할 길이 없는 초고 속 성장 제국 삼성전자라는 양국의 기업을 애정 어린 눈길로 지 켜보아 오면서, 기업의 흥망성쇠 역시 그 끄트머리까지 다다르 다보면 결국에는 자원이나 기술력, 경영력을 넘어 과거의 역사 성까지 거슬러 올라가게 된다는 사실을 새삼 깨닫게 된 것이다.

앞의 후임자 결정 방식만 해도 그렇다. SONY는 경영의 연속 성에 무게를 두고 있으나, 삼성전자는 강력한 리더십에 무게를 둔 후계 구도이다. 주군과 오너라는 서로 다른 역사성을 보여준 다.

후임자의 다음 행보도 전혀 다르다. 주군의 후임자가 전임자를 고스란히 승계하는 반면에, 우리는 전임자를 반드시 뛰어넘지 않으면 안 된다.

제국의 미래를 위해서라면 전임자의 방식을 과감히 바꾸는 것 도 허용이 된다. 아니 전임자는 후임자에게 자신을 따르지 말고 과감히 바꾸어나갈 것을 기대한다.

따라서 후임자는 으레 전임자의 방식을 버리고 자신만의 새로 운 방식을 채택해간다. 일찍이 독일의 프랑크푸르트에서 이건희

가 선언한 '신경영'이 바로 그러한 예이다. 일본의 주군경영에
선 눈을 씻고 봐도 찾아볼 수 없는 풍경이다.

그렇다면 이런 질문을 품게 된다. 어찌 SONY는 그러한 역사
성을 갖게 되었으며, 삼성전자 또한 어찌 그 같은 역사성을 갖게
되었냐는 것이다.

앞에서 SONY는 전력 자원이 '고정'되어 있는 전술을 펴고,
삼성전자는 전력 자원을 '조정'하는 전술을 편다고 비교 분석한
바 있다. 질문의 단서는 바로 여기에 있다고 보아진다.

무엇보다 일본은 전력의 자원을 고정해도 좋을 그런 역사의 근
육을 키워왔던 게 사실이다. 그간 일본은 자신들의 역사 안에서
수많은 전쟁을 치러왔음에도, 바깥으로부터 외침을 받은 일이라
곤 없이 아주 오랫동안 평화를 누려왔다.

아니다. 일본의 역사에도 단 한 번 외침이 있기는 있었다.
1274년 몽고제국이 900척의 전함과 4만 명의 군사를 보내 일
본을 침략한 것이다. 몽고군은 쓰시마, 이키 섬을 거쳐서 큐슈의
하카다만에 상륙하여 일본 땅을 밟는다.

하지만 해양전을 치러본 적이 없는 몽고군은 현해탄을 건너기
가 힘겨웠고, 천신만고 끝에 육지에 상륙했으나 일본군의 거센
저항에 부딪혀 그만 패하고 만다. 1281년 2차 침략을 감행했지
만 결과는 다르지 않았다.

물론 일본에는 이따금 지진이나 쓰나미와 같은 자연재해가 없
는 건 어니지만, 인재 걱정이란 별로 없는 국가다. 더구나 태평

양전쟁에서 패배한 이후 평화헌법을 방패삼아 여태 평화롭게 살아오고 있다. 너무나도 평화로워서 '평화' 건망증에 빠져있는 나라이다.

오죽하면 일본에서는 초식남(초식동물처럼 온순하고 착한 남자)이라는 신조어까지 생겨났겠는가. 남성은 육식동물 계통이고 여성은 초식동물 계통이라는 오랜 통념을 깬, 초식동물화 된 남성이 그만큼 많아졌다는 현상이다.

그에 반해 우리가 살아온 땅 한반도는 예부터 태생의 지정학적 위치 때문에 유독 바깥으로부터 외침이 잦았다. 북쪽의 대륙에서 밀고 내려오는 난폭하기 짝이 없는 거센 정복의 압력은 참으로 불가항력의 압박이었다. 그런가하면 남쪽에서 바다를 건너 끊임없이 밀려오는 야망 또한 우리로서는 항거하기 힘든 잔인하기 이를 데 없는 폭력이었다.

하기는 지난 5천년의 시공을 살아오는 동안에 우리가 이민족으로부터 크고 작은 외침을 받은 것만도 도합 1,000여 차례에 이른다. 5년 만에 한 번 꼴이다. 단 한 번의 외침이 있었을 뿐인 일본과 도합 1,000여 차례나 외침이 있었던 우리의 역사가 결코 다를 수밖에 없는 분명한 근거다.

여북했으면 '우리의 역사는 곧 외침의 역사였다' 라고 자조했겠는가. 작히나 하였으면 '우리 민족은 난리 속에서 태어나 난리 속에서 생을 마친다' 고 회자하였겠는가.

이처럼 우리는 북쪽의 대륙과 남쪽의 바다 건너에서 끊임없이 밀려드는 정복과 야망을 꺾기에 바빴고, 따라서 한때도 안심하고 산 날이 드물었다. 때문에 우리의 역사란 순전히 외침의 억압 속에서 이루어진, '불안과 위험 속에서 살아온 역사'였다라고 정의할 수밖에 없다.

더욱이 우리에겐 '불안과 위험 속에서 살아온 역사'가 비단 지난 과거 만이 아닌 현재에도 진행형이라는 점이다. 서울에서 자동차로 불과 한 시간 반 거리에 휴전선을 두고 있다.

한데 지척 거리에 있는 휴전선엔 이름 모를 철새들만이 한가로운 것이 아니다. 불과 한 시간 반 거리에 자리한 서울의 평화로운 모습과는 사뭇 다른 모습이다.

지구상에서 군사 밀집도가 가장 높은 분쟁 지역으로, 남쪽과 북쪽이 서로 총부리를 겨누고 있다. 북한군의 침략을 막기 위한 수많은 탱크부대와 미사일 기지가 촘촘히 요새화되어 있을 뿐더러, 금방이라도 전쟁이 벌어질 것만 같은 일촉즉발의 긴장감은 '평화' 건망증에 빠져있는 일본의 초식남들에겐 죽었다 깨어나도 실감할 수 없는 풍경이다.

때문에 한국의 남자라면 누구나 젊은 날에 으레 군복무를 하게 된다. 군복무의 경험은 알게 모르게 훗날 기업에 몸을 담았을 적에도 일정하게 영향을 미친다. 기업 조직에 들어오기 전에 이미 군복무 동안의 조직을 통해서 오너와 임원, 중간 관리자와 평사원의 위치와 역할, 미션 분담을 뼛속 깊이 학습케 된다는 얘기다. 우리 기업을 일컬어 전술과 전략이 상대적으로 뚜렷이 존재한다는 평가도 바로 여기서 기인한다.

따라서 우리에겐 상의하달 방식이 몸에 깊숙이 배어 있다. 위기와 불안의 상황에 따라 신속하게 의사 결정을 내릴 수 있으며, 의사 결정에 따라 일사불란하게 움직일 수가 있는 방식이다. 한국에서 아직도 유효한 '빨리빨리' 문화가 어느 날 갑자기 생겨난 것이 아니라는 사실이다.

우리가 애써 전력의 자원을 한사코 조정하지 않으면 안 되는 이유도 여기에 있다. 누구도 부인할 수 없는, 우리만이 키워온 역사의 근육이 아닐 수 없다.

아울러 이처럼 판이하게 서로 다른 역사성이 앞서 언급한 것처럼 경영자의 후임자 결정에서 전혀 다른 선택을, 예컨대 경영의 영속성과 강력한 리더십으로, 다시 전력 자원의 고정과 전력 자원의 조정으로, 또한 평화 건망증에 빠져 있는 초식남과 개인주의가 강한데도 일사불란하게 움직이는 놀라운 실행력으로, 자신들의 동력이자 곧 한계와도 같은 서로 다른 경영문법을 낳기에 이르렀다. 또한 그 같은 경영문법으로 말미암아 난공불락으로만 여겨지던 SONY와 뒤쫓던 삼성전자 간의 승패에도 어떤 식으로든 영향을 끼쳤을 것이라는 얘기다.

적과 싸워서 이기는 길이란, 비단 병력의 숫자나 무기 체제의 우열에만 있는 것은 결코 아니다. 전승의 요체란 군사의 또 다른 전력, 예컨대 정신이랄지, 혹은 역사성까지도 충분히 고려해봐야 한다는 점이다. 초고속 성장 제국 삼성전자의 힘은 이미 과거의 역사 속에서부터 학습되고, 단련되어, 움트고 있었다는 얘기도 딴은 그 같은 연유에서다.

제 5 부

마인드맵으로 본 이건희

1. 초고속 성장 제국의 이건희
요약하기 톺아보기

이건희 요약하기. 이런 '학습'이 있었다

1987년 11월, 삼성을 창업한 선대 회장 이병철이 영면했다. 그리고 고인의 뜻에 따라 3남 이건희가 2대 회장으로 추대되었다.

며칠 뒤 이건희는 아버지 이병철이 사용하던 자신의 새 집무실(태평로 본관 28층)로 향했다. 아버지 이병철의 체취가 짙게 배어 있는 집기들을 정리하고 자신이 사용할 집기들을 채워 넣은 이건희는, 아버지 이병철이 남긴 휘호 한 점을 한쪽 벽에 걸었다. '傾聽경청'이라고 쓴 두 글자였다.

이건희는 그 휘호를 보면서 문득 20여 전의 기억이 떠올랐다. 1968년 미국에서 유학을 마치고 돌아와 그룹에 첫 발을 들여놓

앉을 때였다. 회장 비서실의 견습 사원으로 첫 출근을 하던 날이었다.

아버지 이병철이 첫 출근을 한 이건희를 자신의 집무실로 불러들였다. 그리곤 책상 위에 한지를 펼쳐놓고 조용히 먹을 갈았다. 복잡다단한 그룹을 이끌어가면서 틈틈이 망중한으로 잡곤 하던 붓질이었다.

아버지 이병철은 그렇게 먹을 갈고 붓을 잡으면 온 정신이 붓끝에 집중되고 숙연해진다고 했다. 특별한 서체도 아닌 어중간한 서체였지만, 무심히 그은 1획, 1점의 운필이 마음에 쏙 들었을 때의 희열이란 이루 형언할 수 없는 것이라고 덧붙였다.

하지만 그 날은 여느 날과 좀 달랐다. 아버지 이병철에게도, 그룹에 첫발을 들여놓은 젊은 아들 이건희에게도 특별한 날일 것만 같았다.

아버지 이병철은 특별한 날일 것만 같은 순간을 기념하기라도 하듯이 조용히 붓을 들었다. 새하얀 한지 위에 집중되고 숙연해지는 1획, 1획을 운필해나가 이윽고 두 글자를 써냈다. 두 글자는 곧 '傾聽'이었다. 그런 다음 낙관을 꼭 눌러 찍었다.

이건희는 한동안 그 날의 순간 속에 빠져있었다. 아버지 이병철이 붓을 들어 쓴 두 글자를 새삼 바라보았다.

경청이란 곧 귀를 기울여 들음이란 뜻이다. 바꿔 말해 상대에게 배움을 찾으라는 얘기다.

그건 마치 그룹에 첫 발을 들여놓은 젊은 아들에게, 또한 이제 새로이 그룹을 이끌어나갈 후계자가 된 자신에게 남긴 아버지 이병철의 유명 같기만 했다. 그 순간 이건희는 경청이란 두 글자를 가슴 속에 깊숙이 새겨 넣었을 것이다.

그리고 이후의 행보는 앞서 이미 살펴본 그대로다. 대략 요약해보면 다음과 같은 식이었다.

① 1987년 12월 1일, 이건희는 그룹의 2대 회장으로 취임한다. 세계 초일류기업으로 가는 '제2의 창업'을 선언했지만, 누구도 귀기울여주지 않는다.

새로이 그룹 총수가 된 이건희에겐 당장 두 가지 숙제가 주어졌다. 첫째는 아직 다 해결되지 않은 형제간의 재산 분할이 그것이고, 둘째는 아버지 이병철의 수족이 되어 그룹을 이끌어온 이른바 삼성 '성골'의 내부 반발 기류였다. 지난 반세기여 동안 모두에게 익숙하고 굳어져 근육이 되어버린 체질 개선이었다.

그렇다고 사전 준비도 없이 섣불리 칼자루를 휘두를 수도 없는 일이었다. 때문에 이건희는 취임 이후 대기업 총수 가운데 가장 조용한 나날로 일컬어지는 혼자만의 '기나긴 사색'에 들어가게 되면서 은둔의 황제를 비롯하여 갖가지 무성한 소문에 휩싸인다.

② 이윽고 형제간의 재산 분할 문제가 해결된다. 1991년 여름, 차남 이창희가 미국 LA에서 백혈병으로 사망한 것을 계기로 형제간의 재산 분할 문제가 완료되면서 '이건희 시대'가 전개된다.

③마침내 '기나긴 사색'의 장고를 끝내고 이건희가 그룹경영에 복귀한다. 그리고 그가 말한 첫 일성은 '위기'였다. 그러면서 회장 비서실의 인사를 전격 단행하면서, 무사안일주의에 빠져 있는 삼성을 뒤흔들어 깨우기 시작한다.

④1993년 6월, 독일의 프랑크푸르트에서 '마누라 자식 빼고 다 바꾸자'는 '신경영'을 선언한다. 이후 삼성이 가장 먼저 실천에 들어간 작업은 다름 아닌 세계 초일류 기업에 대한 벤치마킹이었다. 국내 1위의 안주에서 벗어나 세계 속의 삼성을 건설해나가기 위해 초일류 기업에서 배우자였다.

사실 삼성에게 벤치마킹은 결코 낯선 선택이 아니었다. 이미 선대 회장 이병철 때부터 삼성이 도약할 때마다 사용해온 남다른 도구였다.

하지만 이번에는 선대 회장 때와 같이 비단 일본에만 한정시키지 않았다. 일본을 넘어 미국 등지의 세계 초일류 기업이 총망라된, 일찍이 그 유례를 찾아볼 수 없는 대대적이고 전폭적인 벤치마킹이었다.

이윽고 2년여의 작업 끝에 전자, 중공업, 섬유 등의 산업부문에서부터 마케팅, 재고관리, 고객서비스, 생산 및 작업관리, 구매 및 조달, 품질관리, 판매관리, 물류시스템, 신제품 개발 등의 경영 기법에 이르기까지 각 분야의 세계 초일류 기업이 선정되었다.

⑤그렇듯 체력을 강화하고 의식을 개혁해나간 삼성은 더 강해

졌다. 그 다음부터 월드베스트 '삼성 신화'를 써나가기 시작한
다.

먼저 D램 반도체 세계 1위의 도시바를 겪으면서 첫 정상을 밟
는 기염을 토했다. 이어 액정화면 세계 1위 샤프를 꺾었다. 오래
지 않아 LCD-TV 세계 1위 샤프를 연거푸 꺾은데 이어, 마침내
디지털 기술의 총아로 일컬어지는 스마트폰마저 세계 정상을 밟
았다. 그동안 오랜 세월 난공불락으로 여겨졌던 일본의 국가대
표 SONY마저 침몰시키고 말면서, 역사 이래 '명량 대첩'의 이
순신에 이은 두 번째 인물로 청사에 길이 적바림할 수 있게 되었
다.

요컨대 ①그룹의 2대 회장 취임 → ②형제간의 재산 분할 문제
완료 → ③기나긴 사색의 장고 끝에 돌아와 '위기'를 말함 → ④
프랑크푸르트에서의 '신경영 선언' 이후 세계 초일류기업의 벤
치마킹에 돌입 → ⑤이윽고 세계 1위의 고지를 차례대로 밟아나
가 마침내 난공불락의 SONY마저 함락시키고 말면서, 세계 최
강의 전자제국으로 발돋움하다가 키워드로 본 이건희의 요약하
기다.

한데 키워드를 요약하면 마지막까지 남는 것은 ④의 벤치마킹
이었다. 세계초일류 기업으로부터 벤치마킹을 통해 배우자는 부
분이 단연 눈길을 사로잡는다.

하기는 바이블에 쓰여 있는 것처럼 '태초에 말씀이 있었다'면,
삼성엔 먼저 '교육이 있었다'라고 말할 수 있다. 이미 1987년

그의 2대 회장 취임사(1987)에서부터 '인재 교육으로 세계 초일류기업을 성장시켜가자'는 교육이란 어휘가 벌써 등장하고 있다.

1993년 잇따른 해외 전략회의에서 그는 일본의 역사를 알기 위해 45분짜리 비디오테이프 45개를 수십 번 봤다고 털어놓은 것도 그러하며, 선진 기업의 제품들과 비교 전시 또한 다르지 않았다. 임원들에게 유럽의 고급문화를 직접 접해보라는 임시 휴가도 그렇고, 밀라노 세계 가구박람회에 참석해 0.6초의 디자인 경영이며, 7~4제에 이르기까지 그 속내를 들여다보면 모두가 배우자는 교육이란 한 단어로 모아진다.

결국 더 강해지기 위해선 교육이 무엇보다 앞에 있어야 하는 것임을 보여주었다. 그것은 삼성에 첫 발을 들여놓은 날 아버지 이병철이 써준 '경청' 곧 귀를 기울여 상대에게 배움을 찾는 것이었다.

결국 이건희의 담대한 리더십엔 더 강해지기 위해 초일류기업으로부터 배우고學, 그리고 '신경영'으로 스스로 몸에 익히는習, '학습'이 먼저 있었다는 것이다.

이건희 톺아보기, 반도체라는 '예안'이 있었다

이건희의 담대한 리더십에서 '학습'이 곧 불길이었다고 한다면, '반도체'는 곧 폭약이었다. 삼성에 빅뱅을 일으켜 제국이 되게 한 건 다름 아닌 반도체였던 것이다.

한데 그가 맨 처음으로 그걸 보았다. 지금껏 누구도 보지 못했거나, 아직 알려지지 않은 걸 찾아냈다. 반도체를 발견한 것이다.

우연이 눈에 띄었는지도 모른다. 아니 단순히 발견하는데 그치지 아니하고 전략적 사고로 그 내면의 대답까지 관통했을 수도 있다.

어쨌든 중요한 건 어떤 한 분야에 몰두해 있을 때 거기에 비로소 행운이 날아든다는 점이다. 이건희의 반도체 발견도 그와 같았다. 그때는 미처 몰랐겠지만 자신에게는 물론이고 제국의 미래를 위해서는 신의 한수였다.

오늘날 이건희의 담대한 리더십을 이야기할 때 결코 삼성전자를 빼놓을 수 없다. 마찬가지로 삼성전자를 이야기할 때 응당 반도체를 빼놓고서 따로 이야기할 수가 없다.

반도체는 오늘날의 삼성전자에게 있어서나, 제국에게 있어 그만큼 절대 비중을 차지하는 까닭이다. 반도체야말로 초고속 성장 제국 삼성전자의 역사가 다름 아니며, 이건희의 신화와도 그대로 오버랩 된다.

물론 앞에서 얘기한대로 반도체를 언제 어떻게 처음 발견했는지는 정확히 확인할 수 없다. 다만 반도체를 처음으로 주목하고 발견한 이는 이건희였다는 사실이다.

　일찍이 중앙일보·동양방송의 이사로 경영수업이 한창이었을 때 지구촌의 새로운 정보를 상대적으로 많이 접하게 되면서 가장 먼저 눈에 띄었을 것으로 짐작된다. 예의 어린 시절 신기한 장난감 속에 파묻혀 살았던 그의 눈에 그만 꽂혀들었을 것으로 추측된다.

　그리고 그 날 이후 곧잘 혼자 골똘히 생각에 잠기는 그를 온통 지배했을 것으로 믿어진다. 주변의 만류에도 불구하고 1974년 파산 위기에 직면한 '한국반도체'를 인수한 것만 보아도 알 수 있는 일이다. 그때 그의 나이 32살이었다. 이건희의 얘기를 들어보기로 하자.

　'…1973년에 불어 닥친 오일 쇼크에 큰 충격을 받은 이후, 그동안 내 나름대로 한국은 부가가치가 높은 첨단 하이테크산업으로 진출해야 한다는 확신을 가졌다. 1974년 마침 한국반도체라는 회사가 파산에 직면했다는 소식을 들었다. 무엇보다도 반도체라는 이름에 끌렸다. 산업을 물색하면서 반도체 사업을 염두에 두고 있던 중이었다.'

　이건희는 아버지 이병철에게 한국반도체를 인수하자고 건의했다. 그러나 아버지 이병철은 고개를 가로저었다. 반도체산업의 사업 전망을 제대로 인식하지 못했을 수도 있고, 아니면 한국반도체라는 회사가 반도체산업의 교두보로 삼기에는 적당한 회사가 아니라고 판단했을 수도 있다.

결국 이건희는 아버지 이병철의 도움 없이 반도체사업에 투신해야 했다.

자신의 판단만으로 한국반도체의 한국 측 지분 50%를 인수하고 나섰다.

삼성전자가 출범한지 꼭이 5년째가 되던 시점이었다. 우여곡절 끝에 출범하여 시판용 흑백텔레비전을 내놓은데 이어, 이제 막 냉장고와 세탁기를 개발 생산하기 시작하면서 종합전자회사로 발돋움해 가고 있을 즈음이었다.

사실 이런 일련의 발견과 결정은 매우 중요한 의미를 갖는다. 이건희는 이때 이미 중앙일보·동양방송, 동방생명(지금의 삼성생명), 중앙개발을 실제 소유하고 있었다.

하지만 3개 기업 모두 아버지 이병철로부터 물려받은 것이다. 그에 반해 반도체는 자신이 스스로 발견하고 선택한 생애 첫 사업이었다.

한데 한국반도체를 실제로 조사해보곤 실망이 컸다. 이름만 반도체이지 겨우 트랜지스터나 만드는 수준이었다. 언제 LSI(대규모 직접 회로), VLSI(초대형 직접 회로)를 만들 수 있을지 알 수 없었고, 더구나 한미 합작이어서 인수한다하더라도 여러 제약이 많을 것으로 예상됐다.

인수하는 데까지 상당히 고민이 컸으나 결국 용단을 내려야 했다. 전자산업 뿐만 아니라 자동차, 항공기 등의 분야에서 핵심 부품인 반도체 기술 없이는 불가능한데다, 한국반도체를 종자種子로 국내 하이테크산업에 발판을 마련할 수 있을 것 같았기 때문이다.

그러나 짐작한대로 반도체의 사업 초기는 순전히 기술 확보 싸움이었다. 선진국에서 기술을 들여와야 하는데 그것이 쉽지 않았다. 오일 쇼크 여파로 각국이 기술보호주의를 내세우고 있었고, 특히 미국은 일본의 산업스파이가 반도체 기술을 훔쳐갔다며 우리에게까지 노골적으로 적대감을 드러내고 있는 형편이었다.

더구나 신진국과 기술 격차가 크고 막대한 소요 자금이며, 라이프 사이클이 짧은데 따르는 위험성, 전문 인력 부족 등은 확신이 없이는 결코 넘지 못 할 산이었다. 그 같은 사면초가의 상황에서 벗어나려면 어떻게 해서든 기술을 확보하는 것이 선결 과제였다.

결국 일본에 대한 경험이 많은 이건희가 나섰다. 반도체 공장과 일본을 오가며 기술 확보에 매달렸다. 거의 매주 일본으로 날아가서 반도체 기술자를 만나 그들로부터 조금이라도 도움이 될 만한 것이라면 배우려고 노력했다. 지금 와서 하는 얘기이지만 그때 일본 기술자를 그 회사 몰래 토요일에 데려와서 우리 기술자들에게 밤새워 기술을 가르치게 하고, 일요일에 보낸 적도 많았다.

그런 노력 끝에 '81년 초 컬러TV용 색色 신호 IC를 개발할 수 있었다. 그것은 곧 트랜지스터나 만들던 기술 수준을 한 차원 올려놓은 것으로, VLSI 기술 개발의 발판을 마련할 수 있게 된 것이다.

처음에는 반도체 사업 진출에 주저하던 아버지 이병철도 마침내는 관심을 보여 적극 지원하기 시작했다. '82년에 27억 원을 들여 반도체연구소를 건립했고, 이듬해엔 반도체 사업 진출을 공식 선언했다. 구멍가게 같은 공장에서 개인 사업으로 시작한 반도체가 10년 만에 삼성의 미래 핵심사업의 하나로 인정받게 된 것이다.

하늘은 스스로 돕는 자를 돕는다고 했다. 1974년 파산 위기에 처한 한국반도체를 인수하여 오직 뚝심 하나로 이끌어온 지 무려 20여년 만에 비로소 하늘마저 응답하고 나섰다.

오랜 기다림 끝에 1990년대 중반 디지털 환경의 변혁으로 새로운 전장이 구축되기 시작했다. 아랄로그 기술이라는 환경의 전장에서는 도저히 근접조차 할 수 없었던 철옹성마저 도전해볼 수 있는 기회가 마침내 주어진 것이다.

성공의 필수 요소라는 뜻밖의 행운도 따라주었다. 앞에서 살펴본 대로 반도체는 원래 미국이 원천 기술 보유국이었다.

한데 도시바, 히타치, NEC, 미쓰비시 등 일본의 반도체 제조업체들이 과감한 설비 투자를 쏟아 부으면서 몰라보게 힘을 길렀다. 그리고 1986년 드디어 생산량에서 미국을 제치고 세계 1위에 올라섰다.

1위 자리를 일본에 빼앗기고만 미국은 리턴매치의 기회조차 갖지 못했다. 때마침 불황이 미국 전역을 휩쓸면서 돌이킬 수 없는 비참한 상황을 맞이한 것이다.

D램의 최강 인텔이 결국 손을 들었다. 메모리 반도체 D램의 세계 최강이었던 인텔이 공장 6개를 폐쇄하면서 끝내 D램 사업에서 손을 뗐다.

인텔뿐만이 아니었다. 같은 처지에 놓여 있던 미국의 D램 주력 기업들이 일본의 공세를 이겨내지 못하고 줄줄이 폐업에 들어갔다.

미국의 8개 D램 주력 기업 가운데 살아남은 건 단 2개 사뿐이었다. 삼성전자에게 D램 기술을 전수한 마이크론과 텍사스 인스트루먼트였다.

미국도 손을 놓고 있지만은 않았다. 일본에게 빼앗긴 D램의 영토를 되찾아오기 위해 갖은 노력을 다했다.

하지만 당시 '강한 미국의 부활'을 외쳤던 레이건 대통령이 취할 수 있는 선택은 그리 많지 않았다. 미국의 전략은 일본에 정치적 압력을 가하는 정도였다.

그런 결과 같은 해 미국과 일본 사이에 반도체 협정이 맺어진다. 일본 정부는 일본 시장에서의 해외 반도체 구입 확대를 장려

한다는 것과, D램은 미국 상무부가 정한 가격의 범위 안에서만 판매한다는 내용이었다.

일본 정부는 일단 미국의 비위를 건드리지 않는 전략으로 나왔다. 자국 내 D램 제조업체들의 생산량을 규제하여, 생산 과다에 따른 가격 저하로 미국과 맺은 협정에 저촉되지 않도록 감시했다.

일본의 D램 제조업체들도 마지못해 따를 수밖엔 없었다. 설비 투자를 축소하고 생산 조정에 들어갈 수밖에 없었다. 가까스로 세계 1위 자리에 올라섰던 일본의 D램 제조업체들로선 우울한 계절이었다.

한데 오래지 않아 예상치 못한 일이 일어났다. 1987년 불황의 늪에 빠져있던 미국의 경제가 살아나면서, D램의 수요가 생산량 규제를 넘어서는 호황을 불러오기 시작했다.

시장도 예전의 모습이 아니었다. 메모리 반도체가 어느새 1메가 D램 중심으로 커져있었던 것이다.

이때 단연 선두 주자로 치고 나온 D램 제조업체가 도시바였다. 비법이란 딴 게 아니었다.

일본에는 전통적으로 '기술신앙'이란 믿음이 있다. 기술이 좋으면 경쟁에서 이길 수 있다고 생각하거나, 기술만 좋으면 어떻게든 우위를 선점할 수 있다고 믿는 기술주의다.

도시바가 바로 그 같은 기술신앙을 충실히 따른 것이다. 불경기 속에서도 'W작전'이란 이름 아래 꾸준하고 적극적으로 차세대 1메가 D램 설비 투자에 나섰던 게 그만 적중한 것이다.

더구나 행운까지 곱절로 겹쳐 왔다. 1메가 D램이 높은 가격대를 유지하면서 선두로 치고 나온 도시바 등은 그야말로 주체할 수 없는 막대한 이익을 거둬들이게 되었다.

이렇게 되면서 메모리 반도체 D램은 미국에서 일본으로 완전히 넘어가 굳어지고 말았다. 이제 일본의 내부에서 과연 누가 세계 최강이 되느냐 하는 문제만이 남아있을 뿐이었다.

그러면서 일본의 D램 제조업체들은 선두 주자로 치고 나온 도시바를 주목했다. 저마다 그들은 도시바의 길을 따라가는데 주저하지 않았다. 최첨단 제품으로의 선행 투자로 두 번째 막대한 이익을 올릴 작전에만 돌입하고 있었다.

이때까지만 하여도 삼성전자의 존재는 그리 두드러져 보이지 않았다. 일본의 D램 제조업체들을 힐긋힐긋 곁눈질해가며 독자적으로 생산의 확대를 지속시켜 나간 결과, 1메가 D램이 호황을 누릴 때 어느 정도 혜택을 본 것도 사실이긴 하다.

하지만 이때까지도 삼성전자의 D램 생산량은 보잘 것이 없었다. 일본 D램 제조업체 각 회사와 비교해보았을 때 고작 30% 수준에 불과했다.

일본의 D램 제조업체들이 그런 삼성전자를 얕잡아볼 만도 했다. 어느 누구도 경쟁상대로 눈여겨보지 않았던 것이다.

그러나 삼성전자를 눈여겨보지 않고 얕잡아본 건 커다란 잘못이었다. 일본의 D램 제조업체들은 그만 돌이킬 수 없는 실책을 범하고 만 것이다.

그들의 관심사는 오직 한 곳에 모아져 있었다. 때마침 호황을 부른 1메가 D램으로 제각기 막대한 이익을 쓸어 담은 일본의 반도체 제조업체들은, 다음에 다가올 두 번째 행운을 붙잡기 위해 혈안이 되어 있었다. 차세대 4메가 D램 시장이었다.

그건 벌써 기술신앙으로 이미 저마다 확인한 터였다. W작전이라는 최첨단 제품으로의 선행 투자로 선두 주자가 될 수 있었던 도시바의 비법이기도 했다.

때문에 일본의 반도체 제조업체들은 하나같이 막대한 설비 투자를 해놓고서 오매불망 4메가 D램의 수요 확대만을 기다렸다. 그들은 같은 문법으로 또다시 대박을 터뜨릴 두 번째 행운을 기대하고 있었던 것이다.

하지만 기술이 뛰어나다고 해서 꼭이 싸움에서 다 승리할 수는 없다. 기술은 다소 뒤지더라도 전술이 뛰어나다면 싸움의 양상은 얼마든지 달라질 수가 있다. 더구나 예기치 않은 불운까지 겹친다면 싸움의 결과는 누구도 예측할 수 없는 미궁 속으로 빠져들기 마련이다.

일본의 반도체 제조업체들은 일단 만반의 준비를 끝냈다. 1메가 D램으로 쓸어 담은 막대한 이익을 오로지 4메가 D램 개발과 생산에 아낌없이 쏟아 부었다. 이제는 4메가 D램을 찾는 시장의 수요만을 기다리고 있었다.

한데 그들이 오매불망 기다리던 두 번째 행운은 끝내 오지 않앉다. 일본 반도체 제조업체들의 간절한 소망에도 불구하고 4메가 D램의 수요 확대는 자꾸만 뒷걸음질 쳤다.

결국 일본의 반도체 제조업체들은 시장의 장기 침체를 견뎌내지 못할 지경에 처했다. 가격의 안정을 위해 생산 감축에 들어갈 수밖에 없었던 것이다.

결정적인 실책은 바로 이 시점에서 불거졌다. 일본의 반도체 제조업체들이 자기 발등에 도끼를 내려치고 마는 순간이었다.

그들은 차세대 4메가 D램을 구축하면서 이미 구세대 제품이 되고 만 1메가 D램의 수요는 끝났다고 판단했다. 대부분 1메가 D램의 생산을 축소시키거나 폐지시켜 놓은 상태였다. 한 발 앞선 최첨단 제품이 막대한 이익을 가져다준 기술신앙의 경험에 따르면 결코 틀린 문법만도 아니었다.

따라서 일본의 반도체 제조업체들은 저마다 1메가 D램의 생산 설비를 줄이거나 폐지시키고, 차세대 4메가 D램에만 주력하고 있었다. 이제는 축포를 터뜨릴 순간만을 기다리고 있었던 것이다.

그러나 조조가 자기 꾀에 넘어간다고, 현실을 외면한 채 병법만을 탐한 결과는 엉뚱하게 나타났다. 일본의 반도체 제조업체들이 목이 빠져라 기다리던 두 번째 행운이 정말 도래하긴 하였으나, 첫 번째 행운과는 전연 다른 풍경으로 돌아왔다.

그리고 그 두 번째 행운은 전혀 예기치 않은 곳으로 튀었다. 자신들 가운데 누가 아닌, 아무도 예상치 못한 삼성전자에게로 돌아가고 말았다.

그러니까 1992년 후반기라면 미국과 일본의 시장이 거품경제의 붕괴를 뼈저리게 체험한 직후였다. 값비싼 최첨단 제품인 4메가 D램보다 값이 싸고 실용적인 1메가 D램으로 수요 확대가 옮겨가고 있었던 것이다.

승부는 여기서 엇갈리고 말았다. 삼성전자가 때 아닌 횡재를 누리는 가운데 생산력이 없는 일본의 4메가 D램 제조업체들은 그저 강 건너 불구경이나 할 수 밖에는 없었다.

그동안 누구도 눈여겨보지 않았던, 이건희의 초고속 성장 제국 삼성전자는 같은 해 결국 일본의 반도체 제조업체들로부터 세계 정상의 자리를 넘겨받았다. 일찍이 중앙일보 · 동양방송 이사로 한창 경영수업을 쌓고 있을 때인 1974년 파산 위기에 직면한 '한국반도체'를 인수하면서, 누구도 눈여겨 보지 않았지만 그룹의 미래 성장 동력으로 점쳤던 이건희의 남다른 혜안이 그 진가를 드러내는 순간이었다.

더구나 삼성전자는 1메가 D램으로 첫 세계 정상을 밟은 이래 이후 한 번도 정상을 놓치지 않는 치밀함을 보여주고 있다. 뿐만 아니라 디지털 기술이라는 새로운 환경의 전장에서 반도체 1위의 파워를 앞세워 핵정화면으로, LCD-TV로, 스마트폰이라는 고지를 착실히 공략해 나갔다.

마침내 일본이 자랑하는 세계 최강의 전자기업들을 차례대로 정복하는 새로운 역사를 청조해내었다. 그리고 마지막에는 지난 반세기여 동안이나 난공불락으로 불리던 SONY마저 함락시키고 말면서, 세계 최강의 초고속 성장 재국을 이루어냈다. 결국 이건희의 톺아보기에는 이 같은 반도체라는 그만의 혜안이 있었던 것이다.

2. 마인드맵으로 본 초고속 성장 제국의 이건희

출생
1942년 이병철의
3남으로 태어남

외톨이
어릴 적부터 말 수가
적은 외톨이로 자람

유학
초등학교 5학년 때
일본 유학
영화에 빠져
1,300여 편을 봄

교육
서울사대부고, 와세다대학
상학부, 조지워싱턴대학원
MBA

삼성 입사
26살 때 회장 비서실 근무
28살 때 동양방송 · 중앙일보
이사

경영자관
스피드경영 및 기회
선점의 경영

전술
대담무쌍하고 기상
천외한 전력 구사

경영철학
경영자는 종합예술가
이면서, 기술을 이해
해야 함. 전천후인간

핵심 역량
기술에 정통한 스페셜
리스트형

리더십
담대한 톱다운 방식

경영 목표
월드베스트

목표 지향
세계 초일류기업

삼성 부회장
37살 때 삼성 부회장으로
후계자에 지목됨

반도체
32살 때 반도체
사업을 시작

시련
41살 때 석유공사
인수전 실패 후
미국을 방랑하다

2대 회장
45살 때 선대 회장
이병철 사망,
2대 회장으로 취임

제2창업 선언
46살 때 제2의 창업을
선언하다

신경영 선언
독일 프랑크푸르트에서
질 위주의 신경영을
선언하다

집무실
승지원 및 저택 지하의
'코쿤의 성'

저서
생각 좀 하며 세상을 보자

어학
한국어, 일어 및 영어

경영스타일
월드베스트, 집중
특화, T자형 인재중시

애독서
한비자, 삼국지, 논어,
파워시프트(엘빈토플로)

구독 잡지
니케이 비즈니스, trigger,
주간 다이아몬드, 포브스,
아트 인 아시아, 개 관련 잡지

취미
독서, 영화, 골프,
다큐멘터리 시청

특기
깊은 사색, 기계 분해 조립

흠모하는 인물
도쿠가와 이에야스

좋아하는 음식
김치찌개, 라면

언론 노출
운둔의 경영자, 은둔 황제
답게 언론 노출을 매우 싫어함
공공 장소에서의
취재에 좀처럼 응하지 않음

자녀
아들 이재용, 딸 이부진,
이서현, 이윤형

■ 참고문헌 및 웹사이트

〈호암자전〉, 1986, 이병철, 중앙일보사

〈호암의 경영철학〉, 1989, 삼성경제연구소

〈호암 이병철연구〉, 1990, 경영사학회

〈이병철 사상과 철학〉, 1978, 이원수, 경영아카데미

〈이병철회장 그는 누구인가〉, 1983, 이원수, 자유문학사

〈거탑의 내막-삼성편〉, 1982, 손광식 외, 경향신문사

〈이병철〉, 1984, 권요현, 동성문화사

〈실록소설-이병철〉, 1985, 전범성, 서문당

〈이병철〉, 1986, 김교식, 삼성문화사

〈삼성그룹 이병철〉, 1986, 김교식, 율곡문화사

〈이병철과 삼성왕국〉, 1988, 손충무, 화음

〈생각 좀 하며 세상을 보자〉, 1997, 이건희, 동아일보사

〈묻어둔 이야기〉, 1993, 이맹희, 청산

〈하고 싶은 이야기〉, 1993, 이맹희, 청산

〈삼성60년사〉 및 〈삼성전자 30년사〉

〈유민 홍진기 전기〉, 1993, 유민홍진기전기간행위원회, 중앙일보사

〈재계회고, 이병철〉, 1981, 이병철, 한국일보사

〈재벌과 정치〉, 1982, 박병윤, 한국양서

〈재벌〉, 1991, 강철규 외, 비봉출판사

〈전경련 30년사〉, 1991, 전국경제인연합회

〈한국재벌연구〉, 1994, 조동성, 매일경제

〈마누라 자식 빼고 다 바꾸라〉, 1993, 박원배, 청맥

〈재벌 총수들의 젊은 시절〉, 1993, 한유림, 유정

〈외발자전거는 넘어지지 않는다〉, 1995, 한상복, 하늘출판사

〈삼성전자 그 신화와 비결〉, 1996, 강진구, 고려원

〈이병철회장을 추모한다〉, 1996, 심명기 외, 미네르바기획

〈삼성비서실〉, 1997, 박세록, 미네르바기획

〈이건희, 개혁을 강조한 재벌 총수의 보수적 숙명〉, 1997, 강유원, 삼인

〈삼성 신화는 없다〉, 1995, 유순하, 고려원

〈삼성의 새로운 위기〉, 1996, 유순하, 계몽사

〈한국의 기업가〉, 2003, 박상하, 품질경영

〈이병철과의 대화〉, 2007, 박상하, 이롬미디어,
〈이건희시대〉, 2005, 강준만, 인물과 사상사
〈이건희〉, 2003, 홍하상, 한국경제신문
〈삼성처럼 경영하라〉, 2004, 이채윤, 열매출판사
〈이건희 개혁 10년〉, 2003, 김성홍 외 , 김영사
〈이제는 바꿔야 산다, 이건희 이야기〉, 1993, 강승구, 미래미디어
〈이건희, 21세기 신경영노트〉, 2006, 이채윤, 행복한 마음
〈삼성vs 소니〉, 2006, 김병욱, 서울미디어
〈이건희의 인재공장〉, 2007, 신현만, 새빛
〈이건희, 세계의 인재를 구하다〉, 2006, 홍하상, 북폴리오
〈삼성이 두렵다〉, 2006, 기타오카 도시아키, 정서명 역, 책보출판
〈소니 침몰〉, 2007, 미야자키, 타쿠마, 북쇼컴퍼니
〈한국사회, 삼성을 묻는다〉, 2008, 조돈문 외, 후마니타스
〈이건희 스토리〉, 2010, 이경식, 휴먼앤북스
〈삼성과 소니〉, 2008, 장세진, 살림출판
〈삼성&토요타 창조경영〉, 정철화, 무한
〈100년을 앞서가는 사람, 이건희〉, 2006, 이용우, 건강다이제스트
〈삼성을 생각한다〉, 2010, 김용철, 사회평론
〈청년 이건희〉, 2013. 명진규, 팬덤북스
〈2015년 이재용의 삼성〉, 2005, 이상철, 월간조선
네이버 백과사전 http://100.naver.com
위키백과 http://ko.wikipedia.org
삼성그룹 홈페이지 www. samsung.com
호암재단 http://hoamprize. samsungfoundation.org
이건희 홈페이지 http://www.leekunhee.com

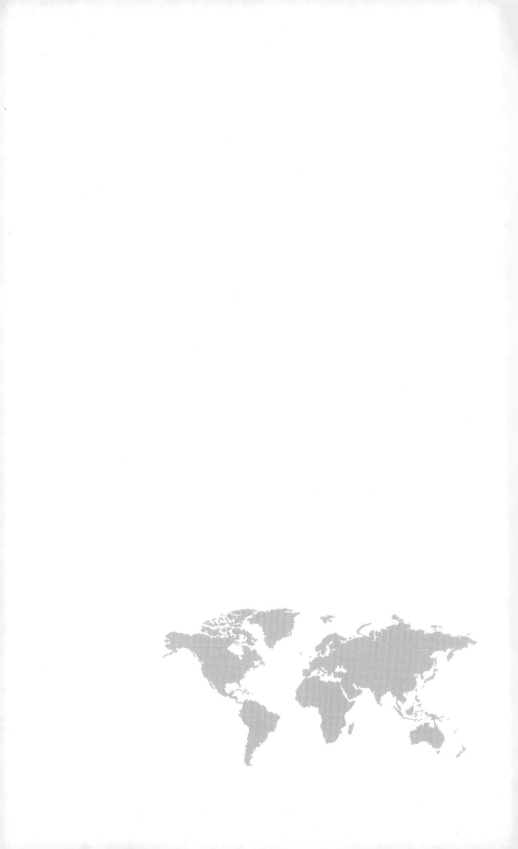